高等职业教育新能源汽车"1+X"岗课赛证融通系列教材

新能源汽车
悬架转向制动安全技术

XINNENGYUE QICHE

XUANJIA ZHUANXIANG ZHIDONG ANQUAN JISHU

主　编　韩　风　王露峰　施权浩
副主编　祝存栋　赵晓敏　马　强　孙成宁　王　瑛
主　审　蔺宏良

U0410642

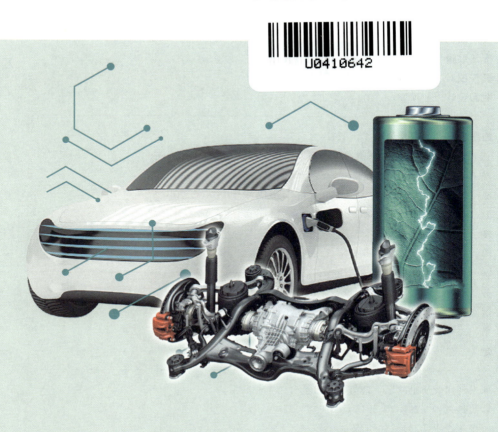

西安交通大学出版社
XI'AN JIAOTONG UNIVERSITY PRESS

图书在版编目(CIP)数据

新能源汽车悬架转向制动安全技术 / 韩风，王露峰，施权浩主编. — 西安：西安交通大学出版社，2023.2

高等职业教育新能源汽车"1＋X"岗课赛证融通系列教材

ISBN 978－7－5693－3247－6

Ⅰ．①新… Ⅱ．①韩… ②王… ③施… Ⅲ．①新能源-汽车-车悬架-安全技术-高等职业教育-教材 ②新能源-汽车-转向装置-安全技术-高等职业教育-教材 ③新能源-汽车-制动装置-安全技术-高等职业教育-教材 Ⅳ．①U469.7

中国国家版本馆 CIP 数据核字(2023)第 100126 号

书　　名	新能源汽车悬架转向制动安全技术
	XINNENGYUAN QICHE XUANJIA ZHUANXIANG ZHIDONG ANQUAN JISHU
主　　编	韩　风　王露峰　施权浩
策划编辑	杨　璠
责任编辑	刘艺飞
责任校对	张　欣
封面设计	任加盟
出版发行	西安交通大学出版社
	（西安市兴庆南路1号　邮政编码710048）
网　　址	http://www.xjtupress.com
电　　话	（029)82668357　82667874(市场营销中心)
	（029)82668315(总编办)
传　　真	（029)82668280
印　　刷	陕西天意印务有限责任公司
开　　本	787 mm×1092 mm　1/16　**印张** 20.75　**字数** 480 千字
版次印次	2023 年 2 月第 1 版　　2023 年 2 月第 1 次印刷
书　　号	ISBN 978－7－5693－3247－6
定　　价	56.00 元

如发现印装质量问题，请与本社市场营销中心联系。

订购热线：(029)82665248　(029)82667874

投稿热线：(029)82668525

版权所有　侵权必究

职业教育新能源汽车"1＋X"岗课赛证融通系列教材编委会

主任委员　　杨云峰　　陕西交通职业技术学院

副主任委员　蔺宏良　　陕西交通职业技术学院

　　　　　　黄　平　　青海交通职业技术学院

　　　　　　李富香　　青海交通职业技术学院

　　　　　　李维臻　　甘肃交通职业技术学院

　　　　　　王志新　　甘肃交通职业技术学院

　　　　　　王　勇　　北京中车行高新技术有限公司

　　　　　　袁　杰　　四川交通职业技术学院

　　　　　　刘学军　　广西交通职业技术学院

委　　员　　贾永峰　　陕西交通职业技术学院

　　　　　　韩　风　　青海交通职业技术学院

　　　　　　蔡月萍　　青海交通职业技术学院

　　　　　　黄晓鹏　　陕西交通职业技术学院

　　　　　　刘　涛　　陕西交通职业技术学院

　　　　　　高　旋　　陕西交通职业技术学院

　　　　　　任春晖　　陕西交通职业技术学院

　　　　　　曹凌霞　　北京中车行高新技术有限公司

　　　　　　付照洪　　北京中车行高新技术有限公司

前言
Foreword

　　为了适应新时代对汽车专业技术技能人才培养的新要求，进一步推进"1＋X"职业技能等级证书制度的实施，实现书证融通和职业院校"三教"改革，陕西交通职业技术学院、青海交通职业技术学院和甘肃交通职业技术学院组织三所学校汽车专业的专业教师，紧密结合高职高专人才培养需求，对标"1＋X"职业技能等级证书标准，编写了《新能源汽车悬架转向制动安全技术》教材。

　　在本教材的编写过程中，始终以习近平新时代中国特色社会主义思想为指导，深入贯彻党的二十大精神，坚持为党育人、为国育才原则，大力弘扬劳模精神、劳动精神、工匠精神、专业精神、职业精神。编者认真总结了三所学校专业建设经验，注意吸收先进的职业教育理念和方法，形成了以下特色：

　　（1）与专业教学标准紧密衔接，立足先进的职业教育理念，注重理论与实践相结合，突出实践应用能力的培养，体现"工学结合"的人才培养理念，注重提升学生的技能。

　　（2）本教材紧密结合高职高专人才培养需求，对标"1＋X"职业技能等级证书标准，精选教学内容，强调"必需，够用"，突出实际工作中应用频率较高的理论知识和操作技能，依托国内汽车主流车型，详细介绍了汽车悬架系统、转向系统、制动系统、安全系统的基本结构、工作原理、检测维修等方面的内容。

　　（3）在教材中融入课程思政元素，明确体现"为谁培养人、培养什么样的人、怎样培养人"，在培养造就高技能人才的同时，加强学生的思想教育。

　　全书由青海交通职业技术学院韩风、陕西交通职业技术学院王露峰、张家口职业技术学院施权浩担任主编，陕西交通职业技术学院蔺宏良担任主审。参加本教材编写工作的有青海交通职业技术学院韩风（参与编写任务2.3、2.4、3.1、3.2）、祝存栋（参与编写任务1.2、4.1、4.2、4.3）、赵晓敏（参与编写任务1.4、1.5、4.5）、马强（参与编写任务2.1、2.2、3.3、3.4）、孙成宁（参与编写任务1.1）、王瑛（参与编写任务3.5）、陕西交通职业技术学院王露峰（参与编写任务1.3、2.4、4.4）、张家口职业技术学院施权浩（参与编写任务 1.2、1.4、3.3、3.5）。青海物产汽车贸易有限公司上汽大众经销店副总经理韩生朝和技术经理石学林担任本教材的技术指导。

  由于编者的水平和经验有限，书中难免存在不足之处，恳请广大读者提出宝贵意见，以便进一步修改和完善。

青海交通职业技术学院

汽车工程学院教学指导委员会

2022 年 12 月

目 录
Contents

模块一
悬架系统性能检测与维修

前悬架系统部件检测与维修

任务引入

　　一辆大众 ID.4 新能源车的客户反映：转弯时车身倾斜严重，与客户沟通了解情况后，省级技能大师按照新能源汽车安全操作规程进行检测，经检查发现是前悬架故障，现需要对故障部位进行修理。

学习目标

　　(1)掌握前悬架的组成与作用。

　　(2)掌握前悬架的类型、结构与特点。

　　(3)掌握前悬架部件的拆装方法。

　　(4)掌握前悬架部件的检查方法。

　　(5)能够拆装前悬架部件。

　　(6)能够检查前悬架部件。

　　(7)能够在工作过程中与小组成员交流、合作，培养自身的团队合作意识和锻炼沟通能力。

　　(8)前桥副车架拆卸过程存在高压系统断电，树立"安全第一，生命至上"的安全意识和规范操作的职业习惯。

知识准备

1.1.1 悬架系统概述

1.1.1.1 悬架系统的组成与作用

现代汽车的悬架有不同的结构形式，前悬架和后悬架的结构也稍有不同，但一般都由弹性元件（弹簧）、减振器、横向稳定杆（稳定器）和连接机构（下臂、悬架臂）等组成。前、后悬架的组成如图 1-1 所示。

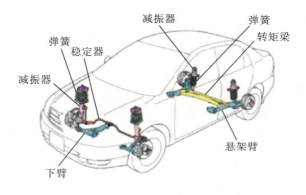

图 1-1 悬架的组成

（1）弹性元件能承受并传递垂直负荷，缓和汽车在不平坦道路上行驶时所引起的冲击。

（2）减振器能快速消除弹簧的振动，改善汽车行驶的平顺性，它与弹性元件并联安装。

（3）横向稳定杆可以防止车身在转向等情况下发生过大的横向倾斜，改善汽车的操纵稳定性和行驶平顺性。

（4）导向机构可以传递纵向力矩、侧向力和由此而产生的力矩，并保证车轮相对于车架或车身有一定的规律。

1.1.1.2 前悬架的类型

目前汽车前悬架多采用麦弗逊式独立悬架和双叉臂式独立悬架。

ID.4 汽车前悬架采用的就是麦弗逊式独立悬架，其结构如图 1-2 所示，由减振器、螺旋弹簧、横摆臂、横向稳定杆（图中未画出）等组成。减振器与套在它外面的螺旋弹簧合为一体，构成悬架的弹性支柱，支柱上端与车身挠性连接，支柱的下端与转向节刚性连接。横摆臂的外端通过球头销 B 与转向节的下部连接，内端与车身铰接。麦弗逊的设计特点是结构简单，悬架重量轻，占用空间小，响应速度和回弹速度快，所以悬架有比较强的阻尼能力。但麦弗逊独立悬架形状直，缺乏抗左右冲击的能力，抗侧倾和制动点头能力弱，稳定性差。

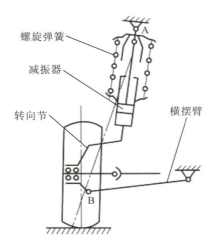

图 1-2 麦弗逊独立悬架结构示意图

　　部分汽车前悬架采用双叉臂式独立悬架，如图 1-3 所示。其结构通常采用上下长短不一的叉臂（上短下长），使车轮上下运动时能自动改变外倾角，减少轮距变化及轮胎磨损，适应路面。车轮的横向力和纵向力由两组叉臂承担，双叉臂悬架的强度和抗冲击能力比麦弗逊悬架强很多，能很好地抑制车辆转弯时的倾斜和制动点头等问题。因为双叉臂悬架比麦弗逊悬架多一个上摇臂，需要的空间更大，定位参数难以确定，所以小型车前桥很少采用这种悬架。

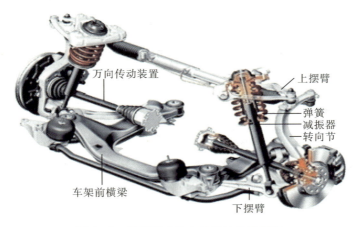

图 1-3 双叉臂式独立悬架结构示意图

1.1.2 减振器

1.1.2.1 减振器功用与类型

1）功用

减振器用于迅速衰减汽车的振动，改善汽车行驶的平顺性。

2）类型

（1）按结构不同，减振器分为双筒式减振器和单筒式减振器。

（2）按工作介质不同，减振器分为液压式减振器和充气式减振器。

（3）按工作原理不同，减振器分为单向作用式减振器和双向作用式减振器。

1.1.2.2 减振器结构与工作原理

1）双向作用筒式减振器

如图1-4所示，双向作用筒式减振器由活塞、活塞杆、油封、工作缸筒、防尘罩、导向座、储油缸筒、伸张阀、流通阀、压缩阀、补偿阀组成，其工作过程如下。

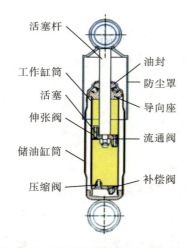

图1-4 双向作用筒式减振器结构图

（1）压缩行程。

当车桥移近车架（或车身）时，减振器受压缩，活塞下移，使其下腔容积减小，油压升高。活塞运动较慢时，仅流通阀和相应常通孔隙参加工作；车身振动剧烈时，压缩阀也参加工作。

（2）伸张行程。

当车桥相对远离车架（或车身）时，减振器受拉伸，活塞上移，使其上腔容积减小，油压升高。活塞运动较慢时，仅补偿阀和相应常通孔隙参加工作；车身振动剧烈时，伸张阀也参加工作。

2）充气式减振器

（1）结构特点。

在充气式减振器的下部有一个浮动活塞使工作腔形成三部分，如图1-5所示。

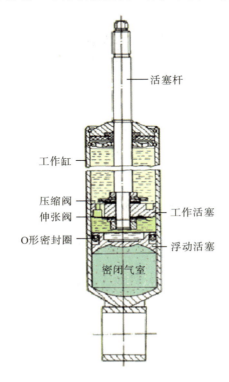

图1-5　充气式减振器结构图

（2）工作原理。

当车轮跳动时，减振器的工作活塞在油液中做往复运动，使工作活塞的上腔与下腔之间产生油压差，压力油便推开压缩阀或伸张阀来回流动。阀对压力油产生较大的阻尼力而使振动衰减。

（3）优点。

由于采用浮动活塞，不需要储油缸筒，而且还减少了一套阀门系统，结构大为简化；在防尘罩直径相同的条件下，充气式减振器工作缸筒及活塞直径大，可以产生更大的阻尼力；减振器中的高压氮气能减少车轮遇到冲击力时产生的高频振动，且有助于消除噪声、消除油液的乳化现象；充气式减振器可以改善汽车的行驶平顺性和轮胎接地性。

（4）缺点。

对油封要求高；充气工艺复杂，维修困难，当缸筒受到冲击而变形时，减振器就不能工作。

3）阻力可调式减振器

如图1-6所示，阻力可调式减振器由气室、弹簧、空心连杆、柱塞杆、柱塞、节流孔、活塞等组成，其工作原理如下。

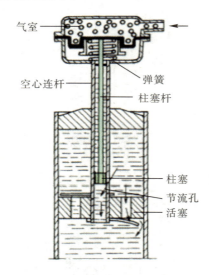

图1-6 阻力可调式减振器结构图

当汽车载荷增加时，空气囊中的气压升高，与之相通的气室内气压也随之升高，促使膜片向下移动与弹簧产生的压力相平衡。同时膜片带动与它相连的柱塞杆和柱塞下移，使得柱塞相对空心连杆上的节流孔的位置发生变化，从而减少了节流孔的通道截面面积，减少油液的流动阻力，达到了随汽车载荷的变化而改变减振器阻力的目的，保证了悬架系统具有良好的振动特性。

任务实施

1. 作业说明

某客户的大众ID.4新能源汽车出现转弯时车身倾斜的问题，可能是稳定器松动、弹簧弹力过软或支承座变形、减振器损坏等原因造成的，需要对前悬架部件及连接状况进行检修。

2. 技术标准与要求

名　称	要　求
连接杆螺栓拧紧力矩	
稳定器螺栓拧紧力矩	
车轮悬挂臂固定螺栓拧紧力矩	
副车架固定螺栓拧紧力矩	

注：请学员查阅维修资料后填写。

3. 设备器材

（1）设备与零件总成。

_____

_____

（2）常用工具。

_____

_____

（3）耗材及其他。

_____

_____

_____

注：请学员根据场地实际设备器材填写。

4. 前悬架拆装作业流程（学生制订拆检计划，实施任务，教师指导）

4.1 下车轮悬挂臂的拆装

1）拆卸

（1）松开车轮螺栓。

（2）升高汽车，拆下车轮。

（3）拆卸悬挂臂饰板。

（4）拆卸主销上的下部车轮悬挂臂（图1-7）。

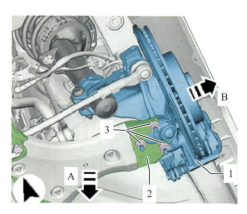

图1-7 拆卸主销上的下部车轮悬挂臂

①拧下螺母3。

②将车轮悬挂臂2向下从主销中沿箭头A的方向拉出。

③将车轮轴承壳体1向外沿箭头B的方向拉出。

④拉出主销中的摆臂，并向外拧出车轮轴承壳体，以便减轻摆臂的承重量。

(5)拆卸副车架上的下部车轮悬挂臂（图1-8）。

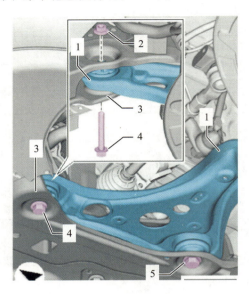

图1-8 拆卸副车架上的下部车轮悬挂臂

①拧出螺栓4，同时固定住螺母2。

②拧出螺栓5。

③将车轮悬挂臂1从副车架3中拔出。

2)安装

(1)安装以拆卸的倒序进行。

(2)安装时注意下列事项：

①在空载位置拧紧螺栓和螺母。

②将副车架装到车身上。

③对装备了车身高度传感器的车辆进行基本设置。

④按规定力矩拧紧螺栓、螺母。

4.2 主销拆装

1)拆卸

(1)抬起车辆，拆下车轮。

(2)拧下螺母，将车轮悬挂臂向下从主销中拉出。

(3)将车轮轴承壳体向外拉动。

(4)按要求向下尽量按压车轮悬挂臂。

(5)松开主销2螺母4，但不要拧下，如图1-9所示。

(6)拧出螺母，直到螺纹末端。为了保护螺纹，将螺母在轴颈上旋转几圈。

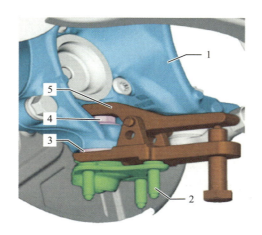

图1-9 拆卸主销

（7）如有必要，用内星形接头 T40 支撑。

（8）将球形万向节拉拔器5安装在衬套上，使得下部定位件支撑在衬套上，而不是车轮轴承壳体上。

（9）确保球形万向节拉拔器定位件正确位于衬套3上。

（10）将车轮轴承壳体1的主销2用球形万向节拉拔器压出。

（11）旋下螺母并取出主销2。

2）安装

（1）安装以拆卸的倒序进行。

（2）安装时注意下列事项：

①在车轮轴承壳体内装入主销。

②拧上新的自锁螺母，以便固定内星形接头 T40。

③不要损坏和扭转密封罩。

④对装备了车身高度传感器的车辆进行基本设置。

⑤按规定力矩拧紧螺栓、螺母。

4.3 带转向器的副车架拆装

1）拆卸

（1）为高压系统断电。

（2）松开车轮螺栓。

（3）抬起车辆，拆下车轮。

（4）拆卸底板饰板。

（5）拆卸空调压缩机，并使用连接的导线将其支撑在安装位置。

（6）拧下空调压缩机的支架。

（7）拆卸副车架上的冷却液泵并将其与连接的管道放在一起。

(8)拆卸加热元件 Z132。

(9)拆下副车架上的冷却液管。

(10)拆卸前轮罩内板。

(11)拆卸左右稳定器上的连接杠。

(12)拆卸主销上的下部车轮悬挂臂。

(13)拆下车轮轴承壳体两侧的转向横拉杆球头。

(14)拆下转向器上的十字轴式万向节。

(15)解锁并拔下电气插头连接。

(16)从右前副车架上的支架脱开制动管路。

(17)拧下副车架 7 上的支架 1 、2 和 3 的螺钉 6，如图 1-10 所示。

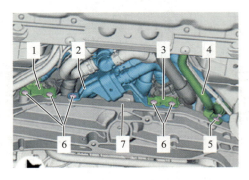

图 1-10   拧下副车架上支架的螺钉

(18)拉出膨胀销 5。

(19)将冷却液管 4 与副车架 7 分开。

(20)拧下副车架 1 上的防撞梁 2 的螺栓，如图 1-11 所示。

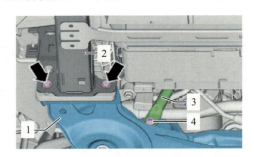

图 1-11   拧下副车架上防撞梁的螺栓和支撑杆的螺栓

(21)拧出支撑杆的螺栓。

(22)拧下另一侧副车架的防撞梁螺栓，并拧出支撑杆的螺栓。

(23)解锁并拉出转向器上的电气插头连接。

（24）松开转向器上的电气导线束。

（25）拧出螺栓，取下支架。

（26）固定副车架。

（27）解锁副车架 4 上方的两个卡钩 3，如图 1-12 所示。

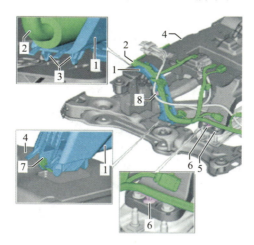

图 1-12　拆卸副车架

（28）将导线束 2 压向一侧。

（29）向上拉出电缆支架 1。

（30）将导线束的支架 6 从横梁 5 上松开。

（31）拉出支架 8。

（32）解锁卡止件 7 并向上拉出电缆支架。

（33）将副车架用剪式升降台 FVE U-DP7BLS 或剪式升降台 FVE MD12AWYT 降低。

2）安装

（1）安装以拆卸的倒序进行。

（2）安装时注意下列事项：

①对装备了车身高度传感器的车辆进行基本设置。

②按规定力矩拧紧螺栓、螺母。

③如果试车时发现方向盘仍倾斜，则需要进行四轮定位，在这种情况下，必须在车辆文件中存档这份四轮定位报告。

4.5　连接杆拆装

1）拆卸

（1）抬起车辆。

（2）拆卸减振支柱上的连接杆（图1-13）：

① 拧下螺母3。

②将内多齿螺栓固定在连接杆1上。

③拔下减振支柱2的连接杆1。

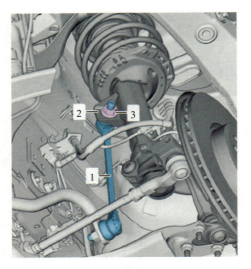

图1-13　拆卸减振支柱上的连接杆

（3）拆卸稳定器上的连接杆（图1-14）：

①拧下连接杆1上的螺母3。

②将内多齿螺栓固定在连接杆1上。

③从稳定器2中拉出连接杆1。

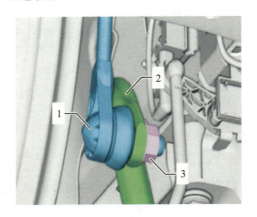

图1-14　拆卸稳定器上的连接杆

2）安装

（1）安装以拆卸的倒序进行。

（2）安装时注意下列事项：

①拧紧减振支柱或稳定杆的连接杆紧固螺母，必要时固定住内侧密齿。

②按规定力矩拧紧螺栓、螺母。

4.6 稳定器拆装

1）拆卸

（1）松开车轮螺栓。

（2）抬起车辆，拆下车轮。

（3）拆卸底板饰板。

（4）拆下左右的前轮罩内板。

（5）拆下风扇罩，松开并拔下制冷剂导管上的电插接器。

（6）拆卸左右稳定器上的连接杆。

（7）拧出螺栓，取下并穿出副车架上的稳定器。

2）安装

（1）安装以拆卸的倒序进行。

（2）安装时注意按规定力矩拧紧螺栓、螺母。

5. 填写考核工单

一、查询并记录车辆信息					
品牌		整车型号		生产年月	
电动机型号		动力电池类型		行驶里程	
查询用户手册，记录前悬架拆装					
二、拆装步骤及紧固规格（拆卸后需向考官报备）					
车轮悬挂臂拆装步骤	在维修手册第___章___节___页		扭力规格/（N·m）		
连接杆拆装步骤	在维修手册第___章___节___页		扭力规格/（N·m）		
稳定器拆装步骤	在维修手册第___章___节___页		扭力规格/（N·m）		
前桥副车架拆装步骤	在维修手册第___章___节___页		扭力规格/（N·m）		

三、前悬架部件检查				
序号	检查项目	检查情况	判定	维修措施
1	车轮悬挂臂	变形□ 裂纹□ 松动□ 无□	正常□ 异常□	更换□ 无□
2	稳定器	变形□ 裂纹□ 松动□ 无□	正常□ 异常□	更换□ 无□
3	连接杆	变形□ 裂纹□ 松动□ 无□	正常□ 异常□	更换□ 无□
4	副车架	变形□ 裂纹□ 松动□ 无□	正常□ 异常□	更换□ 无□

自我测试

(1)简述汽车悬架系统的组成与作用。

_____

_____

(2)新能源汽车前悬架拆检时，需要做好哪些安全防护措施？

_____

_____

(3)简述前桥副车架的拆卸步骤。

_____

_____

_____

拓展学习

悬架系统用于电动汽车蓄电池的隔振保护

1. 电动汽车蓄电池隔振保护的重要性

汽车在正常行驶过程中，即便不发生碰撞等情况，蓄电池依然要承受来自路面不平度与车体自身振动所带来的不良影响。

振动会导致蓄电池支座出现疲劳破坏，还会造成蓄电池内部结构破坏及产生金属杂质。严重时还会导致蓄电池内部短路，热量会持续积累直到在电池内部各种化学材料之间引发化学反应，化学反应又会加速热量的释放，最终造成热失控并伴随大量气体产生。此时如不能对蓄电池进行冷却处理，蓄电池极易发生起火甚至爆炸事故。因此，电动汽车所使用的蓄电池不仅要拥有一定的减振能力，更要从汽车的设计角度，尤其是从对汽车平顺性与稳定性影响最大的悬架系统的设计角度出发，做好对蓄电池的"隔振"保护，降低安全事故发生的频率。

2. 悬架系统性能对比

悬架的分类方式大体有两类。第一类按照不同的控制形式分为三种：仅由弹簧和阻尼器组成的被动悬架、包含可变阻尼器的半主动悬架、含有可注入外部能量的执行器的主动悬架；第二类按照不同的导向结构分为两种：两端车轮不相互影响的独立悬架、两端车轮相互影响的非独立悬架。

独立悬架虽然结构复杂、体积大，但在提高汽车的平顺性、稳定性及减少车身所受冲击等方面都要优于非独立悬架，尤其是被广泛使用的麦弗逊式主动悬架，不仅隔振性能好，结构也更加简单，从而也缩小了占有空间。因此，悬架的控制方式、控制策略、参数设计都能够决定悬架的隔振性能。

（1）被动悬架

目前，被动悬架仍多以"弹簧-阻尼"结构体系为基础，因此被动悬架无法随车速和路况的变化对自身结构及主要参数进行调节。在非特定的路面状况下，被动悬架无法在缓解乘员的舒适性、行驶平顺性及操纵稳定性之间的矛盾上达到理想的预期，因此自身结构的局限性决定了被动悬架的减振效果不是特别优秀。

目前，虽然"惯容-弹簧-阻尼"悬架结构体系、"质量-弹簧-阻尼"悬架结构体系、ISD悬架结构体系等结构体系的出现打破了被动悬架的传统组成模式，并衍生出多种被动悬架的设计样式，有些研究人员也通过优化被动悬架的结构参数提高被动悬架的隔振性能，但对被动悬架性能潜力的挖掘已接近极限，而且，增加被动悬架构件数量与结构复杂程度会导致汽车制造成本与使用成本上升，违背了电动汽车"节能"的理念，不利于电动汽车的长久发展。

（2）半主动悬架

半主动悬架是在被动悬架的基础上增加了一套调节机构的可控悬架系统，主要采用改变悬架阻尼的方式对悬架系统参数进行控制。

半主动悬架比被动悬架的应用更为广泛，形式更为多样，在调节乘员舒适性与操纵稳定性之间的矛盾上表现更加优秀。而且，大多数半主动悬架结构相比于主动悬架结构较为简单，控制品质上却非常接近于主动悬架。半主动悬架工作时存在一定的较低能耗，但近年来国内外研究了一种无需外部电源和控制设备的自供电阻尼可调减振器，克服了半主动悬架控制系统体积过大、质量增加的问题。

另外，采用半主动悬架控制时，运用加速阻尼控制算法、模糊控制、神经网络控制等算法及控制方法对半主动悬架进行优化设计，能进一步提高半主动悬架的隔振性能与乘员的舒适性；减振液黏性调节方式的连续可调减振器、磁流变液体减振技术或电流变液体等减振技术能够更加充分地增强半主动悬架的隔振性能，依靠半主动悬架来加强对电动汽车蓄电池的隔振防护，也是一种较为理想的选择。

（3）主动悬架

主动悬架根据车辆的运动状态和路面状况等进行动态自适应调节，通过对阻尼和刚度的双重调控，抵消汽车所受的振动，达到汽车始终在最佳平顺的状态下行驶的目的。主动悬架有着诸多优点，比如：控制车身高度，提高通过性，兼顾汽车的平顺性与操纵稳定性等。正是出于上述的优越性能，主动悬架也被广泛地应用于高端车系及特种车辆领域。

但是，主动悬架作为主动力可变的自反馈控制系统，在接收传感器传递过来的信息后，控制器需要通过预先设置的算法计算所需的理想主力，最后再控制作力器产生主力，由此，主动悬架存在着不可避免的纯时滞或响应问题，严重降低了主动悬架的控制品质。此外，由于主动悬架的结构特性，更使得主动悬架伴随着结构复杂、工作空间大、制造成本昂贵等问题。而且，主动悬架进行状态调整时需要依靠动力源提供动力，增加了电动汽车的能耗，影响蓄电池的续航能力。虽然添加蓄能器能够一定程度上满足无外界动力源时主动悬架的动力要求，但依旧会增加电动汽车的制造与使用成本。

（4）综合对比

将被动悬架、半主动悬架、主动悬架进行综合比对，可以看出：

a. 在制造成本方面，主动悬架最高，半主动悬架其次，被动悬架最少。

b. 在隔振性能方面，主动悬架优于半主动悬架，半主动悬架优于被动悬架。

c. 在能耗方面，不考虑悬架系统的自重、运动干涉等因素对汽车经济性的影响，主动悬架需要的能耗最多，半主动悬架需要的能耗较少（使用无源控制系统没有能耗），被动悬架无需能耗。

其他方面，将主动悬架、半主动悬架一同与被动悬架比较，它们所具有的最大优势为主动悬架与半主动悬架对汽车持续获得理想的平顺性、操纵稳定性最为有利；主动悬架与半主动悬架可供选择的结构形式较为多样，在使用性能的优化与提升上也有很大进步空间，能够满足未来电动汽车发展的需要。

但是，主动悬架和半主动悬架也存在许多缺点，例如：主动悬架对材质要求高、限制整车空间布置、增加车重和耗能等；半主动悬架调节持续时间短、控制方式单一等。而被动悬架却以重量轻、结构体系简单、成本低廉占据着广泛的汽车市场。

3. 电动汽车首选使用半主动悬架

综合上文对比所述，在悬架的选择上，主动悬架的隔振效果最好，但结构复杂、能耗高，不利于电动汽车的整车布置与续航能力。被动悬架虽然避开了主动悬架在实际使用上的诸多短板，但减振能力较差，也不应被电动汽车优先使用。半主动悬架的减振性能虽然略逊于主动悬架，结构简单与成本低廉方面也不及被动悬架，但半主动悬架却避开了结构复杂、高耗能、隔振性能差等缺陷，在对蓄电池起到隔振保护的同时，也能兼顾电动汽车其他性能及设计方面的要求，是作为电动汽车悬架的最佳选择。

后悬架系统部件检测维修

任务引入

　　有客户反映一辆大众 ID.4 新能源汽车行驶到颠簸路面时，车身后部出现"哐哐"的响声，省级技能大师与客户沟通了解情况后，按照新能源汽车安全操作规程检查后发现是后悬架故障，现需要对故障部位进行修理。

学习目标

　　(1) 掌握后悬架系统的作用、类型与组成。

　　(2) 理解后悬架系统减振器的工作原理。

　　(3) 能够按照工艺规范进行后减振器与车桥螺栓的拆装。

　　(4) 能够规范选择、使用工具。

　　(5) 能够在工作过程中与小组成员合作、交流，养成团队合作意识，锻炼沟通能力。

　　(6) 培养自身的安全防护意识，明白安全是重中之重，特别是新能源汽车的安全防护。

知识准备

1.2.1　悬架的概述

1.2.1.1　悬架的作用

　　悬架系统是现代汽车的重要总成，对汽车行驶的平顺性和操纵稳定性有很大的影响，它的作用是弹性地连接车桥与车架或车身，可以用传力、缓冲、减振、导向几个字来概括，具体作用如下：

（1）与轮胎一起吸收和减缓不平整路面所造成的各种摇摆和振动，从而保障乘客和货物的安全，并提高驾驶稳定性。

（2）将路面与车轮之间摩擦所产生的驱动力和制动力，传输至车架或车身。

（3）支承车桥上的车身，并使车身与车轮之间保持适当的几何关系，悬架的位置，如图 1-15 所示。

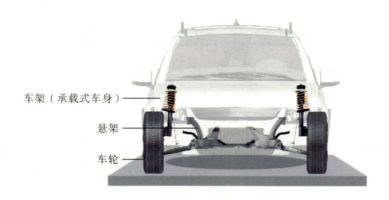

车架（承载式车身）

悬架

车轮

图 1-15　悬架的位置图

1.2.1.2　悬架的类型

汽车悬架可分为非独立悬架和独立悬架两大类，非独立悬架如图 1-16 所示，独立悬架如图 1-17 所示。

图 1-16　非独立悬架

图 1-17　独立悬架

非独立悬架的结构特点是两侧车轮安装在一根整体式车桥上，车轮和车桥一起通过弹性元件悬挂在车架（或车身）下面。当一侧车轮因路面不平的原因相对于车架（或车身）位置发生变化时，另一侧车轮的位置也随之发生变化。

独立悬架则是两侧车轮各自独立地通过弹性元件悬挂在车架（或车身）下面，其配用的车桥都是断开式车桥。这样，当一侧车轮相对于车架（或车身）位置发生变化时，对另一侧车轮几乎不产生影响。

1.2.1.3　后悬架的组成

现代汽车的悬架虽有不同的结构形式，而且前悬架和后悬架的结构也稍有不同，但一般都由弹性元件（弹簧）、减振器、横向稳定杆（稳定器）和导向机构（横向推力杆、纵向推力杆）等组成，后悬架的组成如图 1-18 所示。

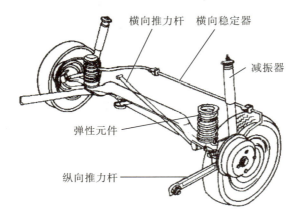

图 1-18　悬架的组成

1）螺旋弹簧

螺旋弹簧是由特殊的圆形钢材缠绕成的螺旋结构，利用弹簧的抗扭强度来吸收振动和冲击。它具有体积小、重量轻、占用空间小、价格低廉，能高效吸收路面冲击产生的垂直力等优点，在汽车上广泛采用。但是螺旋弹簧不能吸收横向能量，因此还需要其他的辅助机构。螺旋弹簧如图 1-19 所示。

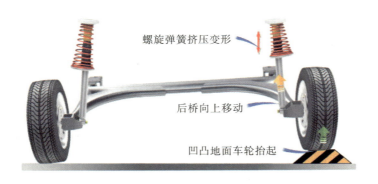

图 1-19　螺旋弹簧

2)扭杆弹簧

扭杆弹簧是由高弹性的弹簧钢加工成的一条钢杆，利用扭杆产生扭转弹性变形，在车轮与车架之间起弹性连接的作用，在越野车型的前悬架中应用较多，如图 1 - 20 所示。

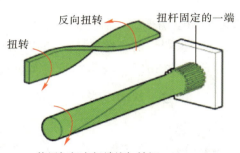

图 1 - 20　扭杆弹簧

3)减振器

减振器的作用是快速消除弹簧的振动，改善汽车行驶的平顺性，它与弹性元件并联安装。汽车减振器有液力式、充气式和阻力可调式几种。液力式减振器如图 1 - 21 所示。

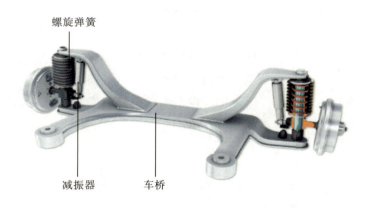

图 1 - 21　液力式减振器

4)横向稳定杆

横向稳定杆可以防止车身在转向等情况下发生过大的横向倾斜，改善汽车的操纵稳定性和行驶平顺性。

横向稳定杆在独立悬架上使用，非独立悬架一般无需使用。

1.2.1.4 后悬架的结构

经济型汽车为了节约成本，后悬架一般采用非独立式，中、高级汽车为了提高车辆的舒适性和稳定性，后悬架都采用独立式。

1) 纵臂型带扭矩梁式非独立悬架

纵臂型带扭矩梁式非独立悬架结构如图 1-26 所示，它主要由扭矩梁与纵臂（扭力梁）、减振器（左、右）、螺旋弹簧（左、右）、橡胶护套（左、右）和弹簧座等组成，如图 1-22 所示。

螺母
螺旋弹簧座
螺旋弹簧
减振器
缓冲限位块
橡胶护套
螺旋弹簧座
车轮
扭矩梁
纵臂

图 1-22 纵臂型带扭矩梁式非独立悬架

2) 多连杆式独立悬架

多连杆式独立悬架就是指由三根或三根以上连接拉杆构成，并且能提供多个方向的控制力，使轮胎具有更加可靠的行驶轨迹的悬架结构。不过时下，三连杆结构已不能满足人们对于底盘操控性能的更高追求，只有结构更为精确、定位更加准确的四连杆式和五连杆式独立悬架才能称得上是真正的多连杆式。它主要由车桥、减振器、螺旋弹簧、横向稳定杆和多条拉杆组成，如图 1-23 所示。

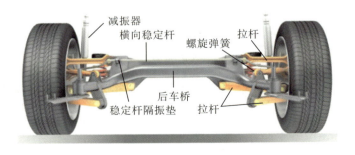

减振器
横向稳定杆
螺旋弹簧
拉杆
后车桥
稳定杆隔振垫
拉杆

图 1-23 多连杆式独立悬架

任务实施

1. 作业说明

大众 ID.4 新能源汽车的后悬架部分由减振器、弹簧、稳定杆、悬架臂、后部上横摆臂和前下方的横臂等组成。后悬架出现异响故障，原因可能是减振器、弹簧或稳定杆出现故障，本作业主要是完成稳定杆的拆装、后减振器的拆装和弹簧的拆装。

2. 技术标准与要求

名　　称	要　　求
稳定杆两端的拧紧力矩	
稳定杆与副车架之间螺母的拧紧力矩	
减振器上端螺母的拧紧力矩	
减振器与悬架臂连接螺母的拧紧力矩	
弹簧垫与弹簧连杆的安装原则	

注：请学员查阅维修资料后填写。

3. 设备器材

(1)设备与零件总成。

_____

_____

(2)常用工具。

_____

_____

(3)耗材及其他。

_____

_____

注：请学员根据场地实际设备器材填写。

4. 后悬架的拆装作业流程（学生制订拆检计划，实施任务，教师指导）

4.1　扭力梁后悬架的拆装（以比亚迪"秦"为例）

1)后减振器总成的拆卸

(1)掀起车辆前舱盖，利用安全支撑在合适位置将其支撑。

(2)断开蓄电池负极端。

（3）拆掉后减振器总成遮挡物（装饰板及安全带等）。

（4）拆掉车轮螺母和后轮。

（5）拆掉 EPB 线束支架和制动软管固定支架，如图 1-24 所示。

（6）拆掉后稳定杆拉杆及球头总成，如图 1-25 所示。

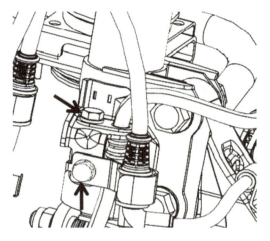
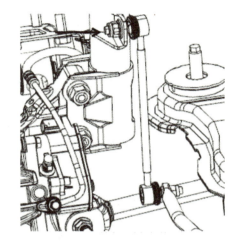

图 1-24　制动软管固定支架　　　　图 1-25　稳定杆球头总成

（7）拆掉减振器与转向连接螺栓和螺母，如图 1-26 所示。

（8）拆掉后减振器与车身连接的三个螺母，如图 1-27 所示。

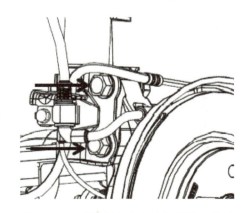
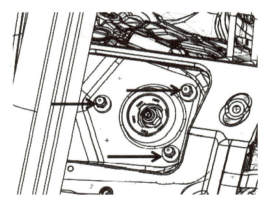

图 1-26　减振器与转向连接螺栓和螺母　　图 1-27　后减振器和车身连接螺母

2）后减振器总成的分解

（1）拆除活塞杆螺母。将活塞杆用两组螺栓和螺母安装到托架上，并用夹具夹住，使用专用工具夹紧弹簧，将活塞杆螺母拆掉（如果没有专用工具的话也可以用牢固的铁丝绑紧），如图 1-28 所示。

（2）拆掉后减振器上的支撑组合。

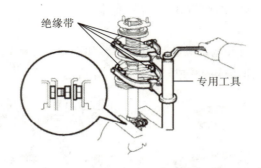

图1-28　拆除活塞杆螺母

（3）拆掉后减防尘罩。

（4）拆掉后减螺旋弹簧。

（5）拆掉后减缓冲体。

（6）拆掉后减弹簧下缓冲垫，如图1-29所示。

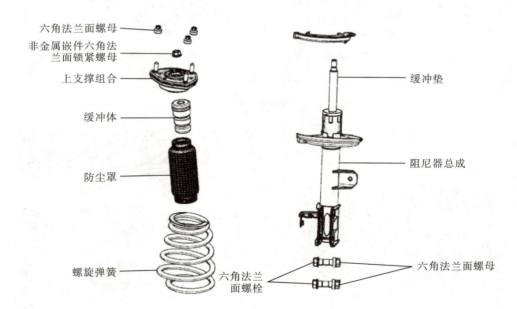

图1-29　后减振器分解图

3）后减振器总成的重新组装

（1）安装后减弹簧下缓冲垫，如图1-30所示。

（2）使用专用工具压紧后减螺旋弹簧，并将弹簧装配到后减阻尼器总成上，如图1-31所示。

（3）安装后减缓冲体。

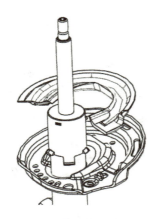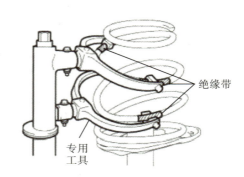

图 1-30　安装后减弹簧下缓冲垫　　图 1-31　压缩螺旋弹簧专用工具

（4）安装后减防尘罩。

（5）安装后减振器上的支撑组合。

（6）用工具将一个崭新的活塞杆螺母拧紧，如图 1-32 所示。

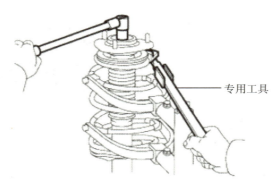

图 1-32　拧紧活塞杆螺母

（7）松开专用工具。

4）后减振器总成的安装

（1）安装减振器与车身的连接螺母，如图 1-33 所示。

（2）安装减振器与转向节的连接螺栓和螺母。将减振器与转向节安装孔对正，螺栓从车前向车后带上螺母，拧紧螺栓，如图 1-34 所示。

（3）安装后稳定杆及球头总成，如图 1-35 所示。

（4）安装 EPB 线束支架，制动软管固定支架，如图 1-36 所示。

（5）安装后车轮。

（6）安装后见证器总成遮挡物（内外饰装饰板及安全带等）。

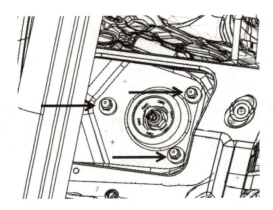

图1-33　减振器与车身的连接螺母

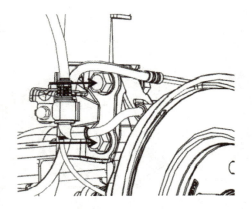

图1-34　减振器与转向节的连接螺栓和螺母

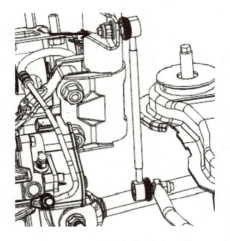

图1-35　稳定杆及球头总成

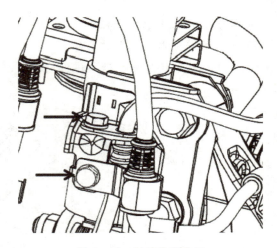

图1-36　制动软管支架

(7)连接电池负极端。

(8)合起车辆前舱盖。

5)后螺旋弹簧的更换

(1)拆除后轮。

(2)举升车辆。

(3)分离左后减振器总成，如图1-37所示。用千斤顶支撑后扭转梁的两端，并在千斤顶与后扭转梁中间插入一个木块以防止其被破坏。拆除螺栓、螺母并分离左后减振器。

(4)分离左后减振器总成。

(5)拆除左后螺旋弹簧。缓缓地稍许降下千斤顶，摘下螺旋弹簧，以及螺旋弹簧上

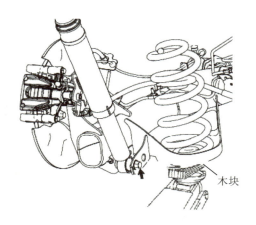

木块

图 1-37 分离后减振器总成

下的缓冲垫。

（6）拆除右后螺旋弹簧。

6）后螺旋弹簧的安装

（1）安装左后螺旋弹簧。

（2）将螺旋弹簧下橡胶垫安装到后扭转梁上，如图 1-38 所示。

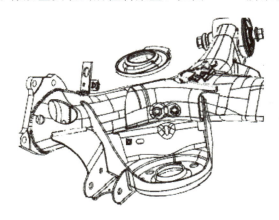

图 1-38 安装橡胶垫到后扭转梁上

（3）安装螺旋弹簧上缓冲垫并使其缺口与弹簧末端相配合，如图 1-39 所示。

（4）将螺旋弹簧安装到后扭转梁上。必须将螺旋弹簧油漆标注部分安装在下部及车辆后方，如图 1-40 所示。

（5）安装右后螺旋弹簧。

（6）拧紧左后减振器总成。缓慢托起后扭转梁总成，将减振器安装到扭转梁上，拧紧螺栓。

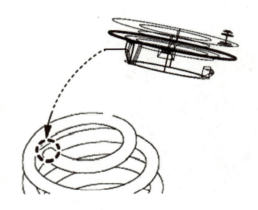

油漆标注

图 1-39　螺旋弹簧上缓冲垫　　　　图 1-40　螺旋弹簧油漆标注

(7)预紧右后减振器总成。

(8)充分拧紧后减振器总成。

(9)安装后车轮。

4.2　多连杆独立悬架的拆装(以 ID.4 新能源汽车为例)

1)拆卸和安装稳定器

(1)拆下后部中间的两个底板饰板。

(2)拆下后部底板饰板的支架。

(3)拧出稳定器上的连接螺母。

(4)拧出副车架上的连接螺母。

(5)取下副车架上的稳定器。

(6)安装稳定器时以拆卸的倒序进行,同时注意拧紧力矩。

2)拆卸和安装螺旋弹簧

(1)松开车轮螺栓。

(2)抬起车辆。

(3)拆下车轮。

(4)将车辆固定在升降台的支撑臂上。

(5)将轴承支座 A 放在发动机和变速器举升装置 B 上。

(6)将轴承支座 A 固定在弹簧连杆 1 上。

(7)将发动机和变速器举升装置 B 放在弹簧连杆下面,并轻轻向上推动以支撑它,如图 1-41 所示。

(8)拧下车轮轴承壳体和上下横臂的螺母。

(9)拉出螺杆。

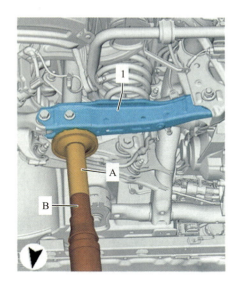

图 1-41 发动机和变速器举升装置的用法

(10)用发动机和变速器举升装置降低下横臂，置于适当的安装位置。

(11)用记号笔标记偏心螺栓相对于副车架的位置。

(12)松开螺母。

(13)拧下减振器上的螺母。

(14)拧下车轮轴承壳体上的螺母。

(15)拧出弹簧连杆上的螺栓。

(16)使用发动机和变速器举升装置将弹簧连杆置于合适的安装位置。

(17)拉出车轮轴承壳体上的螺栓。

(18)取下垫圈。

(19)取出弹簧。

(20)向下拉弹簧连杆。

3)拆卸和安装减振器

(1)松开车轮螺栓。

(2)升起汽车。

(3)拆下车轮。

(4)将车辆固定在升降台的支撑臂上。

(5)将发动机和变速器举升装置置于下部横臂的下面并稍稍向上按压。

(6)拧出减振器 1 的螺栓，如图 1-42 的箭头所示。

(7)取下螺母，拉出螺栓。

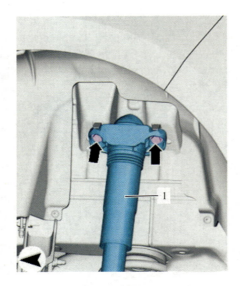

图 1-42　减振器上的螺栓

（8）挤压并取出减振器。

（9）安装以拆卸的倒序进行，同时注意只能在空载位置拧上减振器和横臂。

5. 填写考核工单

一、查询并记录车辆信息					
品牌		整车型号		生产年月	
电动机型号		电池类型		行驶里程	

二、查询用户手册，记录后悬架的拆装

1. 拆装步骤及紧固规格（拆卸后需向考官报备）		
减振器拆装步骤	在维修手册第___章___节___页	扭力规格/（N·m）
弹簧的装配	在维修手册第___章___节___页	弹簧的组成部件/（N·m）
稳定拆装步骤	在维修手册第___章___节___页	扭力规格/（N·m）

2. 减振器拆装与检查				
序号	检查项目	检查情况	判定	维修措施
1	减振器	变形□ 异响□ 泄漏□ 无□	正常□ 异常□	更换□ 无□
2	减振器支座	破损□ 硬化□ 脱落□ 无□	正常□ 异常□	更换□ 无□
3	减振器防尘套	破损□ 硬化□ 脱落□ 无□	正常□ 异常□	更换□ 无□
4	螺旋弹簧垫	破损□ 硬化□ 脱落□ 无□	正常□ 异常□	更换□ 无□
5	螺旋弹簧	变形□ 腐蚀□ 无弹性□ 无□	正常□ 异常□	更换□ 无□

自我测试

(1)简述减振器的废弃处理。

_____

_____

(2)拆检新能源汽车后悬架时，应做哪些安全防护措施？

_____

_____

(3)有车身高度传感器的汽车悬架在拆检时应该注意哪些事项？

_____

_____

拓展学习

减振器的废弃处理

1. 减振器泄漏外部检查

将气压减振器垂直固定在虎钳上，注意飞溅的金属屑有使人受伤的危险，会刺激和伤害皮肤及眼睛，所以必须戴上防护眼镜和防护手套。

如图 1-43 所示，在尺寸 $a=50$ mm 和尺寸 $b=150$ mm 的位置，钻一个直径为 3 mm 的孔 A，穿透减振器外观，钻孔时气体将泄出，继续钻孔，直至将内管钻透为止，钻第二个直径为 6 mm 的孔 B，穿透减振器外管和内管。将减振器固定在集油管上方，多次在整个行程来回推动活塞杆，直至不再溢出机油。

2. 手动检测已拆下的减振器

经常有客户投诉减振器泄漏，需要更换减振器。试验台和汽车检测结果表明，大部分被投诉的减振器无需更换。不能因为活塞杆密封件上泄漏少量机油就更换减振器。在下列条件下减振器被机油润湿是正常的：

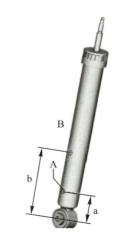

图 1-43　减振器钻孔位置

①机油溢出是可见的，但是暗淡、无光泽，并且可能由于灰尘而干结。

②对于后部减振器，机油溢出的范围为上部减振器密封盖(活塞杆密封环)。

3. 减振器的废弃处理

如果减振器已损坏，在行驶过程中，尤其是在行驶路面不佳的情况下，会听到由其发出的很响的扑腾声。

减振器是免维护的，减振器机油也无法添加。可以按照下列步骤，用手检查已拆下的减振器：

①用手压紧减振器，活塞杆必须能够在整个冲程范围内沉重而平稳地均匀移动。

②松开活塞杆，在减振器中具有足够的气压时，活塞杆会自动返回其初始位置。

空气悬架系统部件检测与维修

李先生购买的大众辉昂汽车，最近在行驶时，仪表空气悬架故障灯异常点亮。车辆的自适应高度功能失效无法自动调节，手动调节功能也不能正常使用，不管怎么调整，车辆高度都不发生变化。进店后省级技能大师对其进行全面检测，发现是空气悬架系统部件故障，现需要对故障部位进行修理。

学习目标

(1)掌握空调悬架系统的功能与组成。

(2)能正确描述空调悬架系统的分类。

(3)能够按照工艺规范进行空气悬架系统检测及安装。

(4)能够规范选择和使用工具。

(5)培养密切合作的团队协作能力。

(6)培养自主学习的习惯。

(7)培养严谨求实的工作作风。

知识准备

1.3.1 空气悬架系统的功能与组成

空气悬架系统以空气弹簧为弹性元件，利用气体的可压缩性实现压缩气体的气压随变化的载荷和道路条件自动调节，不论满载还是空载，整车高度都不发生变化，可大大提高乘坐的舒适性。

图 1-44 为汽车空气悬架系统的组成部件。空气悬架系统主要由空气弹簧、减振器、空气供给单元(包含空气压缩机、储气罐和分配阀等)、ECU 控制器和传感器(包括车身高度传感器和加速度传感器)等部件组成。

实践表明,在车辆行驶过程中,空气悬架系统能显著提升驾驶体验,增加乘坐舒适性。例如,当汽车在高速路段行驶时,控制单元会控制底盘降低、减振器阻尼变硬、悬架变硬、提高车身稳定性;当汽车长时间低速行驶时,特别是经过颠簸路面时,控制单元会控制底盘高度上升、悬架变软来提高乘坐舒适性;另外,空气悬架系统还能自动保持车身水平高度,无论空载还是满载,车身都能保持水平状态,提升乘坐舒适性。

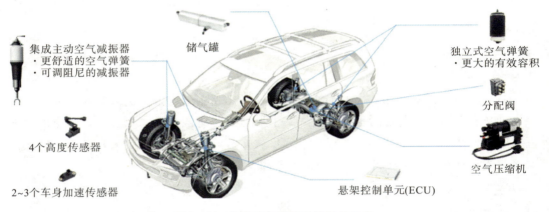

图 1-44　汽车空气悬架系统结构组成

(1)空气弹簧。乘用车采用外部引导式空气弹簧,与商用车空气弹簧不同。空气弹簧被封装在一个铝制的圆筒内,为了防止灰尘进入圆筒和空气弹簧伸缩囊之间,用一个密封圈密封活塞和气缸之间的区域。密封圈可在维修时更换,空气弹簧伸缩囊不能单独更换。若空气弹簧出现故障,必须更换整个弹簧或减振支柱。

(2)减振器。由于乘用车悬架空间非常狭窄,一般采用的是弹簧-减振一体总成设计,图 1-45 为乘用车空气弹簧-减振器总成。减振器使用一个无级电子双管气压减振器(电子无级双管气压减振器)。活塞上的主减振器阀门通过弹簧机械预紧。在阀门上方安装有电磁线圈,连接导线经过塞杆的空腔与外部连接。

减振力主要取决于阀门的通流阻力。减振器内液压油的通流阻力越大,减振力也越大。当电磁线圈上没有电流作用时,减振力达到最大;减振力最小时,电磁线圈上的电流大约为 1800 mA。在紧急运行时电磁线圈不通电。

(3)空气供给单元。图 1-46 为空气供给单元。空气供给单元的空压机由一低压电动机驱动,一般安装在发动机舱,可以避免工作噪声传入汽车内部,还可实现有效的冷却，这样可以提高压缩机的持续开启时间并提高调控质量。为保护压缩机不至过热，在需要时(如气缸盖温度过高时)可将其关闭，最大系统静态压力为 1.6 MPa。

图 1-45　乘用车空气弹簧-减振器一体总成

1—到排气电磁阀的连接接头；2—到电磁阀组的压缩空气接头；3—空气干燥箱；4—气动排气阀；
5—电力驱动电压接头；6—支架；7—电动机；8—压缩机；9—温度传感器接头；10—进气与排气管；
11—温度传感器。

图 1-46　空气供给单元

(4)储气罐。储气罐用以存储压缩气体，为气囊空气回路提供压力缓冲。储气罐由铝材制成，容积为 5 L 和 8 L，最大工作压力为 16 MPa。

(5)传感器。空气悬架传感器主要包括压缩机温度传感器、前后压力传感器、加速度传感器和车身高度传感器等。

①压缩机温度传感器(G290)用于探测压缩机气缸盖的温度。空气压缩机最大运行时间取决于压缩机当前的温度，其电阻的变化信号发送至控制单元转换为压力信号。维修时不得单独更换零件。

②压力传感器(G291)用于测量前桥、后桥弹簧支柱和储气罐间的压力变化情况。

③车身加速度传感器(G341、G342和G343)用于测量车身的加速度。只有知道车身运动和车轴运动的时间曲线，才能在每种行驶状态下实现最理想的减振调控。在前桥的弹簧支柱拱顶上有两个车身加速度传感器，第三个位于右后轮罩内。通过计算分析车身高度传感器信号来获取车轴部件的加速度。

④车身高度传感器用于测量悬臂和车身之间的距离并由此测得车辆的高度状态，共有4个结构相同的传感器。传感器支架和连接杆位于车轴的侧面和特定的位置上，以800 Hz的频率进行感应探测，通过采样频率可确定非簧载质量的加速度。

(6)高度调节电磁阀体，如图1-47所示。高度调节电磁阀主要根据控制单元发送的控制信号，打开或者关闭相应车轮悬架压缩空气管路，实现该侧车轮高度的升高、下降和维持。

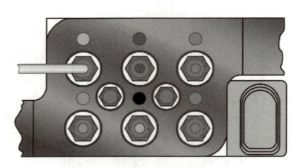

图1-47　高度调节电磁阀体

阀体主要有6个管路连接口，上排从左至右分别为连接空压机管路、左前空气悬架和储气罐；下排从左至右分别为右前、左后和右后侧空气悬架。

(7)悬架高度控制单元。悬架高度控制单元利用高度传感器及悬架高度调整信号，控制高度调节电磁阀以实现气囊气压调整，并对整个系统进行监控和诊断。图1-48为空气供给单元所涉及的主要传感器和执行器。

(8)高度调节开关。图1-49为大众悬架高度调节开关，其集成了悬架高度和ESP激活/关闭开关。显示区上有4个竖向并列设置的LED指示灯，用于表示当前的底盘高度状态。LED闪烁位置表示当前正在调整的挡位状态。一旦达到了所需的高度，LED灯就变成常亮了。

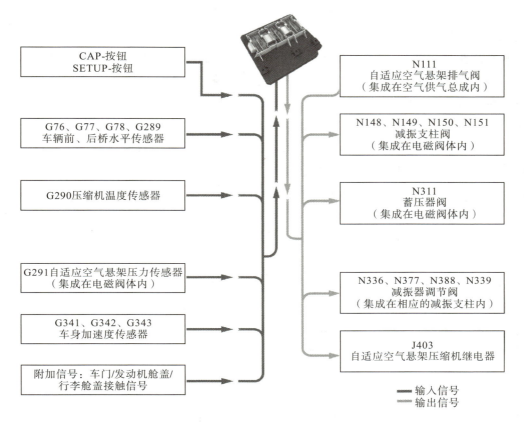

图 1-48　悬架高度控制单元及相关信号、控制元件

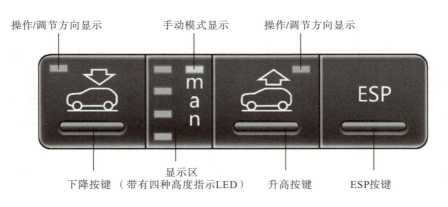

图 1-49　大众悬架高度调节开关

　　如果图中所示的升高按键和下降按键按下后是常亮，表示正在进行相关的操作；若 LED 指示灯闪烁，就表示拒绝进行底盘高度调节；如果实际高度值与规定高度值偏离较大，LED 指示灯会闪烁提醒司机。

黄色的带有"man"字样的 LED 指示灯亮的话表示现在处于手动模式状态。手动模式包括"驻车高度调节"和"高速公路模式"，同时按住这两个调节按键超过 5 s 就能关闭和唤醒高度调节功能；当关闭调节功能时，操纵单元上的手动模式 LED 指示灯、两个高度调节按键和仪表空气悬架指示灯均亮起。高度状态由长亮的高度 LED 指示灯表示。车速超过 10 km/h 时，调节功能自动接通。按住"降低"按键或"升高"按键 3 s 以上，就可以接通或再次关闭所谓的"手动模式"。

　　通过 K 总线与悬架高度控制单元通信，图 1－50 为大众高度调节开关电路设计。该开关有四级高度调整挡位及相应的指示。在正常的行驶工况时，驾驶人可以通过"升高"或"降低"按键选择相应的底盘高度，某些高端车型底盘高度变化可通过总线上的车速信息自动完成。随着车速的提高，悬架高度自动降下以降低车辆重心，提高了车辆高速行驶时的稳定性。手动调整时按下一次"升高"键，底盘高度就切换到下一个较高的高度上。

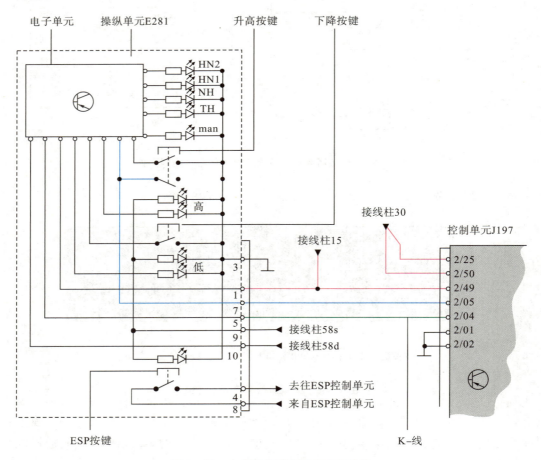

图 1－50　大众高度调节开关电路设计

如果多次按压"升高"键，那么就可以多次切换（如从低直接切换到高 1）。但是，只有当已经到达高 1 后才能选择高 2。可按上述方法按"降低"按键选择较低的底盘高度，多次按压（三次）可直接从高 2 切换到低。

1.3.2 空气悬架工作模式

（1）自动模式。该模式能够根据车速自动调整悬架高度，以适应不同道路状况的需求。该模式包括两种车身高度，一种是保证能够通过一般性道路的高度，一种是保证行驶稳定性的用于高速行驶的高度，自适应电磁阻尼减振器沿着相应的自动减振曲线自适应调控。当车辆以超过 120 km/h 的速度行驶 30 s 后悬架下降 25 mm；当车速低于 70 km/h 的时间超过 120 s，或车速低于 35 km/h 时，又自动升高至标准车身高度。

（2）舒适模式。该模式下车身高度控制策略与"自动"模式一样，不同之处是在低速范围内电磁阻尼减振功能比"自动"模式弱，以更舒适为依据进行调控。

（3）提升模式。该模式只在车速小于 80 km/h 的条件下才能选用；当车速等于或大于 100 km/h 时，此模式自动退出，并调控为先前所选模式。

（4）动力性模式。该模式的弹性和减振状态以运动型为依据进行调控。当车速小于 120 km/h 时，"自动""动态"和"舒适"模式下的高度位置相同，但电磁阻尼减振特性曲线不同；车身标准高度比标准型底盘低 20 mm。

任务实施

1. 作业说明

导致车辆高度无法调整的故障原因较多，综合起来主要有高度调节开关-空气悬架控制单元信号、高度调节执行电磁阀和空气悬架控制单元本身等，因此需要进一步进行测量判断。

2. 技术标准与要求

空气悬架为一套精密的闭环控制系统，各个传感器各司其职，保证了整套系统的正常运行，在进行相关维修时，需要根据故障现象，制订合理的诊断维修方案，结合标准诊断流程及相关测量工具完成诊断维修。

名　称	要　求
防石击护板的螺栓拧紧力矩	
空气弹簧管路连接件拧紧力矩	

注：请学员查阅维修资料后填写。

3. 设备器材

(1)设备与零件总成。

_____

_____

(2)常用工具。

_____

_____

(3)耗材及其他。

_____

_____

注：请学员根据场地实际设备器材填写。

4. 作业流程（学生制订拆检计划，实施任务，教师指导）

4.1 读取空气悬架系统的相关故障码、数据流

具备控制及通信功能的模块一般均能记录并储存故障码。结合故障现象，通过故障诊断仪缩小故障范围，快速确定故障点。可以使用诊断仪读取故障信息，诊断的一般流程：

(1)关闭点火开关，将诊断头连接至诊断接口，接通诊断仪；打开点火开关；在诊断仪上进入"诊断功能"选择界面，选择"车型诊断"；进入"车型诊断"选择界面，选择需要诊断的车型；进入"诊断系统"选择界面。

(2)在"联网选择"界面选择"驱动总线上的空气悬架控制单元"，选择"读取故障码"，读取故障相关信息。

(3)读取数据流。空气悬架控制单元上挂载的传感器都能通过数据流的方式读取其测量值，用以判断传感器的相关故障。

4.2 空气悬架充放气

空气悬架的调整及充放气依靠大众 ODS 诊断程序完成。充放气一般的流程：

(1)启动诊断程序，选择诊断选项。

(2)在联网图中选择 0034 汽车高度控制装置，右击选择引导性功能。

(3)选择给 0034 汽车系统加注/排气。

(4)选择执行选项。

(5)选择"完成/继续"。

通过以上步骤即可完成空气悬架的充气和放气操作。

4.3 空气弹簧的拆装

本节以后轮空气悬架的拆装为例，如需拆装前轮悬架，请查询维修手册。

　　拆卸空气管路连接件或空气弹簧减振器系统部件之前，需要清洁相应的拆卸区域。拆卸空气弹簧减振器系统时，立刻用塞子密封敞开的空气管路和空气弹簧减振器系统接口或将其妥善遮盖，切记注意不得有任何污染物进入空气减振器和空气管路。

　　其拆装步骤：

　　(1)举升车辆。举升车辆前需要将车辆激活至千斤顶模式。首先进入"信息娱乐系统"，选择"设置"，再选择"保养"，进入"保养设置"界面，勾选"汽车千斤顶模式"，完成选择。

　　(2)对空气弹簧进行排气。

　　(3)拧下车轮的车轮固定螺栓，并拆下车轮。

　　(4)拆卸对角支撑。拆卸车身护板，再按如图1-51所示的顺序拆卸下对角支撑。

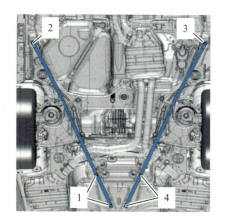

图1-51　对角支撑拆卸顺序

　　(5)旋出空气弹簧上的管路连接件(图1-52)。

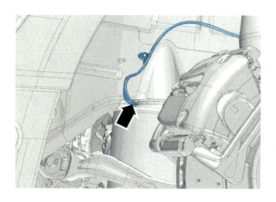

图1-52　空气弹簧连接位置

　　(6)最后拆下防石击护板，并从副梁中拆下空气弹簧。

　　(7)安装步骤与拆卸步骤相反。

4.4 空压机拆装

该车型的空压机安装在车身底板备胎槽外部上。

(1)操作前开启千斤顶模式并举升车辆。

(2)拆卸前先对空气弹簧进行排气。

(3)拆卸如图1-53所示的防石击护板的螺栓并取下护板1。

(4)从支架中拆下如图1-53所示的部件，并断开电气插接器连接2和4。

(5)松开卡箍5并拔出进气管道。

(6)松开并拧下支架上的空气管路3。

(7)拧松压缩机支架固定六角螺母1和箭头所指的六角螺栓。

(8)拆下空压机连接支架。

(9)安装步骤与拆卸步骤相反。

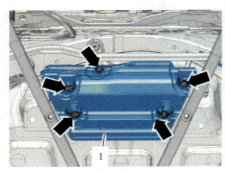 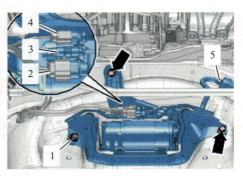

(a)护板拆卸　　　　　　　　　　(b)断开压缩机控制插接器

图1-53　空压机拆卸

4.5 供气管路拆装

整车供气管路的布置及连接如图1-54所示，如果出现系统保压故障，应根据图中数字顺序进行管路检查。

4.6 储气罐拆装

该车型的储气罐位于后备箱备胎槽内，对其进行拆装前需要先拆卸行李箱地毯。操作步骤：

(1)打开点火开关。

(2)使用诊断程序对储气罐进行排气。

(3)缓慢松开储气罐上的空气管路连接件1并释放气压，如图1-55所示。气压释放完毕之后，拧下空气管路。

(4)拆下电磁阀体2并将其放置在侧面。

(5)旋出箭头位置的六角螺母，并拆下储气罐。

(6)安装顺序与拆卸顺序相反。

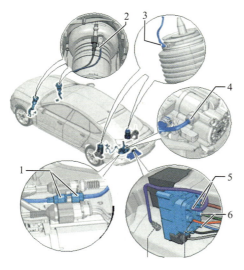

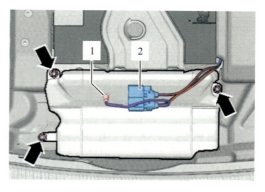

图 1-54　空压机拆卸　　　　　　　　　图 1-55　储气罐的拆卸

5. 填写考核工单

查询用户手册，记录车辆的保养项目里程及周期			
拆装步骤及紧固规格（拆卸后需向考官报备）			
空气悬架的充放气	在维修手册第＿＿章＿＿节＿＿页	诊断程序的操作步骤	
空气弹簧的拆装	在维修手册第＿＿章＿＿节＿＿页	螺栓扭力及规格	
空压机的拆装	在维修手册第＿＿章＿＿节＿＿页	螺栓扭力及规格	
储气罐的拆装	在维修手册第＿＿章＿＿节＿＿页	螺栓扭力及规格	
空气管路的拆装	在维修手册第＿＿章＿＿节＿＿页	螺栓扭力及规格	

自我测试

(1)简述空气悬架系统的检测流程。

_____

_____

(2)试制订空气弹簧维修更换的工作计划。

_____

_____

(3)简述空气弹簧系统检测维修的注意事项。

_____

_____

拓展学习

品质的提升——空气悬架

车主在判断一款汽车好坏的时候最常用的办法就是查看汽车的三大件。除了发动机、变速箱之外，汽车的底盘调校也同样重要。汽车底盘直接影响汽车能否正常行驶，是用来保证驾驶员驾驶体验和生命安全的重要组成部件。而在一系列汽车底盘常用的悬架之中，空气悬架总是格外受到消费者们的欢迎，这种悬架也经常被搭载到各种豪车上。

装配的空气悬架利用空气压缩来缓和冲击和吸收震动，相比较钢制弹簧结构，悬架滤震效果更加出色，有效地提高了车辆的行驶平顺性及乘坐舒适性。利用弹簧的高度调节让车辆能适应不同道路环境，达到增加车辆通过性或提高行驶稳定性的目的。

空气悬架的另一个优点就是，它可以帮助 SUV 或者皮卡提升拖拽能力。在装备了空气悬架的 SUV 或者皮卡上，驾驶者可以通过增加悬架的硬度来拖拽更重的货物。当然，装配传统钢制弹簧的 SUV 或皮卡本身在货物重量的作用下，车身也会下降，压缩避震弹簧也会增加车身避震的硬度。

技术的进步带来了生活水平的进一步提升，体现在车辆的舒适性方面就是空气悬架的应用。相信在将来，越来越多类似空气悬架的新技术会走进我们的生活，人们的生活品质将得到进一步提升。

任务 1.4

电控悬架系统部件维修

任务引入

某顾客的大众 ID.4 新能源汽车组合仪表出现 █ 图标，顾客来到维修站进行检查，与顾客沟通了解情况后，省级技能大师按照新能源汽车安全操作规程进行检测，经检查发现是电控悬架系统出现故障，现需要对故障部位进行修理。

学习目标

（1）掌握电动悬架系统的功能与组成。

（2）理解减振器的工作原理。

（3）能够按照工艺规范进行电控悬架控制模块拆装检测与调试；能对检测结果做出正确判断。

（4）能够按照工艺规范进行电控悬架系统传感器的拆装。

（5）能够规范选择、使用工具。

（6）会正确使用维修手册，团队成员能进行分工合作。

（7）工作认真，能正确安装传感器，学习大国工匠精神。

知识准备

1.4.1 电动悬架系统概述

1.4.1.1 悬架系统特性

压缩行程及伸张行程交替进行是悬架系统的基本特性。一般在压缩行程中的阻尼力会小于在伸张行程中的阻尼力。

　　减振器具有迅速减弱车身和车轮振动能量的作用。减振器能遏制因路面的颠簸而产生的车身振动并阻止轮胎在路面上产生跳动。此外，动态时减振器产生的作用力也可以保持车身稳定。

　　通过对当前的行驶工况展开充分调研，能够利用可调式减振器达到更好的减振效果。电控减振阻尼的控制单元，可在数毫秒内确定哪个车轮需要调节，调节到何种阻尼系数，并对减振器做出相应调节。

　　阻尼系数就是衡量振动减弱的速率，它由减振器所受的阻尼力及簧载质量决定。提高簧载质量可降低阻尼系数，意味着振动减弱速率会变慢。

1.4.1.2　减振器

1)可调式减振器

　　应用于 DCC 自适应底盘控制系统的可调式减振器，采用双管结构，如图 1-56 所示。活塞在油腔 1 内工作，油腔 2 内有一个附加气垫。

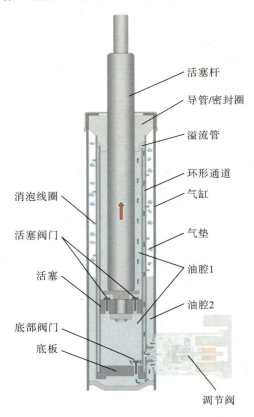

活塞杆

导管/密封圈

溢流管

环形通道

气缸

气垫

油腔1

油腔2

消泡线圈

活塞阀门

活塞

底部阀门

底板

调节阀

图 1-56　伸张行程中的减振器

（1）伸张行程与压缩行程的功能。

在伸张与压缩行程中，可以看到活塞和底板的调节阀促使油液按指定方向流动。在伸张行程与压缩行程中，油液通过环形管道供给调节阀，并以相同方向流动（单向流动）。油液从调节阀流回油腔2，调节阀控制油腔2的压力及阻尼力，气缸包含油腔2。（图1-57、图1-58）

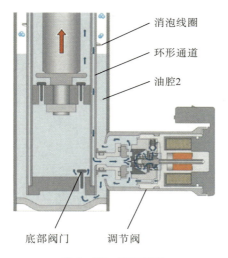

消泡线圈
环形通道
油腔2
活塞阀门
底部阀门 调节阀
调节阀

图1-57 伸张行程　　　　　图1-58 压缩行程

油腔内仅部分注油，注油口上有一个带消泡线圈的气垫，油腔2用于补偿油量的变化。油液流动由位于活塞、油腔基座和调节阀上的减振阀单元控制。减振阀单元由弹簧垫片、螺旋弹簧及带油道的阀体构成。

在伸张行程中，油液流向由下列装置调节：调节阀，底部阀门和活塞阀门（在限定范围内）。

在压缩行程中，油液流向由下列装置调节：调节阀，活塞阀门和底部阀门（在限定范围内）。

2）可调式减振器的特性场

相对于带有固定特性场的传统减振器，可调式减振器在同一特性场里具有变化的特性曲线。

传统的减振器都会有一个特性曲线来帮助定义车辆的操控特性。特性曲线的定义是悬挂配置的结果，这个配置应用到每一辆车。特性曲线取决于车辆的前后配重、发动机、车辆特性及车桥运动特性。

可调式减振器的减振特性曲线，能够通过改变当前调节阀的电流来调整，由此生成一个特性场，如图1-59所示。上述调整在所有模式中（普通、运动、舒适）都能进行，即使已选择了一种驾驶模式，减振速率仍可依照当前的行驶工况，按规定的特性场进行调整。

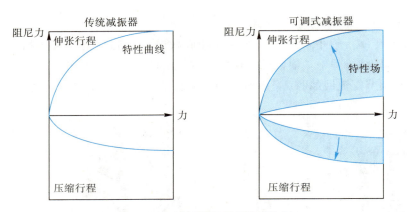

图 1-59　减振器阻尼特性对比图

1.4.2　电动悬架系统的组成

1.4.2.1　DCC 自适应底盘控制的减振器

双管减振器(图 1-60)应用于 DCC 自适应底盘控制系统。电子控制的调节阀安装

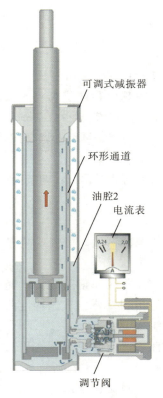

图 1-60　双管减振器

在减振器外侧以调节阻尼力。

通过改变电流，减振器设置的阻尼力可以通过调节阀在数毫秒的时间内完成调节。三个车身高度传感器及三个车身加速传感器提供信号来计算出所需的减振器设置。各个减振器设置特性场储存在电控减振控制单元 J250 中。

1.4.2.2 调节阀

调节阀(图 1-61)安装于减振器侧面，以便油液从减振器环形通道流向调节阀。调节阀供给的油液输送到减振器油腔 2。该阀是通过供给到线圈的电流来调节的（0.24～2.0 A)，并以此改变调节阀的内部油液流量。根据调节阀的控制盘位置，自减振器中流出的油液将主活塞推到相应的水平位置，使得一定量的油液可通过回油通道流回减振器。主活塞的位置是通过设置内部控制容积的油压差来实现的（与来自减振器中流出油液的压力相比较）。而油压差是通过预紧压头与控制盘之间的通道横截面设置的。预紧力过大，油液流过主活塞的中心孔，随后经过环形通道和控制通道的油量减少。内部控制容积的压力增大，从而使主活塞只能向右略微移动。

此类变化使减振特性趋"硬"，如果预紧趋小，则系统以相反情况运行，使减振特性趋"软"。

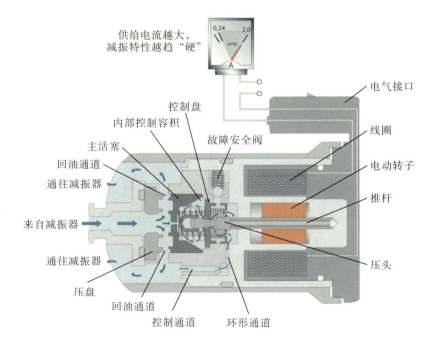

图 1-61　调节阀

1）在"普通"模式下的调节阀（图1-62）

在"普通"模式中，供给线圈的电流处于0.24 A和2.0 A的中间区域。电动转子与推杆和压头一起移动，压头被略微压紧。

从减振器中流出的油液将主活塞压至水平中心位置，使中等数量的油液可通过回油通道再次流回减振器，这是通过在压头与控制盘之间设置一个中度预紧力来完成的。油压差则根据内部控制容积设置，主活塞位置也设置在水平中心位置上。因此，减振特性介于"软"与"硬"模式之间。

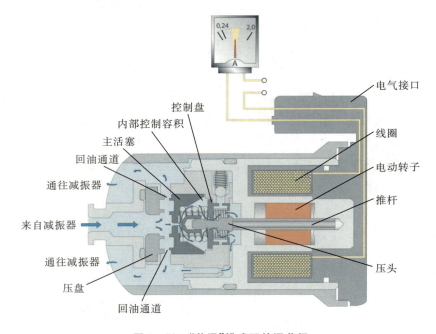

图1-62 "普通"模式下的调节阀

2）在"硬"模式下的调节阀（图1-63）

在"硬"模式下，供给到线圈的电流最大可达2.0 A。电动转子连同推杆和压头被推向左边，并产生最大的预紧力。因此，与"普通"模式相比，在控制盘和压头之间存在较小的通道横截面。由于内部控制容积油压差的增大，主活塞位于水平位置，通过回油通道回流到减振器的油量低于"普通"模式下的回油量。由此，减振特性趋向"硬"模式。这是调节阀在明显动态调节时的典型状态。

3）在"软"模式下的调节阀（图1-64）

在"软"模式下，例如，磁铁的电流为0.24 A，推杆和压头具有更小的预紧力。而压头则以相同的力将控制活塞向左推移，从而使环形通道横截面仅稍微缩小了一点。油液经过此通道，随后经控制通道回到减振器。控制盘和压头之间的通道横截面会随

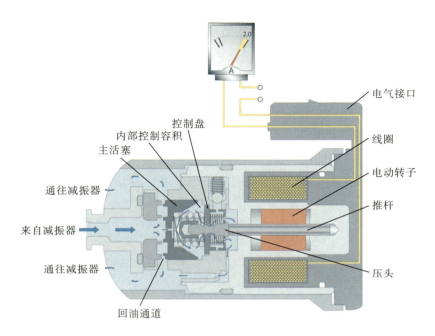

图 1-63　"硬"模式下的调节阀

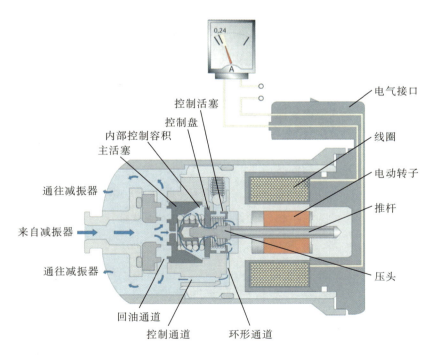

图 1-64　"软"模式下的调节阀

着压头预紧力的降低而增大，内部控制容积内的油压差因此降低。所以，主活塞会置于水平位置，从而使油液通过回油管路流回的量大于"硬"模式。这样，减振特性趋向"软"模式，这是调节阀在明显动态调节时的典型状态。

在"故障安全"模式下的调节阀如图 1-65 所示，如果一个减振器，至少有 2 个传感器或者电控减振控制单元 J250 发生故障，"故障安全"模式就会被激活。在"故障安全"模式中，供给到减振器的电流会被切断，从而使车辆的运行状态如同装备了传统减振器。而电动转子连同推杆及压头一起向右移动，直至顶靠着阀门壳体。控制活塞也会移动，并将至环形通道的直接入口关闭。此时油液将故障安全阀打开，并经由控制通道，流回减振器。

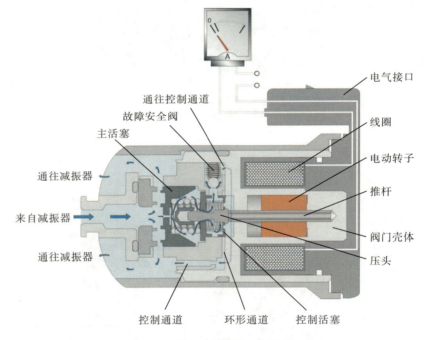

图 1-65 "故障安全"模式下的调节阀

1.4.3 电子元件(以大众车型为例)

1.4.3.1 电控减振控制单元 J250

控制单元 J250(图 1-66)位于行李箱内右侧的饰板后侧。它通过评估车身高度传感器 G76、G78、G289，以及车身加速传感器 G341、G342、G343 传来的信号，并考虑路面状况、行驶工况及驾驶员的要求，从而分别计算出四个减振器的最佳电流。在数毫秒内，控制单元 J250 通过一个受控的电流（0.24～2.0 A），对减振器进行调节。

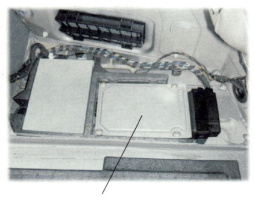

电控减振控制单元J250

图 1-66　电控减振控制单元

1.4.3.2　车身高度传感器 G76，G78，G289

车身高度传感器又被称为转动角度传感器。它们安装在减振器附近，并通过连接杆与横摆臂灵活连接。由前后车桥的横摆臂及连接杆的移动，得出的车轮弹跳行程被传递至传感器，并被换算成转动角。

转动角度传感器在静态磁场中工作，并遵循霍尔法则。信号输出为减振器控制提供了一个与角度成比例的 PWM 信号（脉冲宽度调制信号）。

三个车身高度传感器本身是完全一样的，只是安装方式、连接杆及动力学特性会根据安装位置及车桥而各不相同。

传感器被设计成一种双腔室系统如图 1-67 所示，在传感器一边（腔室 1）装备了转子，而在另一边（腔室 2），则装备了带有定子的电路板。转子和定子是分别安装的，因此它们可独立密封。转子包含了一根黏合了稀土磁铁的无磁性不锈钢轴。稀土磁铁用于强磁场且要求磁铁尺寸极小的场合。

转子通过操纵杆连接到连接杆上，操纵杆也用来驱动转子。转子安装在操纵杆内的轴密封环里，这样能有效地保护机件不受其他零件的干扰。定子由一个霍尔传感器组成，并被安装在电路板上，电路板由 PU 块（聚氨酯）塑成，这样能保护其不受外部的干扰。

磁力线通过霍尔（效应）板，被传输并放大，与传统的霍尔传感器不同的是，这些

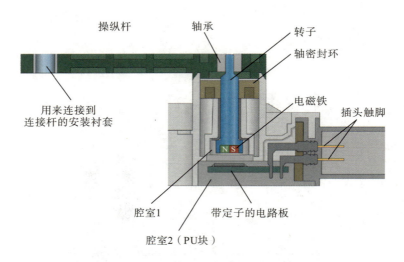

图 1-67　车身高度传感器

元件能够释放出特殊的正弦和余弦信号。信号在电路板的集成电路中被转化，使得车身高度的变化，能够被电控减振控制单元 J250 所识别，如图 1-68 所示。

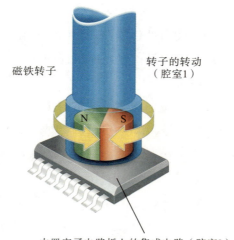

图 1-68　霍尔传感器

1.4.3.3　车身加速传感器 G341，G342，G343

车身加速传感器是根据电容测定法则来测定车身的垂直加速度的。弹性模块 m 作为一个中间电极在电容器两极板间振动，使 C_1 和 C_2 电容器的电容量发生相应变化，变化的节奏与振动的节奏相反。当一个电容器的极板间距 d_1 增大一定量时，另一个电

容器的极板间距 d_2 也相应减少了这个量，从而改变了各电容器的电容量。一个电子评估系统向电控减振控制单元 J250 输送一个模拟信号电压，如图 1-69 所示。

加速传感器的电容测定法则

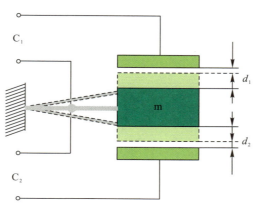

图 1-69 车速加速传感器工作原理

任务实施

1. 作业说明

仪表盘上出现 ❗ 标志，说明自适应底盘调节系统（DCC）出现故障，指示灯点亮黄色。在组合仪表显示屏中显示信息故障：减振器，需要到经销商处进行维修检测。本次作业的条件是拆除右侧行李箱侧饰板、左后侧轮罩饰板、后弹簧连杆饰板。

2. 技术标准与要求

名　称	要　求
电控减振装置控制单元固定螺栓扭矩	
后部车辆水平高度传感器固定螺栓紧固扭矩	
后部车辆水平高度传感器螺纹销紧固扭矩	

注：请学员查阅维修资料后填写。

3. 设备器材

(1)设备与零件总成。

_____

_____

(2)常用工具。

_____

_____

(3)耗材及其他。

_____

_____

注：请学员根据场地实际设备器材填写。

4. 作业流程(学生制订拆检计划，实施任务，教师指导)

1)拆卸和安装电子减振控制单元(以 ID.4 CROZZ 车型为例)

(1)拆卸前的注意事项。

拆卸电子减振控制单元前先要拆卸右侧行李箱侧饰板。

(2)拆卸步骤。

①解锁并拔下电气插头连接 3。

②拧出螺钉 2。

③将 1(电控减振装置控制单元 J250)取出，如图 1-70 所示。

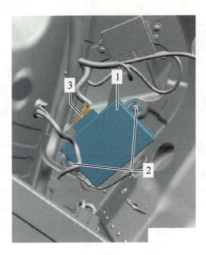

图 1-70　拆卸电控减振装置控制单元

(3)安装以拆卸的倒序进行,同时请注意下列事项:

①如果电控减振装置控制单元 J250 已更换,必须 执行"更换控制单元"功能。

②如果重新匹配了调节位置,则必须在配备车道保持辅助系统的车辆上,重新校准辅助系统的前部摄像头。

③控制单元固定螺母的拧紧力矩为 2.5N・m。

2)拆卸和安装后部车身加速度传感器 G343(以 ID.4 CROZZ 车型为例)

(1)拆卸前的注意事项。

在已拆卸左后侧轮罩饰板的条件下进行。

(2)拆卸步骤。

①解锁并拔下电气插头连接 3。

②拧出螺栓 2 并取出 1(后部车身加速度传感器 G343),如图 1-71 所示。

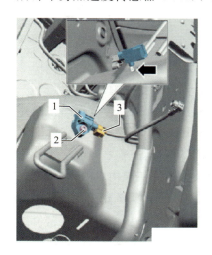

图 1-71　拆卸后部车身加速度传感器

(3)安装以拆卸的倒序进行,同时请注意下列事项:

①后部车身加速度传感器 G343 的导向件正确位于车身上的凹槽中。

②对车轮减振器电子装置执行基本设置。

③螺栓 2 的拧紧力矩为 8 N・m。

3)拆卸和安装后部车辆水平高度传感器

(1)拆卸前的注意事项。

在已拆卸后弹簧连杆饰板(如有)的情况下进行。

(2)拆卸步骤(图 1-72)。

①松开并拔下电气插头连接 3。

②拧出螺栓 1。

③将螺栓 5 从弹簧连杆 4 中旋出。

④取出车身高度传感器2。

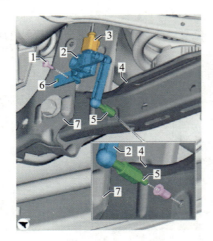

图 1-72　拆卸后部车辆水平高度传感器

（3）安装步骤。

安装以拆卸的倒序进行，同时注意下列事项：

①左后车身高度传感器G76的操纵杆必须指向车辆外侧。注意将车身高度传感器2正确装入后桥7的导向件6中。

②进行车身高度传感器的基本设置。

③后部车身高度传感器与加装件一起构成整体，操作杆必须朝向车辆外侧。

④拧紧力矩：螺栓1为5 N·m；螺栓销5为5 N·m。

5. 填写考核工单

一、查询并记录发动机信息				
发动机类型		发动机排量		选装代码	
缸径		压缩比		点火顺序	

二、查询用户手册，记录发动机保养项目里程及周期

1. 电控减振装置控制单元拆装步骤及紧固规格（拆卸后需向考官报备）		
电控减振装置 控制单元拆装步骤	在维修手册第＿＿章＿＿节＿＿页	控制单元紧固扭力 规格/（N·m）

2. 后部车身加速度传感器拆装		
后部车身加速度 传感器拆装步骤	在维修手册第＿＿章＿＿节＿＿页	传感器安装 扭矩/（N·m）

3. 后部车辆水平高度传感器拆装		
后部车辆水平 高度传感器	在维修手册第＿＿章＿＿节＿＿页	后部车辆水平高度传感器 安装螺栓扭矩/（N·m）

自我测试

（1）简述 ID.4 CROZZ 车型自适应底盘调节控制系统的驾驶模式。

_____

_____

（2）简述如何设定自适应底盘调节系统的悬架阻尼。

_____

_____

（3）简述车身加速传感器的工作原理。

_____

_____

拓展学习

自适应空气悬架

底盘的开发需要满足许多相互矛盾的目标，如今除了要满足传统目标，如功能、行驶安全性、强度和耐用性外，人们对减小重量、行驶舒适性和降低噪声方面也提出了越来越高的要求。

新开发的全浮式空气悬架与 CDC（根据车辆行驶状况进行调节的电子阻尼系统）联合使用后，就可以在物理极限内更好地满足这些要求了。该系统主要由自适应空气悬架控制单元、弹簧/减振支柱、减振器、空气供给总成、电磁阀体、蓄压器、气动控制图、压力建立系统、卸压系统、车身加速度传感器组成，系统的核心部件就是自适应空气悬架控制单元，它安装在车内杂物箱的前方。自适应空气悬架控制单元处理其他总线用户的相关信息及个别的输入信号，如车辆水平传感器信号、车身加速度传感器信号、模式选择信号、压缩机温度传感器信号和其他附加信号。处理后的结果就是作用于启动压缩机、电磁阀和减振器的信号。由于标准底盘和运动底盘有所不同，所以有两种控制单元。

电控悬架控制系统部件检测与维修

任务引入

某顾客大众的 ID.4 新能源汽车组合仪表出现 📳 图标，顾客来到维修站进行检查，与客户沟通了解情况后，省级技能大师按照新能源汽车安全操作规程进行检测，经检查发现是电控悬架控制系统部件出现故障，现需要对故障部位进行修理。

学习目标

（1）掌握电动悬架系统的功能与组成。

（2）理解减振器的工作原理。

（3）能够按照工艺规范进行电控悬架控制模块拆装检测与调试；能对检测结果做出正确的判断。

（4）能够进行电控悬架系统数据流的检测。

（5）能够规范选择、使用工具。

（6）会正确使用维修手册，团队成员能进行分工合作。

（7）培养自身严谨的工作态度。

知识准备

1.5.1　自适应底盘控制系统

可调式减振器通过一个控制单元来调节，此单元则是根据大众集团所研发的控制运算法则调节阻尼。依据不同的输入信号，整个可调式减振器的特性场可被使用。此控制运算法则也可以通过按键在"普通""运动"和"舒适"三个模式间自由切换，从而满足用户的需求。此系统在车辆静止或行驶时，都能进行调节。

自适应底盘控制系统总是处于工作状态。它是一个智能的自动化控制系统，根据下列要素调节车辆减振器：路面状况、不同的行驶工况（如制动、加速、转弯）和驾驶员意愿。因此，驾驶员始终能获得理想的减振设置，如图1-73所示。

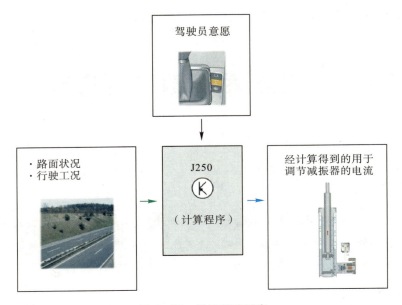

图1-73　系统影响因素

1.5.2　自适应底盘控制模式

自适应底盘控制模式可由驾驶员通过调节换挡杆右侧的按键进行个性化设置。多次按键直至获得所需的设置模式，此操作可重复进行。系统将始终按照"普通""运动""舒适"这一顺序进行切换。

1)"普通"模式

当按键上的"COMFORT"和"SPORT"两个标识都没有显示为黄色时，普通模式处于激活状态。此设置提供了一个稳定全面的平衡状态，它极其符合日常驾驶要求。

2)"运动"模式

当按键上的"SPORT"标识显示黄色时，则运动模式处于激活状态。此设置在基本曲线图上的表现更为陡峭，使车辆具备运动型的操控感觉。此时，转向系统也自动变为运动设置，且底盘减振变硬。这一设置允许特定的运动驾驶风格。

3)"舒适"模式

当按键上的"COMFORT"标识显示黄色时，则舒适模式处于激活状态。此设置趋向于舒适性，底盘减振基本设置变软。它比较适用于颠簸路面或长途旅行等情况。

不同模式下，减振基本设置的硬度有显著差别。它们会因不同的行驶工况而有不同的阻尼力要求。

1.5.3 与制动系和转向系的系统连接

在 DCC 自适应底盘控制系统中，信息通过数据总线，在电控减振控制单元和相关的车载电网控制单元之间进行交换。图 1-74 展示了通过 CAN 数据总线提供信息，或使用车载电网控制单元接收和处理信息的实例。

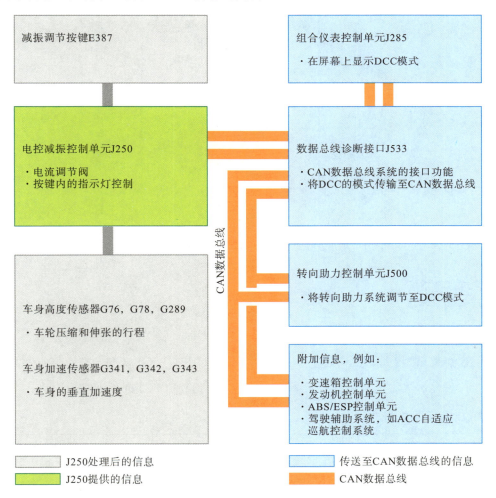

图 1-74　大众车型自适应底盘控制系统与制动系统的连接示意图

1.5.4 系统工作原理

将减振调节按键信息（即模式选择信息）、前车身加速信息、前车身高度信息、后部车身高度信息、后部车身加速信息发送到电控减振控制单元，由电控减振控制单元来控制电流调节阀，从而实现悬架模式的变化，如图 1-75 所示。

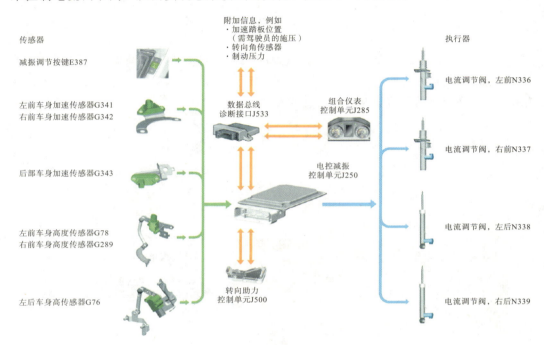

图 1-75　大众汽车自适应底盘控制系统工作原理图

任务实施

1. 作业说明

仪表盘上出现 🔧 标志，说明自适应底盘控制系统（DCC）故障，指示灯点亮黄色。在组合仪表显示屏中显示信息故障：减振器，需要到经销商处进行维修检测。

2. 技术标准与要求

名　　称	数　　量	电路图代码
汽车高度传感器		
车身加速度传感器		

注：请学员查阅维修资料后填写。

3. 设备器材

(1)设备与零件总成。

_____

_____

(2)常用工具。

_____

_____

(3)耗材及其他。

_____

_____

注：请学员根据场地实际设备器材填写。

4. 作业流程(学生制订拆检计划，实施任务，教师指导)

电控悬架控制系统检测(以 ID.4 CROZZ 车型为例)的检测步骤如下所示。

(1)进行常规检查，低压蓄电池电压保证在 12.7 V 以上；

(2)在关闭点火开关的情况下，连接诊断接头 V.A.S5054 到车辆诊断接口，并保证 V.A.S5054 电源指示灯点亮。

(3)插入钥匙，打开点火开关。

进入一汽大众 ODIS 诊断系统进行下列操作。

①在计算机上打开一汽大众 ODIS 诊断程序，并观察车辆与诊断仪的连接状况。

②按下图标进行操作，第一步，点击诊断按钮，第二步点击启动诊断按钮。

③点击下拉菜单，选择车型及车辆基本信息，并点击"应用"。

④点击"无委托单"进行下一步。

⑤根据诊断仪提示读取故障码，并生成自诊断报告，等所有系统识别完成后，打开联网图，选择要诊断的控制单元：电子控制减振系统控制单元 J250。

⑥单击鼠标右键，选择"引导型功能"。

⑦选择"测量值"，按"执行"。

⑧按窗口提示，选择"汽车高度传感器 1、汽车高度传感器 2、汽车高度传感器 3、车身加速度传感器 1、车身加速度传感器 2、车身加速度传感器 3"，点击确定。

⑨读取测量值，并记录。

5. 填写考核工单

一、查询并记录发动机信息					
发动机类型		发动机排量		选装代码	
缸径		压缩比		点火顺序	
二、查询用户手册，记录发动机保养项目里程及周期					
读取汽车高度传感器数值					
汽车高度传感器 1		汽车高度传感器 2		汽车高度传感器 3	
读取车身加速度传感器数值					
车身加速度传感器 1		车身加速度传感器 2		车身加速度传感器 3	

自我测试

(1) 简述 ID.4 CROZZ 车型的方向盘转角对自适应底盘调节控制系统的影响。

_____

_____

(2) 若有两个或更多的传感器发生故障，故障现象是什么？

_____

_____

(3) 简述该系统的工作原理。

_____

_____

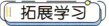

自适应悬架系统常见故障

（1）减振器发生故障

若调节阀发生短路或断路，则系统立即自动切换至"故障安全模式"。按键上的减振器指示灯开始闪烁，表示发生了故障。此时，车辆的运行状态如同装备了传统减振器的车辆。

（2）传感器发生故障

若仅有一个传感器发生故障，则其他正常工作的传感器会计算出一个替代信号，从而使系统仍能继续工作。若有两个或更多的传感器发生故障，则系统将完全关闭。此时，按键上减振器的指示灯将会每 0.1 s 闪烁 1 次。

（3）电控减振控制单元 J250 发生故障

此时，该控制单元 J250 将需要通过 SVM（维修版本管理）来重新进行编码。

（4）当一个减振器被更换以后，应如何进行匹配？

需进行一次基本设置（将车轮行程传感器调节至最低限位处）。

（5）转向系统发生故障

此时，DCC 自适应底盘控制系统仍然继续工作。

模块二
四轮定位平衡检测与维修

动力转向系统部件检测与维修

任务引入

一客户反映其 ID.4 新能源汽车在低速运转时，行驶过程中向一个方向跑偏，而且方向盘有打手的现象。经询问客户后，省级技能大师检查转向系统无大修记录，外观检查正常，现需要对动力转向系统及相关部件进行检测。

学习目标

(1)掌握汽车转向系统的功能与组成。

(2)理解动力转向系统的工作原理。

(3)能够规范检测动力转向系统的相关部件。

(4)能够规范选择、使用工具。

(5)查阅维修手册，具备信息检索、数据分析的能力。

(6)强化自身的职业素养。

(7)具有汽车维修领域高超的维修技能，具备规范、严谨、细致、专注、负责的工作态度和精益求精的大国工匠精神。

知识准备

2.1.1 汽车转向系统概述

转向系统的功用是保证汽车按驾驶员的要求进行转向和正常行驶。在汽车驾驶的学习过程中，教练最早教会我们的一个动作，就是握转向盘。而在实际驾车的过程中，我们也需要时刻不离地握住转向盘，只有这样才能确保正确的前进方向和安全行驶。汽车的转向系统更为复杂，两侧车轮的同步性要求更高，而且前轮的转向角度和后轮还要能够配合起来，才能够实现正确的转向和最低程度的轮胎磨损。汽车转向系统分为机械转向系统和动力转向系统。

2.1.2 机械转向系统

图 2-1 为一种机械转向系统。驾驶员对转向盘施加的转向力矩通过转向轴输入转向器。从转向盘到转向传动轴这一系列零件即属于转向操纵机构。作为减速传动装置的转向器中有 1、2 级减速传动副。经转向器放大后的力矩和减速后的运动传到转向横拉杆，再传给固定于转向节上的转向节臂，使转向节和它所支撑的转向轮偏转，从而改变了汽车的行驶方向。这里，转向横拉杆和转向节臂属于转向传动机构。

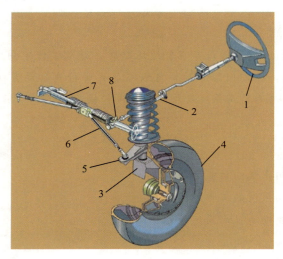

1—转向盘；2—安全转向轴；3—转向节；4—转向轮；5—转向节臂；6—转向横拉杆；7—转向减振器；8—机械转向器。

图 2-1 机械转向系统

2.1.3 转向操纵机构

转向操纵机构由方向盘、转向轴、转向管柱等组成，它的作用是将驾驶员转动转向盘的操纵力传给转向器，如图 2-2 所示。

1—轮圈；2—轮辐；3—轮毂。

图2-2 转向操纵机构的组成

2.1.4 机械转向器

2.1.4.1 齿轮齿条式转向器

齿轮齿条式转向器分两端输出式和中间(或单端)输出式两种。

两端输出的齿轮齿条式转向器如图2-3所示，作为传动副主动件的转向齿轮轴通过轴承12和13安装在转向器壳体中，其上端通过花键与万向节叉和转向轴连接。其与转向齿轮啮合的转向齿条水平布置，两端通过球头座与转向横拉杆相连。弹簧通过压块将齿条压靠在齿轮上，保证无间隙啮合。

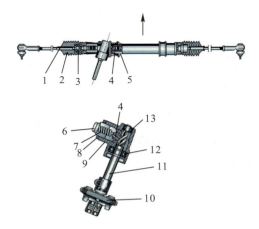

1—转向横拉杆；2—防尘套；3—球头座；4—转向齿条；5—转向器壳体；6—调整螺塞；7—压紧弹簧；8—锁紧螺母；9—压块；10—万向节；11—转向齿轮轴；12—向心球轴承；13—滚针轴承。

图2-3 两端输出的齿轮齿条式转向器

弹簧的预紧力可用调整螺塞调整。当转动转向盘时，转向器齿轮转动，使与之啮合的齿条沿轴向移动，从而使左右横拉杆带动转向节左右转动，使转向车轮偏转，实现汽车转向。

　　中间输出的齿轮齿条式转向器如图 2-4 所示，其结构及工作原理与两端输出的齿轮齿条式转向器基本相同，不同之处在于它在转向齿条的中部用螺栓与左右转向横拉杆相连。在单端输出的齿轮齿条式转向器上，齿条的一端通过内外托架与转向横拉杆相连。

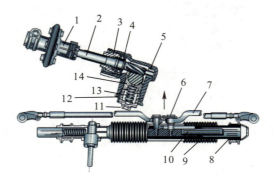

1—万向节叉；2—转向齿轮轴；3—调整螺母；4—向心球轴承；5—滚针轴承；6—固定螺栓；7—转向横拉杆；8—转向器壳体；9—防尘套；10—转向齿条；11—调整螺塞；12—锁紧螺母；13—压紧弹簧；14—压块。

图 2-4　中间输出的齿轮齿条式转向器

2.1.4.2　循环球式转向器

　　循环球式转向器是目前国内外应用最广泛的结构之一，一般有两级传动副，第一级是螺杆螺母传动副，第二级是齿条齿扇传动副，如图 2-5 所示。

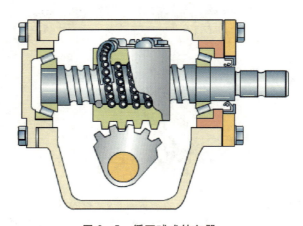

图 2-5　循环球式转向器

为了减少转向螺杆和转向螺母之间的摩擦，二者的螺纹并不直接接触，其间装有多个钢球，以实现滚动摩擦。转向螺杆和螺母上都加工出断面轮廓为两段或三段不同心圆弧组成的近似半圆的螺旋槽。二者的螺旋槽能配合形成近似圆形断面的螺旋管状通道。

螺母侧面有两对通孔，可将钢球从此孔塞入螺旋形通道。转向螺母外有两根钢球导管，每根导管的两端分别插入螺母侧面的一对通孔中，导管内也装满了钢球。这样，两根导管和螺母内的螺旋管状通道组合成两条各自独立的封闭钢球"流道"。

转向螺杆转动时，通过钢球将力传给转向螺母，螺母即沿轴向移动。同时，在螺杆及螺母与钢球间摩擦力的作用下，所有钢球在螺旋管状通道内滚动，形成"球流"。在转向器工作时，两列钢球只是在各自的封闭流道内循环，不会脱出。

2.1.4.3　蜗杆曲柄指销式转向器

蜗杆曲柄指销式转向器的传动副以转向蜗杆为主动件，其从动件是装在摇臂轴曲柄端部的指销。转向蜗杆转动时，与之啮合的指销即绕摇臂轴轴线沿圆弧运动，并带动摇臂轴转动，如图 2-6 所示。

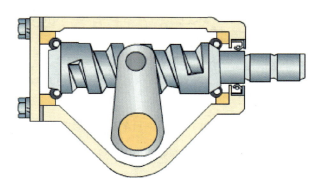

图 2-6　蜗杆曲柄指销式转向器

2.1.5　电子控制动力转向控制系统

普通动力转向系统的助力特性是不变的，且与车速无关，这会导致停车及低速时，转向盘操纵沉重，中速时较轻快，高速时更加轻快。如果考虑停车及低速时的轻便性，则会使高速时操纵力过小，路感下降，易出现转向过度。反之会使停车及低速时操纵力过大，转向沉重，效率下降。为了实现在各种行驶条件下转向盘上所需要的力都是最佳值，必须采用更先进的电子控制动力转向系统（electronic control power steering，EPS）。电子控制动力转向系统可分为液压式电子控制动力转向系统和电动式电子控制动力转向系统两类。

2.1.5.1 液压式电子控制动力转向系统

液压式电子控制动力转向系统是在传统的液压动力转向系统的基础上增设了电子控制装置而构成的，根据控制方式的不同，可分为流量控制式、反力控制式和阀灵敏度控制式三种形式。

1)流量控制式 EPS

这是一种根据车速传感器信号调解动力转向装置供应的压力油液，改变油液的输入输出流量，以控制转向力的方法。

(1)凌志 LS400 乘用车的流量控制式 EPS。

如图 2-7 所示，流量控制式 EPS 主要由车速传感器、电磁阀、整体式动力转向控制阀、转向油泵和电子控制单元等组成。

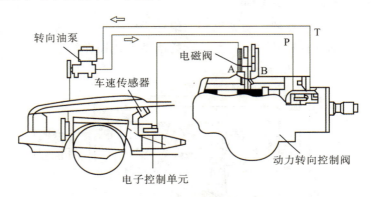

图 2-7 凌志 LS400 乘用车流量控制式 EPS

电磁阀安装在通向转向动力缸活塞两侧油室的油道之间，当电磁阀的阀针完全开启时，两油道就被电磁阀分流，使动力缸活塞两侧压力差减小，助力减小；相反则助力增大。流量控制式 EPS 根据车速传感器的信号，控制电磁阀阀针的开启程度，从而控制转向动力缸活塞两侧油室的旁路液压油流量，改变转向盘上的转向力。车速越高，流过电磁阀电磁线圈的平均电流越大，电磁阀阀针的开启程度越大，旁路液压油流量越大，液压助力作用越小，使转动转向盘的力也随之增加；相反，则车速较低时，助力作用加大，使转向轻便。

(2)蓝鸟乘用车的流量控制式 EPS。

图 2-8 为蓝鸟乘用车的流量控制式 EPS，它在一般液压动力转向系统上增加了旁通流量控制阀、车速传感器、转向角速度传感器、电子控制单元和控制开关等部件，在转向油泵与转向器之间设有旁通管路，在旁通管路中又设有旁通流量控制阀。

图 2-9 为流量控制式 EPS 的构成。根据车速传感器、转向角速度传感器和控制开关的信号，电子控制单元向旁通流量控制阀发出控制信号，控制旁通流量，从而调整

向转向器供油的流量。当向转向器供油流量减少时，动力转向控制阀灵敏度下降，转向助力作用降低，转向力增加；相反，则转向力减小。

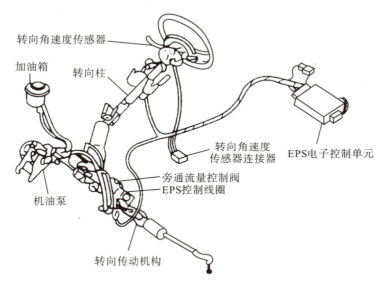

图 2-8　蓝鸟乘用车流量控制式 EPS

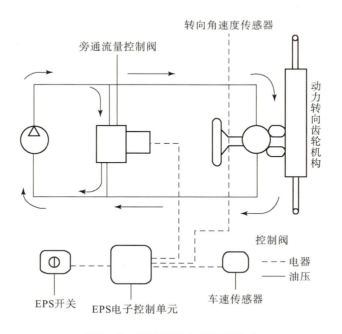

图 2-9　流量控制式 EPS 的构成

　　旁通流量控制阀的结构如图 2-10 所示。在阀体内装有主滑阀和稳压滑阀，主滑阀的右端与电磁线圈柱塞连接，主滑阀的移动距离与电磁线圈的推力成正比，从而改变主滑阀左端流量主孔的开口面积。调整调节螺钉可以调节旁通流量的大小。稳压滑阀的作用是保持流量主孔前后压差的稳定，以使旁通流量与流量主孔的开口面积成正比。当因转向负荷变化而使流量主孔前后压差偏离设定值时，稳压滑阀阀芯将在其左侧弹簧张力和右侧高压油压力的作用下发生位移。如果压差大于设定值，则阀芯左移，使节流孔开口面积减小，流入阀内的流量减少，前后压差减小；如果压差小于设定值，则阀芯右移，使节流孔开口面积增大，流入阀内的油量增大，前后压差增大。流量主孔前后压差的稳定保证了旁通流量的大小只与主滑阀控制的流量主孔的开口面积有关。

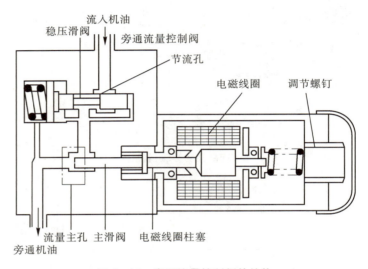

图 2 - 10　旁通流量控制阀的结构

2)反力控制式 EPS

(1)基本组成。

反力控制式 EPS 的组成如图 2 - 11 所示。反力控制式动力转向系统按照车速的变化，由电子控制单元控制油压反力，调整动力转向器，从而使汽车在各种条件下转向盘上所需的转向操纵力都达到最佳状态。有时也把这种动力转向系统称为渐进型动力转向系统 PPS(progressive power steering)。

电子控制渐进型动力转向系统结构如图 2 - 12 所示，除了设有旧式动力转向装置中用来控制加力的主控制阀之外，又增设了反力油压控制阀和油压反力室。

经反力油压控制阀调整后的油压加到油压反力室内，扭杆与转向轴相连，当 PPS 根据油压反力的大小改变转向扭杆的扭曲量时，就可以控制转向时所要加的力。动力转向用的微机安装在电子控制单元 ECU 内，微机根据车速传感器的信号控制电磁阀的输入电流。

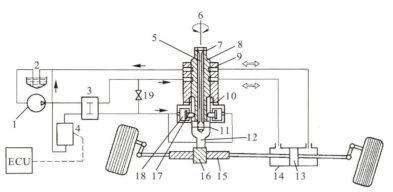

1—转向油泵；2—储油罐；3—分流阀；4—电磁阀；5—扭杆；6—转向盘；7、10、11—销；8—转向阀阀杆；9—控制阀阀体；12—转向齿轮轴；13—活塞；14—转向动力缸；15—转向齿条；16—转向齿轮；17—柱塞；18—油压反力室；19—阻尼孔。

图 2 - 11　反力控制式 EPS 的组成

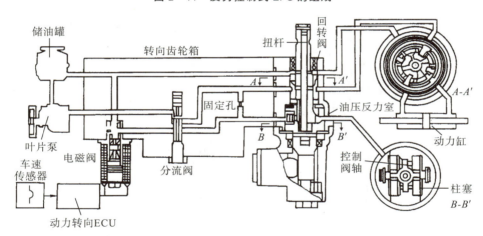

图 2 - 12　电子控制渐进型动力转向系统结构

①车速传感器。

车速传感器的主要功用是检测汽车行驶速度，通常安装在变速器输出轴上。PPS所用的车速传感器多为磁阻元件传感器，主要由磁阻元件和磁性转子等组成。

②电磁阀。

电磁阀一般安装在转向齿轮箱体上，主要由电磁线圈、铁芯及电磁阀等组成。电磁阀的开度由 ECU 的输出电流控制，而该输出电流又取决于车速的高低。电磁阀油路的阻尼面积，可随电磁线圈通电电流占空比（通断比）的变化而变化。车速低时，通电电流大，滑阀被吸引，流向油箱的回流量增加。随着车速的升高，电流减小，油液回流量也减少。

③分流阀。

分流阀主要由阀门、弹簧及进出油口等构成。分流阀的主要功用是将来自转向油泵的液流送到转阀、油压反力室和电磁阀。送到电磁阀和油压反力室中的液流量是由转阀中的油压来调整的。

④转向控制阀。

反力控制式动力转向控制阀的结构如图 2-13 所示，其基本结构是在传统的整体式动力转向控制阀的基础上，在内部增加一个油压反力室和四个小柱塞，四个小柱塞位于控制阀阀体下端的油压反力室内。输入轴部分有两个小凸起顶在柱塞上。当油压反力室受到高压作用时，柱塞将推动控制阀阀杆。此时，扭杆即使受到转矩作用，由于柱塞推力的影响，也会抑制控制阀阀杆与阀体的相对回转。

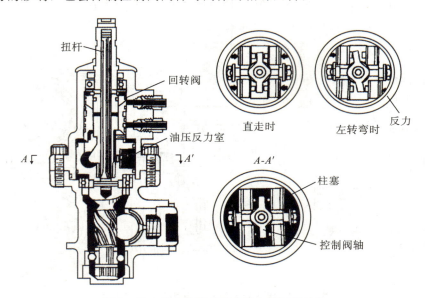

图 2-13 反力控制式动力转向控制阀结构

(2)工作原理。

①汽车静止或低速行驶。

汽车静止或低速行驶时，如图 2-14 所示，ECU 输出一个大的电流，使电磁阀的开度增加，由分流阀分出的液体流过电磁阀回到储油罐中的流量增加。油压反力室的压力减小，柱塞推动控制阀杆的力减小，因此只需要较小的转向力就可使扭杆扭转变形，使阀体与阀杆发生相对转动而使控制阀打开，油泵输出油压作用到动力缸右室(或左室)，使动力缸活塞左移(或右移)，产生转向助力。

②汽车中、高速行驶。

汽车中、高速行驶时，如图 2-15 所示，此时转向盘微量转动时，控制阀杆根据扭转角度而转动，转阀的开度减小，转阀里面的压力增加，流向电磁阀和油压反力室中的液流量增加。当车速增加时，ECU输出电流减小，电磁阀开度减小，流入油压反力室中的液流量增加，反力增大，使得柱塞推动控制阀杆的力变大。液流还从量孔流进油压反力室中，这也增大了油压反力室中的液体压力，故转向盘的转动角度增加时，将要求一个更大的转向操纵力，使得在中高速时驾驶人可获得良好的转向手感和转向特性。

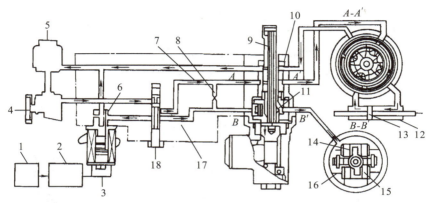

1—车速传感器；2—ECU；3—电磁阀；4—叶片泵；5—储油罐；6—电磁阀开度（大）；7—此处压力增加；8—量孔；9—扭杆；10—转阀；11—油压反力室；12—动力缸；13—活塞；14—阀杆；15—柱塞；16—此处压力减小；17—反力室方向；18—分流阀。

图 2 - 14 停车或低速行驶时的工作情况

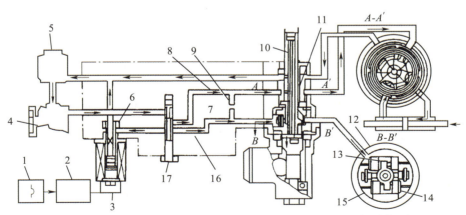

1—车速传感器；2—ECU；3—电磁阀；4—叶片泵；5—储油罐；6—电磁阀开度（小）；7、9—量孔；8—此处压力增加；10—扭杆；11—转阀；12—油压反力室；13—控制阀杆；14—柱塞；15—此处压力增加；16—此处流量增加；17—分流阀。

图 2 - 15 中、高速行驶时的工作情况

③汽车高速直行。

汽车高速直行时，转向偏摆角小，扭杆相对转矩小，控制阀油孔开度减小，控制阀侧油压升高。由于分流阀的作用，电磁阀侧油量增加。同时，随着车速的升高，通电电流减小，通过电磁阀流回储油罐的阻尼增大，油压反力室的反力增大，使柱塞推动控制阀阀杆的力矩增大，转向盘手感增强。

3）阀灵敏度控制式 EPS

阀灵敏度控制式 EPS 根据车速控制电磁阀，通过直接改变动力转向控制阀的油压增益（阀灵敏度）来控制油压。这种转向系统结构简单、价格便宜，而且具有较大的选择转向力的自由度，可以获得较好的转向手感和良好的转向特性。

阀灵敏度控制式 EPS 主要由转子阀、电磁阀、车速传感器及 ECU 等组成，如图 2-16 所示。

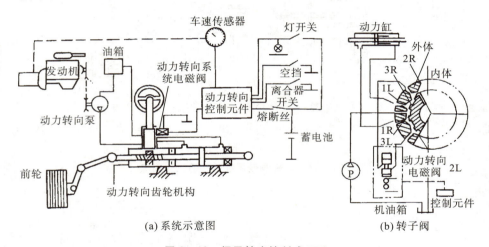

(a) 系统示意图 (b) 转子阀

图 2-16 阀灵敏度控制式 EPS

转子阀的阀体上有 6 或 8 条沟槽，各沟槽利用阀外体与泵、动力缸、电磁阀及油箱连接。图 2-17 为阀部的等效液压回路。转子阀的可变小孔分为低速专用小孔（1R、1L、2R、2L）和调整专用小孔（3L、3R）两种，在高速专用可变小孔的下方设有旁通电磁阀回路。当车辆静止时，电磁阀完全关闭，如果此时向右转动转向盘，则高灵敏度低速专用小孔 1R 和 2R 在较小的转矩作用下即可关闭，转向油泵的高压油液经 1L 流回转向动力缸右腔室，其左腔室的油液经 3L、2L 流回储油箱，所以，此时具有轻便的转向特性。而且施加在转向盘上的转向力矩越大，可变小孔 1L、2L 的开口面积越大，节流作用就越小，转向助力作用越明显。

随着车辆行驶速度的提高，在 ECU 的作用下，电磁阀的开度也线性增加，如果向右转动转向盘，则转向油泵的高压油液经 1L、3R 旁通电磁阀流回储油箱。此时，

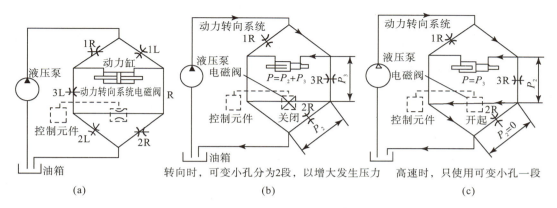

图 2 - 17　阀部的等效液压回路

转向动力缸右腔室的转向助力油压就取决于旁通电磁阀和灵敏度低的高速专用孔 3R 的开度。车速越高，在 ECU 的控制下，电磁阀的开度就越大，旁路流量越大，转向助力作用越小，调整专用小孔 3R 的开度逐渐减小，转向助力作用也随之增大。由此可见，阀灵敏度控制式 EPS 可使驾驶人获得非常自然的转向手感和良好的速度转向特性。

2.1.5.2　电动式电子控制动力转向系统

电动式电子控制动力转向系统是一种直接依靠电动机提供辅助转矩的电动助力式转向系统。该系统仅需要控制电动机电流的方向和幅值，不需要复杂的控制机构。另外，该系统利用微机控制，为转向系统提供了较高的自由度，同时还降低了成本和质量。

电动式电子控制动力转向系统的基本原理是根据汽车行驶速度（车速传感器输出信号）、转矩及转向角信号，由 ECU 控制电动机及减速机构产生助力转矩，使汽车在低、中和高速下都能获得最佳的转向效果。

电动机连同电磁离合器和减速齿轮一起，通过一个橡胶底座安装在左车架上。电动机的输出转矩由减速齿轮增大，并通过万向节、转向器中的助力小齿轮把输出转矩送至齿条，向转向轮提供转矩。

任务实施

1. 作业说明

拆卸和安装转向机构，按照具体流程和参数实施。

2. 技术标准与要求

名　　　称	要　　　求
缸盖螺丝初上紧扭矩	
各气缸螺栓的标准扭矩	

注：请学员查阅维修资料后填写。

3. 设备器材

(1)设备与零件总成。

_____

_____

(2)常用工具。

_____

_____

(3)耗材及其他。

_____

_____

注：请学员根据场地实际设备器材填写。

4. 动力转向系统拆装作业流程（学生制订拆检计划，实施任务，教师指导）

4.1 所需要的专用工具和维修设备

(1)扭力扳手(40～200 N·m)HAZET 6292 - 1CT 或 V. A. G 1332

(2)棘轮头 HAZET 64041 或 V. A. G 1332/1

(3)角度盘 HAZET 6690 或 V. A. G 1756

(4)转换接头 HAZET 958

(5)扭力扳手(5～60 N·m)HAZET 6290 - 1CT 或 V. A. G 1331

(6)TORX 工具 HAZET 1557/32 或 V. A. G 1766

(7)小套筒组件 V. A. G 1835

(8)棘轮头 HAZET 6403 或 V. A. G 1331

(9)21 mm 开口扳手 HAZET 848Z - 21

(10)球形接头拔出器 HAZET 1779 - 2

(11)笔记本车辆诊断系统 V. A. S 6150 系列。

动力转向系统拆装所需要的专用工具和维修设备如图 2 - 18～图 2 - 21 所示。

HAZET 958-2	HAZET 6290-1CT
HAZET 1557/32	V. A. G 1835
HAZET 6403-1	HAZET 848Z-21

HAZET 6292-1CT	HAZET 6404-1
HAZET 6690	

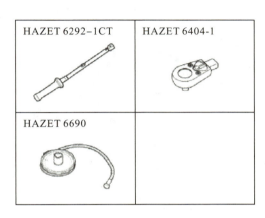

图 2-18　专用工具和维修设备 1　　　　图 2-19　专用工具和维修设备 2

图 2-20　专用工具和维修设备 3

图 2-21　专用工具和维修设备 4

4.2　拆卸步骤

首先做好准备工作，将车轮置于直线行驶位置，用无残留胶带固定住方向盘防止其意外旋转。然后关闭点火开关，断开蓄电池负极，举升车辆，拆下前车轮。

（1）断开高压系统电压。

（2）拆下隔音板。

（3）拆下加热元件（PTC）3-Z132。

（4）从支架上拆下空调压缩机 V454，并使用钢丝将空调压缩机固定在车身上。

（5）拆下 800 V、400 V、48 V、12 V 的变压器 A48。从空调压缩机支架 1 上脱开冷却液管路 2 的固定卡扣，如图 2-22 所示。

（6）拧下副梁上冷却液管路 2 的固定 Torx 螺栓 3，如图 2-23 所示。

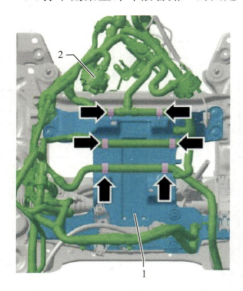

图 2-22　脱开冷却液管路的固定卡扣

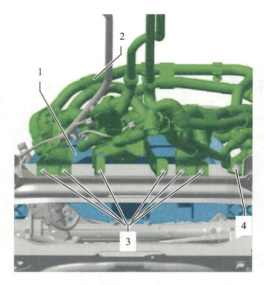

图 2-23　脱开冷却液管路

（7）拆下膨胀铆钉 4，将冷却液管路 2 从副梁和空调压缩机支架 1 上脱开。

（8）脱开空调压缩机支架 1 上线束 2 的固定卡扣箭头，如图 2-24 所示。

（9）沿箭头 A 的方向松开线束支架的固定卡扣，沿箭头 B 的方向脱开线束支架，如图 2-25 所示。

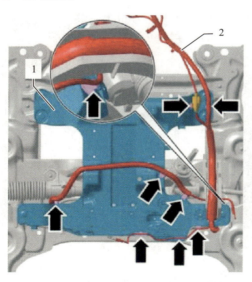

图 2-24　脱开空调压缩机上的固定卡扣

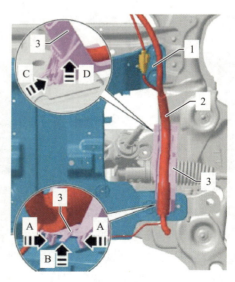

图 2-25　脱开线束支架

（10）沿箭头 C 的方向松开线束支架的固定卡扣，沿箭头 D 的方向脱开线束支架。

①从空调压缩机支架 1 和副梁上脱开线束 2 和线束支架 3。

②拧下空调压缩机支架 1 的固定六角螺栓 3、4 和 5，如图 2－26 所示。

③将空调压缩机支架 1 和空调压缩机支座 2 一起拆下。

（11）在转向机构上拆下万向节，如果从转向机构上断开了万向节，则不允许执行下列工作：

①连接蓄电池 A 接地线。

②接通点火装置。

③旋转转向机构。

④ 旋转转向柱。

必须注意以上要求，否则会对相应的部件造成不可修复的损伤。

（12）拧出内十二角花键螺栓 2，如图 2－27 所示。

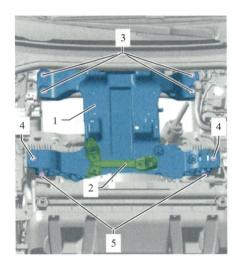

图 2－26　拆卸空调压缩机支架

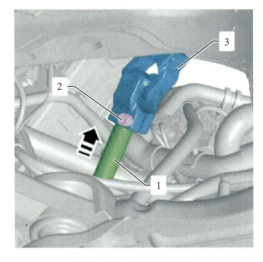

图 2－27　脱开方向节

（13）沿箭头方向将万向节 3 从转向机构 1 上脱开。

（14）松开转向横拉杆球头 4 上的六角螺母 2，但先不要旋下，如图 2－28 所示。

注意：为了保护螺纹，在轴颈上将六角螺母 2 拧松几圈。

提示：车轮轴承壳体损坏！因球形接头拔出器 HAZET 1779－2 放置错误而导致车轮轴承壳体上的衬套松动。

（15）将球形接头拔出器 HAZET 1779－2 正确安装在衬套上。

（16）从车轮轴承壳体 1 上用球形接头拔出器 HAZET 1779－2－A 压出转向横拉杆球头 4。

注意：球形接头拔出器 HAZET 1779－2－A 的下方定位架支撑在衬套 3 上。

（17）旋出六角螺母 2。

（18）从车轮轴承壳体 1 里拉出转向横拉杆球头 4。

（19）从副梁 1 上拧出固定转向机构 2 的六角螺栓 3，如图 2-29 所示。

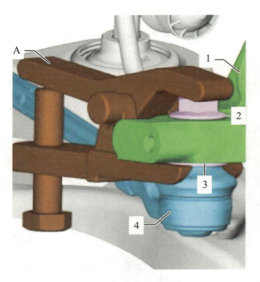

图 2-28　安装球形接头拔出器　　　　图 2-29　拧出六角螺栓

（20）将转向机构 1 和衬套 3 一起从副梁 2 的安装孔箭头中撬出，如图 2-30 所示。

（21）沿箭头 A 的方向旋转转向机构 1，沿箭头 B 的方向旋转转向机构 1，如图 2-31 所示。

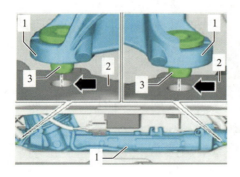
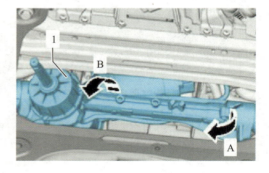

图 2-30　撬出转向机构　　　　图 2-31　旋转转向机构

（22）断开转向机构的插头连接。

（23）断开转向机构 3 的插头连接 1 和 2，如图 2-32 所示。

（24）将转向机构电气线束从转向机构 3 上松脱。

（25）拆下转向机构 3。

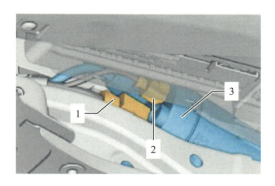

图 2 - 32　拆下转向机构

4.3　安装步骤

以拆卸相反的顺序进行安装，注意以下事项：

(1)转向机构 1 的衬套 3 必须位于副梁 2 的安装孔箭头中，如图 2 - 33 所示。

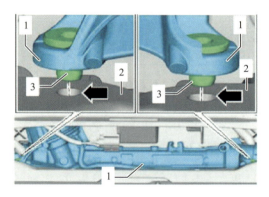

图 2 - 33　安装转向机构

(2)将转向横拉杆球头插入车轮轴承壳体。

(3)使用新六角螺母拧上转向横拉杆球头。

(4)连接蓄电池、连接高压系统的电压。

(5)使用笔记本车辆诊断系统 V.A.S 6150 系列对转向角传感器 G85 进行基本设置。

(6)转向机构安装后，在试车时必须检查方向盘的位置。

(7)如果方向盘倾斜，或更换了新的转向机构，则必须对车辆进行车轮定位。

(8)拧紧力矩。

5. 填写考核工单

一、查询并记录车辆信息					
品牌		整车型号		生产日期	
发动机型号		发动机排量		行驶里程	
车辆识别码					

二、查询用户手册，记录车辆保养项目里程及周期

品牌：	车型：	年份：	□纸质档 □电子档

1. 拆装步骤及紧固规格（拆卸后需向考官报备）

转向机构的拆卸步骤	第___章___节___页	拆下转向机构前需要拔下哪两个插头	
V454 的拆卸步骤	第___章___节___页	V454 的全称为_____， 其作用是_____。	

2. 检查转向柱总成

(1)转向器部件是否损坏。　是 □　否 □
(2)检查转向器是否有___或___困难。
(3)检查转向器是否可以在___和___上轻松调节。

自我测试

判断

(1)安装了新的转向器，则必须用车辆诊断测试器对电控机械式转向器控制单元进行匹配。　　　　　　　　　　　　　　　　　　　　　　（　　）

(2)拆装电动转向系统后，不必对转向角传感器进行基本设置。　　　　（　　）

(3)对拆下的电动转向器总成可以任意放置。　　　　　　　　　　　　（　　）

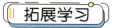
拓展学习

电动助力转向系统简介

电动助力转向系统(EPS)是一种直接依靠电动机提供摊铺扭矩的动力转向系统。与传统的 HPS 液压助力转向系统相比，EPS 系统有很多优点。EPS 由扭矩传感器、转速传感器、电动机、减速机构和电子控制单元(ECU)组成。

电动助力转向系统是在传统机械转向系统的基础上发展起来的。借助电动机产生的动力，驾驶者可以解决问题，做好转向。系统有三个关键的部分：信号传感装置(包括扭矩传感器、角度传感器和速度传感器)、转向助力机构(电动机、离合器、减速传动机构)和电子调节装置。马达只有在需要辅助的时候才工作。当驾驶员操纵方向盘时，扭矩角度传感器根据输入扭矩和转向角度产生相应的电压信号。车速传感器检测车速信号，调节单元根据电压和车速信号给出指令调节电动机旋转，这将引起所需的转向助力。

电动式电子控制动力转向系统部件检修

任务引入

客户张先生的 ID.4 汽车来店进行车辆故障检修，据张先生反映，该车近期出现转向沉重现象，经省级技能大师检查发现该车的转向系统出现故障，需要对转向系统的部件进行检修。

学习目标

(1)掌握汽车电动式电子控制动力转向系统的功用、类型。

(2)熟悉汽车电动式电子控制动力转向系统的结构。

(3)正确描述汽车电动式电子控制动力转向系统的工作原理。

(4)掌握汽车电动式电子控制动力转向系统的常见故障及检修。

(5)根据故障现象，通过分组讨论，能分析汽车电动式电子控制动力转向系统的故障原因，能制订电子控制转向系统的拆装、检修计划。

(6)能够按规范选择、使用工具，并能按照规范进行转向柱总成、电子元件、控制模块及执行器的拆装。

(7)查阅维修手册，具备信息检索、数据分析的素养，强化职业素养。

(8)通过分析汽车转向沉重的原因，制订转向系统拆检计划，训练自身分析、解决问题的能力，从而提高逻辑思维能力。

(9)通过为客户诊断和排除转向沉重的故障，学习汽车维修领域的技能，具备规范、严谨、细致、专注、负责的工作态度和精益求精的工作理念。

(10)为客户提供高质量的服务，真正把学习专业知识当成一种责任、一种生活方式和一种精神追求，通过学习不断提高理论水平、工作能力和精神境界，培养自身在汽车维修工作中坚守岗位、爱岗敬业和对客户负责的工作态度，增强职业荣誉感。

知识准备

2.2.1　汽车电动式电子控制动力转向系统的类型、组成及工作原理

2.2.1.1　类型

为满足现代汽车对转向系统的要求，电子控制动力转向系统应具有以下特点：

(1)转向盘与转向轮之间具有准确的一一对应关系，同时能保证转向轮可维持在任意转向位置，即转向轮与转向盘应具有灵敏的响应性能。

(2)具有很好的直线行驶稳定性和转向自动回正能力。

(3)低速时，有较大的助力效果，以克服路面的转向阻力；高速时，要有合适的路感，以避免因转向过轻而发生事故。

(4)与传统动力转向相比，效率明显提高，可达90%。

电子控制单元(ECU)根据各传感器的信号确定助力转矩的幅值和方向，并且直接控制驱动电路去驱动电动机。转矩传感器、转角传感器和汽车速度传感器为助力转矩的信号源。

根据电动机布置位置的不同，电动式电子控制动力转向系统可以分为转向轴助力式、齿轮助力式和齿条助力式三种类型，如图2-34所示。

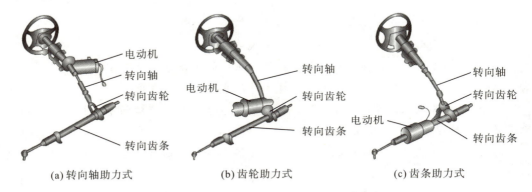

(a)转向轴助力式　　　　(b)齿轮助力式　　　　(c)齿条助力式

图2-34　电动式电子控制动力转向系统的类型

2.2.1.2　组成

电动式电子控制动力转向系统的基本组成如图2-35所示，主要由方向盘、转向轴、转矩传感器、齿轮齿条转向器、电动机、电磁离合器、减速机构、电子控制单元(ECU)等组成。

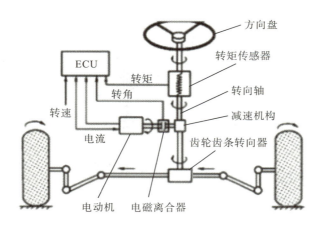

图 2-35　电动式电子控制动力转向系统组成

1）转矩传感器

　　转矩传感器的作用是检测驾驶员作用在转向盘上的转向力矩及转向方向等参数，并将其转变为电信号输送给 ECU，以作为控制电动助力大小和方向的主要依据。常用的有电磁感应式转矩传感器和滑动电阻式转矩传感器，转矩传感器所在位置及外形图如图 2-36、图 2-37 所示。

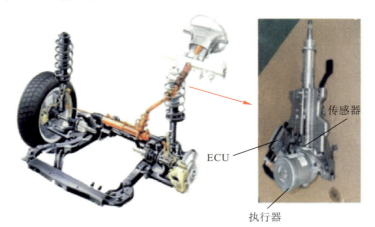

图 2-36　转矩传感器所在位置

　　转矩传感器的结构及原理如图 2-38 所示。在输出轴的极靴上分别绕有 A、B、C、D 四个线圈，转向盘处于中间位置（直驶）时，扭力杆的纵向对称面正好处于图示输出轴极靴 AC、BD 的对称面上。当 U、T 两端加上连续的输入脉冲电压信号 U_i 时，因为通过每个极靴的磁通量相等，所以在 V、W 两端检测到的输出电压信号 $U_o = 0$ V。

　　当右转向时，由于扭力杆和输出轴极靴之间发生相对扭转变形，极靴 A、D 之间的磁阻增加，B、C 之间的磁阻减少，各个极靴的磁通量发生变化，于是在 V、W 之间

图 2-37 转矩传感器外形图

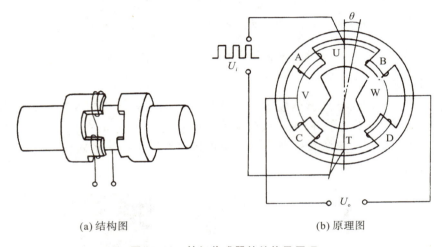

(a)结构图   (b)原理图

图 2-38 转矩传感器的结构及原理

出现了电位差，电位差与扭力杆的扭转角和输入电压 U_i 成正比。因此，通过测量 V、W 两端的电位差就可以得到转矩值。

2)电动机、电磁离合器、减速机构和电子控制单元

转向助力电动机、电磁离合器和减速机构组成的整体称为电动机组件，其结构如图 2-39 所示。

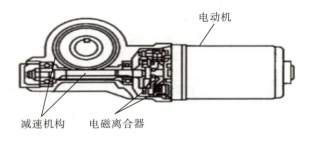

图 2-39 电动机组件

(1)电动机。

转向助力电动机就是一般的永磁电动机，电动机的输出转矩控制是通过控制其输入的电流来实现的，而电动机的正转和反转则由电子控制单元输出的正反转触发脉冲控制。

图 2-40 为一种比较简单实用的正反转控制电路。a_1、a_2 为触发信号端，从电子控制单元得到的直流信号输入 a_1、a_2 端，用以触发电动机产生正反转。当 a_1 端得到输入信号时，晶体管 T_3 导通，T_2 管得到基极电流而导通，电流经 T_2 管的发射极和集电极、电动机 M、T_3 管的集电极和发射极搭铁，电动机有电流通过而正转。当 a_2 端得到输入信号时，晶体管 T_4 导通，T_1 管得到基极电流而导通，电流经过 T_1 管的发射极和集电极、电动机 M、T_4 管的集电极和发射极搭铁，电动机有反向电流通过而反转。控制触发信号端的电流大小，就可以控制电动机通过电流的大小。

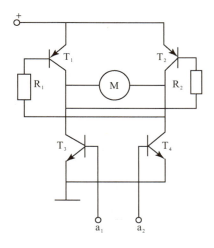

图 2-40　电动机正反转控制电路

(2)电磁离合器。

①一般使用干式单片电磁离合器，如图 2-41 所示，工作电压为 12 V，额定转速时传递的转矩为 15 N·m，线圈电阻(20 ℃时)为 19.5 Ω。

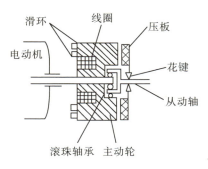

图 2-41　电磁离合器的结构

②离合器的工作原理。

当电流通过滑环进入离合器线圈时，主动轮产生电磁吸力，带花键的压板被吸引与主动轮压紧，电动机的动力经过轴、主动轮、压板、花键、从动轴传给执行机构。

由于转向助力的工作范围限定在某一速度区域内，所以电磁离合器一般会设定一个速度范围，当车速超过 30 km/h 时，电磁离合器便分离，电动机也停止工作，这时就没有转向助力的作用。当电动机停止工作时，为了不使电动机及电磁离合器的惯性影响转向系的工作，电磁离合器也应及时分离，以切断辅助动力。当系统中电动机等发生故障，电磁离合器会自动分离，这样可恢复手动控制转向。

（3）减速机构。

减速机构的作用是把电动机的输出扭矩放大后，再传给转向齿轮箱的转向机构。目前使用的减速机构有多种组合方式，一般采用涡轮蜗杆与转向轴驱动组合式，也有的采用双级行星齿轮和传动齿轮组合式轮与斜齿轮组合方式，如图 2-42 所示。为了抑制噪声和提高耐久性，减速机构中的齿轮有的设计为特殊齿形，有的采用树脂材料制成。

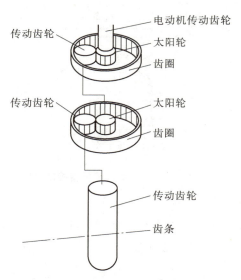

1—转矩传感器；2—转轴；3—扭力杆；4—输入轴；5—电动机与离合器；6—行星小齿轮 A；7—太阳轮；8—行星小齿轮 B；9—驱动小齿轮；10—齿圈 B；11—齿圈 A。

图 2-42　双级行星齿轮减速机构

（4）电子控制单元。

ECU 的基本组成如图 2-43 所示，该系统的核心是一个有 4 KB ROM 和 256 B RAM 的 8 位微处理器。外围电路还有 10 位 A/D（模拟/数字）转换器、8 位 D/A（数字/模拟）转换器、I/F（电流/频率）转换器、放大电路、动力监测电路、动电路等。

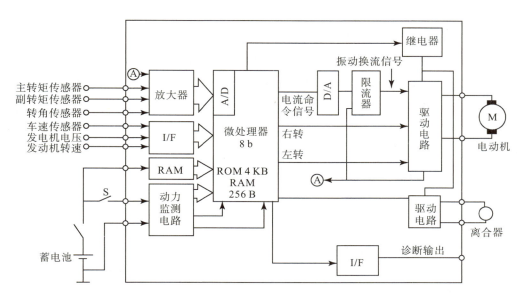

图 2-43 电动式电子控制动力转向系统 ECU 的基本组成

2.2.1.4 工作原理

电动动力转向系统利用微机控制电动机电流的方向和幅值,可直接控制转向助力的大小,控制的自由度较高,且结构简单、布置方便,其在汽车上的应用越来越广泛。

当驾驶员操纵转向盘时,装在转向轴上的转矩传感器不断测出转向轴上的转矩,并由此产生一个电压信号。该信号与车速信号同时输入电子控制单元(ECU),电子控制单元根据这些输入信号进行运算处理,判定汽车的运行状况,确定助力转矩的大小和转向,即选定电动机的电流和转向,然后发出控制指令,控制电动机的电流大小和方向,确定助力转矩的大小和方向。电动机的转矩由电磁离合器通过减速机构减速增距后,加在汽车的转向机上,使之得到一个与工况相适应的转向作用力,如图 2-44 所示。

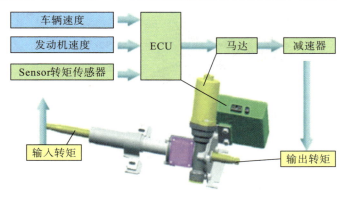

图 2-44 电动动力转向系统的工作原理

2.2.2　大众车系电动式电子控制动力转向系统

装备在一汽大众宝来、高尔夫、速腾及上海大众途安等车型中的电动式电子控制动力转向系统又被称为电动机械式转向助力系统，其具有许多优点：它可以协助驾驶人行车，并减轻驾驶人的身体和心理负担；同时，它仅在需要时进行工作，也就是说，只有当驾驶人需要转向助力时，它才会自动提供帮助。此系统的转向助力与车速、转向力矩和转向角等有关。

2.2.2.1　系统组成

带双小齿轮的电动机械式转向助力系统的结构如图 2-45 所示，它的主要部件包括转向盘、带转向角度传感器 G85 的组合开关、转向柱 G527、转向器、警告灯 K161 等。转向器由一个转向力矩传感器 G269、一根扭转棒、一个转向小齿轮和一个驱动小齿轮、一个蜗轮传动装置，以及一个带转向辅助控制单元 J500 的电动机械转向助力器电动机 V187 组成。电动机械式转向助力系统的核心部件是一根齿条，它通过两个花键啮合在转向器中。

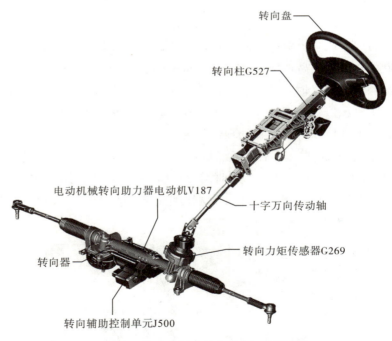

图 2-45　电动机械式转向助力系统的结构

如图 2-46 所示，在带双小齿轮的电动机械转向助力器上，需要的转向力通过转向小齿轮和驱动小齿轮传送到齿条上。转向小齿轮负责传送驾驶人施加的转向力矩，驱动小齿轮则通过一只蜗轮传动装置，传送由电动机械转向助力器电动机提供的助力力

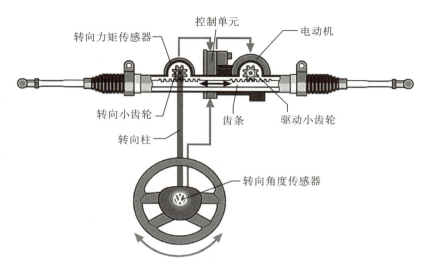

图 2-46 电动机械式转向助力系统各零部件的布置

矩。该电动机具有用于转向助力的控制单元和传感装置，并安装在第二个小齿轮上。这种结构可以使转向盘和齿条之间形成机械连接，所以，当电动机失灵时，可以确保车辆仍能够进行机械转向，但此时不具备转向助力的功能，转向时会感到很沉重。

2.2.2.2 控制原理

电动机械式转向助力系统转向过程的控制原理如图 2-47 所示。工作过程：①驾驶人转动转向盘。②转向盘上的转矩转动转向器上的扭转棒，转向力矩传感器 G269 探测到转动，并将测得的转向力矩发送给转向辅助控制单元 J500。③转向角度传感器 G85

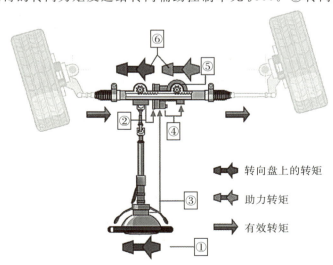

图 2-47 电动机械式转向助力系统控制原理

发送当前的转向角信号，转子转速传感器发送当前的转向速度信号。④转向辅助控制单元J500根据转向力矩、车速、发动机转速、转向角和转向速度，以及在转向辅助控制单元J500中设置的特性曲线，确定需要的助力转矩，并控制电动机转动。⑤转向助力是通过驱动齿轮来完成的，驱动齿轮由电动机驱动，电动机通过蜗轮传动并驱动小齿轮作用到齿条上，从而传送助力转矩。⑥转向盘转矩和助力转矩的总和是转向器上引起齿条运动的有效转矩，该转矩驱动齿条实现转向。

1）停车时的转向过程

停车时的转向控制过程如图2-48所示。①停车时，驾驶人用力转动转向盘，扭转棒被扭转。②转向力矩传感器G269探测到扭转，并通知转向辅助控制单元J500（此时在转向盘上已经施加了大的转向力矩）。③转向角度传感器G85发送大的转向角信号，转子转速传感器发送当前的转向速度信号。④转向辅助控制单元J500根据大的转向力矩、车速（0 km/h）、发动机转速、大的转向角、转向速度和在转向辅助控制单元J500中设置的$v=0$ km/h时的特性曲线，测得需要较大的助力转矩，并对电动机进行控制。⑤这样就可以在停车时，通过驱动齿轮提供最大的助力转矩。⑥转向盘转矩和最大助力转矩的总和是停车时在转向器上引起齿条运动的有效转矩。

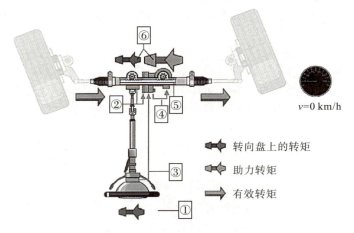

图2-48　停车时的转向控制过程

2）市区行驶时的转向过程

市区行驶时的转向控制过程如图2-49所示。①在市区中转弯行驶时，驾驶人转动转向盘，扭转棒被扭转。②转向力矩传感器G269探测到扭转，并通知转向辅助控制单元J500（此时在转向盘上已经施加了中等力度的转向力矩）。③转向角度传感器G85发送中等转向角信号，转子转速传感器发送当前的转速信号。④转向辅助控制单元J500根据中等力度的转向力矩、车速（50 km/h）、发动机转速、中等的转向角、转向速度和转向辅助控制单元J500中设置的$v=50$ km/h时的特性曲线，测得需要中等幅度的助

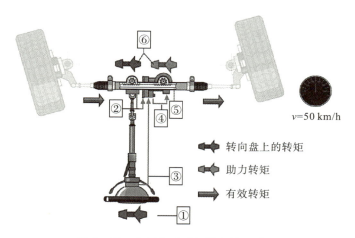

图 2-49　市区行驶时的转向控制过程

力转矩，并对电动机进行控制。⑤这样就可以在转弯时，通过驱动齿轮，提供中等力度的助力转矩。⑥转向盘转矩和中等助力转矩的总和是市区内转弯行驶时在转向器上引起齿条运动的有效转矩。

　　3）高速公路行驶时的转向过程

　　高速公路行驶时的转向控制过程如图 2-50 所示。①在高速公路行驶途中变换车道时，驾驶人轻微转动转向盘，扭转棒被扭转。②转向力矩传感器 G269 探测到扭转，并通知转向辅助控制单元 J500（此时在转向盘上已经施加了少量的转向力矩）。③转向角度传感器 G85 发送小的转向角信号，转子转速传感器发送当前转向速度信号。④转向辅助控制单元 J500 根据小的转向力矩、车速（100 km/h）、发动机转速、小的转向角、转向速度和转向辅助控制单元 J500 中设置的 $v=100$ km/h 时的特性曲线，测得需要较小

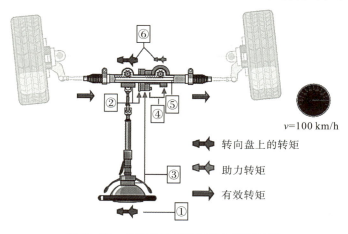

图 2-50　高速公路行驶时转向控制过程

的助力转矩，或不需助力转矩，并对电动机进行控制。⑤这样就可以在高速公路转向过程中，通过驱动齿轮，提供少量的助力转矩，或不提供助力转矩。⑥转向盘转矩和最小的助力转矩的总和是在高速公路行驶途中变换车道时在转向器上引起齿条运动的有效转矩。

4）转向助力的主动回位

转向助力的主动回位控制如图2-51所示。①如果驾驶人在转弯行驶中，降低了转向力矩，则扭转棒会自动松开。②根据下降的转向力矩和转向角与转向速度之间的关系，转向辅助控制单元J500计算出额定的快退速度，将此速度与转向角速度相比较，由此得出回位转矩。③车桥的几何结构会在转向的车轮上产生回位力，但由于转向系统和车桥内的摩擦力，此回位力通常太小，不能使车轮回位至正前行驶位置。④转向辅助控制单元J500通过分析转向力矩、车速、发动机转速、转向角、转向速度和转向辅助控制单元J500中设定的特性曲线，计算出回位所需要的电动机转矩。⑤转向辅助控制单元J500会控制电动机，并使车轮回位至正前行驶位置。

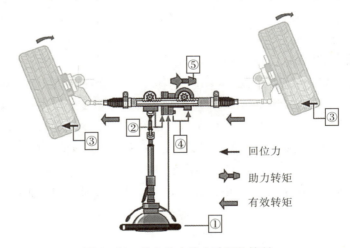

图2-51　转向助力的主动回位控制

5）正前行驶修正

正前行驶修正是由主动回位形成的一种功能，这时将产生一个助力转矩，可使车辆回到无转矩的正前行驶位置。它可以分为长时算法和暂时算法。

（1）长时算法：其任务是补偿长期存在的正前行驶误差。例如：从夏季轮胎更换到新使用的(旧的)冬季轮胎时出现的误差。

（2）暂时算法：利用暂时算法可以修正短时的误差，这样可以减轻驾驶人的负担。例如：当遇到持续侧风时必须进行持续的"补偿转向"。

正前行驶修正控制如图2-52所示。①持续侧面作用力，如风等施加在车辆上。②驾驶人转动转向盘，使车辆保持在正前行驶方向上。③转向辅助控制单元J500通过

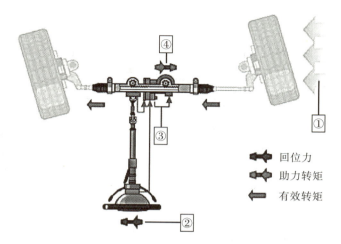

图 2-52　正前行驶修正控制

分析转向力矩、车速、发动机转速、转向角、转向速度和转向辅助控制单元 J500 中设定的特性曲线，计算出正前行驶修正所需要的电动机转矩，控制电动机动作。④汽车回位至正前行驶位置，驾驶人不再需要"补偿转向"。

2. 2. 2. 3　主要部件

电动机械式转向助力系统的主要部件如图 2-53 所示。

1）转向角度传感器 G85

转向角度传感器 G85 安装在复位环的后面，与安全气囊的集电环安装在一起，它位于组合开关和转向盘之间的转向柱上。转向角度传感器 G85 通过 CAN bus 数据总线，向转向柱电子装置控制单元 J527 提供信号，以便测算转向角。在转向柱电子装置控制单元中设置电子系统，用于分析转向角度传感器 G85 输送的信号。

当转向角度传感器 G85 失灵时，紧急运行程序立即被启动，缺损的信号被设置成一个替代值。此时，转向系统完全保持转向助力，但设置在组合仪表中的带有转向盘符号的警告灯 K161 会以黄色点亮显示。

转向角度传感器 G85 的结构和工作原理如图 2-54 所示。转向角度传感器 G85 的基本组成元件包括带有两只密码环的密码盘、各有一个光源和一个光学传感器的光栅对。

密码盘由两个环组成，外面的一个叫做绝对环，里面的一个叫做增量环。增量环被分为 5 个扇区，每个扇区均为 72°，它由一对光栅对读取。该环在扇区内设有开口，同一扇区内的开口顺序是相同的，但不同的扇区之间的开口顺序是不同的，从而实现了各扇区之间的设码。绝对环用来确定角度，它被 6 个光栅对读取。转向角度传感器 G85 可以识别出 1044° 的转向角，它可对角度进行累加。

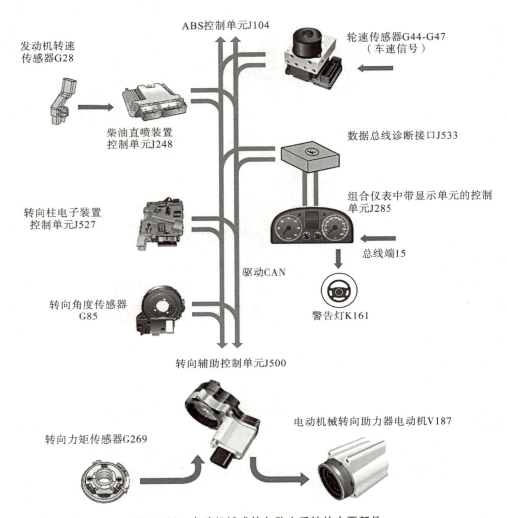

图 2-53　电动机械式转向助力系统的主要部件

　　转向角度测量是根据光栅原理进行的。出于简化考虑仅观察增量环，每个扇区环的一侧是光源，而另一侧则是光学传感器，如图 2-55(a)所示。当光线穿过缝隙照射到传感器上时，便会产生信号电压，当光源被遮盖时，电压又重新被切断，如图 2-55(b)所示。如果移动增量环，则会产生信号电压的脉冲波形，如图 2-55(c)所示。在绝对环上，光栅对也同样产生信号电压的脉冲波形，所有信号电压的脉冲波形都会在转向柱电子装置控制单元 J527 中处理。对信号进行比较后，系统可以计算出这两个环移动了多少距离。此时，将确定绝对环的移动起始点。

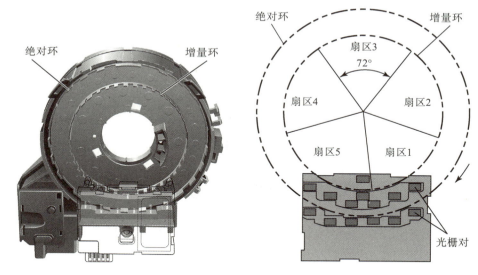

图 2-54 转向角度传感器 G85 的结构和工作原理

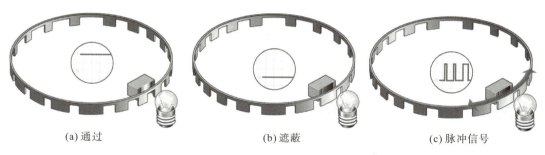

(a)通过 (b)遮蔽 (c)脉冲信号

图 2-55 转向角度测量原理

2)转向力矩传感器 G269

转向力矩传感器 G269 的结构如图 2-56 所示。利用转向力矩传感器 G269,可以直接在转向小齿轮上计算转向盘转矩。该传感器以磁阻的功能原理工作,它被设计成双保险(备用),以保证获得最高的安全性。

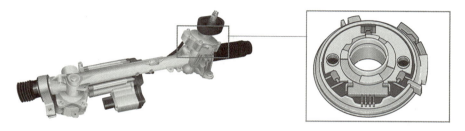

图 2-56 转向力矩传感器 G269 的结构

转向力矩传感器的工作原理如图2-57所示。在转向力矩传感器上，转向柱和转向

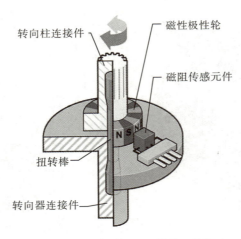

图2-57　转向扭矩传感器的工作原理

器通过一根扭转棒相互连接。在连接转向柱的连接件外径上，装有一只磁性极性轮，在其上面被交替划分出24个不同的极性区。每次分析转矩时，使用两根磁极，辅助配合件是一只磁阻传感元件，它被固定在连接转向器的连接件上。当操作转向盘时，两只连接件会根据施加的转矩做相对转动。由于此时磁性极性轮也相对于传感器元件旋转，因此可以测量施加的转向力矩，并将其信号发送给控制单元。

当转向力矩传感器G269发生故障时，必须更换转向器总成。当控制单元识别到故障时，将关闭转向助力。关闭的过程不是突然进行的，而是"缓慢"进行的。为了实现"缓慢"关闭，控制单元将根据转向角和电动机的转子角度，计算出转向力矩的替代信号。故障将通过设置在组合仪表中带有转向盘符号的警告灯K161以红色点亮显示。

3）转子转速传感器

转子转速传感器是电动机械转向助力器电动机V187的一个组成元件，从外部无法接触到它。

转子转速传感器是根据磁阻功能原理工作的，在结构上与转向力矩传感器G269相同。它探测到电动机械转向助力器电动机V187的转子转速，并将转速信号反馈给转向辅助控制单元J500，以便其精确控制电动机械转向助力器电动机V187的动作。

当该传感器失灵时，会将转向角速度用作替代信号，转向助力将安全缓慢地降低，从而避免由于传感器的失灵，造成突然关闭转向助力。故障将通过设置在组合仪表中带有转向盘符号的警告灯K161以红色点亮显示。

4）车速传感器

转向系统的车速信号由ABS电子控制单元提供。当车速信号失灵时，紧急运行程序被启动。驾驶人能够使用转向系统，但是没有电子控制转向助力功能。故障将通过

设置在组合仪表中带有转向盘符号的警告灯 K161 以黄色点亮显示。

5）发动机转速传感器 G28

发动机转速传感器 G28 是一只霍尔传感器，它用螺栓拧紧在曲轴密封凸缘外壳内。发动机控制单元 J220 根据发动机转速传感器 G28 的信号，探测到发动机的转速和曲轴的准确位置。然后，将该信号通过 CAN bus 数据总线输送给转向辅助控制单元 J500，以便其用于调节转向助力的力矩大小。

当发动机转速传感器失灵时，转向系统通过总线端 15 运行，故障将不会通过设置在组合仪表中带有转向盘符号的警告灯 K161 点亮显示。

6）电动机械转向助力器电动机 V187

V187 为无刷异步电动机，如图 2-58 所示。工作时，它能够产生最大 4.1 N·m 转矩的转向助力。

图 2-58　电动机械转向助力器电动机 V187 的结构

V187 安装在铝合金的壳体内，通过蜗轮传动与驱动小齿轮作用在齿条上。控制侧的轴端部有一块磁铁，转向辅助控制单元 J500 用它来探测转子的转速，并利用该信号计算出转向速度。

异步电动机的优点在于，它可以在无电压状态下，通过转向器运转。这说明，即使当电动机出现故障，并因此而引起转向助力失灵时，也只需要少量用力就可以运转转向系统。甚至短路时，电动机也不会被锁止。故障将通过设置在组合仪表中带有转向盘符号的警告灯 K161 以红色点亮显示。

7）转向辅助控制单元 J500

如图 2-59 所示，转向辅助控制单元 J500 直接固定在电动机上，因此无需铺设连接转向助力器部件的管路。转向辅助控制单元 J500 根据输入的信号，如转向角信号、发动机转速信号、转向力矩和转子的转速信号、车速信号、点火钥匙的信号等，探测到当前需要的转向助力。计算出激励电流的电磁强度，并控制驱动电动机 V187。

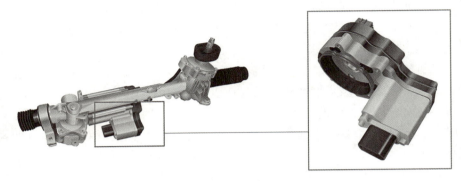

图 2-59　转向辅助控制单元 J500 的结构

当转向辅助控制单元 J500 损坏时，应整套更换。转向辅助控制单元 J500 永久存储器中相关的特性曲线组必须用汽车诊断、测量和信息系统 V. A. S505X 进行激活。在转向辅助控制单元 J500 中，集成了一个温度传感器，用来探测转向装置的温度。当温度上升到 100 ℃ 以上时，将持续降低转向助力。当转向助力低于 60% 时，故障将通过设置在组合仪表中带有转向盘符号的警告灯 K161 以红色点亮显示，并且在故障存储器中储存相应的故障码。

8）警告灯 K161

警告灯 K161 被设置在组合仪表内的显示单元内，如图 2-60 所示。它用于显示电动机械转向助力器的功能失灵或故障。警告灯在功能失灵时，可以亮起两种颜色：黄色灯亮起表示是一种初级警告；当红色灯亮起时，必须立刻将车开到维修站查询故障。

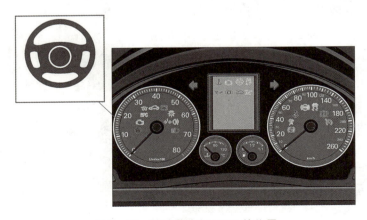

图 2-60　故障警告灯 K161 的位置

在警告灯亮起红色灯的同时，还会发出 3 声报警音作为声音警告信号。在接通点火开关时，警告灯亮起红灯属于正常情况，因为电动机械转向助力器系统正在进行自检。只有当转向辅助控制单元 J500 收到系统工作正常的信号时，警告灯才会自动熄灭。这种自检过程大约为 2 s。发动机启动时，警告灯会立刻熄灭。

另外，转向系统会识别过低的电压，并对此作出反应。当蓄电池的电压低于 9 V 时，会降低转向助力，直至关闭，同时设置在组合仪表中的警告灯 K161 会亮起红色灯。当蓄电池的电压暂时低于 9 V 时，或者在更换蓄电池之后，设置在组合仪表中的警告灯 K161 会亮起黄色灯。

2.2.2.4　系统电路图

电动机械式转向助力系统电路图如图 2-61 所示。

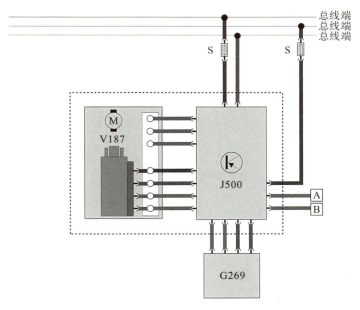

A—低速 CAN；B—高速 CAN；G269—转向力矩传感器；J500—转向辅助控制单元；
S—熔断丝；V187—电动机械转向助力器电动机。

图 2-61　电动机械式转向助力系统电路图

任务实施

1. 作业说明

经省级技能大师检查发现 ID.4 汽车出现转向沉重现象的原因是该车的转向系统出现故障，需要对转向系统的部件进行检修。

2. 技术标准与要求

名　　称	拧紧力矩/(N・m)
方向盘螺栓的扭力规格	
J764 螺栓的扭力规格	
缸盖螺丝初上紧扭矩	

注：请学员查阅维修资料后填写。

3. 设备器材

(1)设备与零件总成。

_____

_____

(2)常用工具。

_____

_____

(3)耗材及其他。

_____

_____

注：请学员根据场地实际设备器材填写。

4. 电动动力转向系统的拆检作业流程(学生制订拆检计划，实施任务，教师指导)

4.1　检查实训设备

(1)ID.4 汽车一辆。

(2)维修工具：车内四件套、翼子板布、前格栅布、世达工具一套、零件盒。

(3)电脑、维修手册、纸笔。

4.2　按标准流程拆卸转向盘、转向柱总成控制模块

1)准备工作

(1)打开发动机机舱盖，安装翼子板布和前格栅布。

(2)打开驾驶员车门，安装车内四件套。

(3)检查机油、制动液、冷却液液面高度。

2)检查故障警告灯

(1)将点火开关处于 ON 位置，故障警告灯应亮，发动机启动后警告灯熄灭为正常。

(2)若警告灯不亮时，应检查灯泡是否损坏，熔断丝和导线是否短路。

(3)若发动机启动后，警告灯仍然亮，首先应考虑是否处于保险状态（只有常规转向工作，无电动助力），然后进行自诊断操作。

3）读取故障代码

利用专用诊断仪对车辆的电动转向系统进行故障自诊断，读取故障代码。

4）拆卸转向盘

(1)方向盘和转向柱上的标记箭头位置必须在立起时重合，个别转向柱在出厂时没有标记，对这些转向柱必须要在取下方向盘之前刻上相应的冲点。

(2)拆卸螺栓 2，螺栓 2 拆卸后需要更换。

(3)保证车轮必须处于正前方位置，断开蓄电池。

(4)维修工必须释放自身静电，通过触摸接地金属件，如水管、暖气管、金属支架或举升机等，即可消除人体静电。

(5)将转向柱调节到中间高度，拆卸安全气囊单元。

(6)车轮处于直线行驶位置，方向盘的拆卸和安装必须在中间位置进行。

(7)松开并拔出电气插头连接 5，如图 2 - 62 所示。

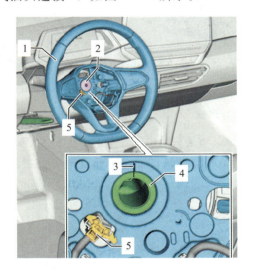

图 2 - 62　拆卸转向盘

(8)拧出螺栓 2。

(9)检查转向柱和方向盘是否标记 3，如果没有，则必须对方向盘和转向柱的位置进行标记。

(10)从转向柱 4 上拔下方向盘 1。

5）检查转向柱总成

(1)目检转向柱部件是否损坏。

（2）检查转向柱是否有卡滞现象或转动困难。

（3）检查转向柱是否可以在纵向和高度上轻松调节。

（4）运输转向柱时，要用双手运输转向柱1，并在十字万向轴（箭头C）处抓住上部套管（箭头B）处的转向柱1，如图2-63所示。

6）拆卸转向柱总成

（1）拆卸仪表板横梁、拧松并拧紧保险螺栓。

（2）拆卸支架，尽量向下拉转向柱，拉出后拆卸转向柱下部饰板。

（3）拆卸转向柱开关模块，拆卸转向柱下方的脚步空间出风口，拆卸驾驶员侧仪表板挡板。

（4）解锁并拉出转向柱3上的电线2的电缆导向件1，如图2-64所示。

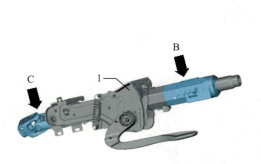

图2-63　运输转向柱

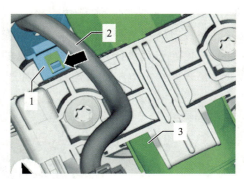

图2-64　拉出电缆导向件

（5）松开电线的电缆支架，将插头从电子转向柱锁止装置控制单元J764上松开并拔下。

（6）将电缆导向件2沿箭头方向从转向柱1的支架3上拔出，如图2-65所示。

图2-65　拔出电缆导向件

（7）旋出十字轴式万向节2上的螺栓1，如图2-66所示。

（8）将中间轴3从十字轴式万向节2中沿箭头方向拉出，拆下转向器上的十字轴式万向节。

(9)松开前围板 3 上的密封件 1，沿箭头方向按压和解锁锁止件，如图 2-67 所示。

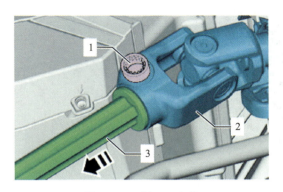

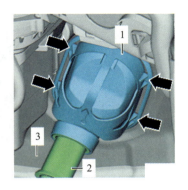

图 2-66　拆下万向节　　　　图 2-67　松开密封件

(10)将转向柱 2 向内从汽车内部空间中拉出。

7)拆卸电子转向柱锁控单元格 J764

(1)向下拉转向柱侧面的拨杆，然后重新向上推。

(2)拧出图 2-68 的螺栓 2，取下转向柱支架 1。

(3)沿箭头方向松开锁止卡，将电子转向柱锁控单元 J764 从转向柱 1 上拆下，如图 2-69 所示。

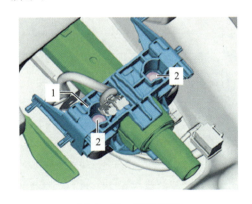

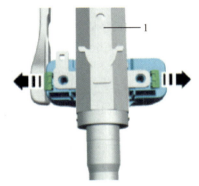

图 2-68　拧出螺栓　　　　图 2-69　拆下电子转向柱锁控单元

8)安装电子转向柱锁控单元 J764、转向柱总成、转向盘

(1)安装电子转向柱锁控单元 J764。安装支架并用螺栓将电子转向柱锁控单元 J764 拧紧在转向柱上，拧紧螺栓 2，如图 2-70 所示。

(2)安装转向柱总成。安装以拆卸的倒序进行，同时注意以下事项：

①注意转向柱的正确操作和搬运。

②安装好转向柱总成后，设定方向盘转向角(对转角传感器 G85 进行车辆诊断测试)。

图 2-70　安装电子转向柱锁控单元

（3）安装转向盘。

①安装已拆下的方向盘时要对准转向柱和方向盘上的标记。

②安装新方向盘时，方向盘必须位于中间位置，车轮必须处于正前方位置。如果方向盘倾斜，必须再次拆卸方向盘，然后在转向柱的花键上换位。

4.2　依照任务完成作业流程准备

作业内容			操作要求
电动转向控制模块插头端子的电阻测量	操作要点	检测前准备	对新能源汽车进行检测维修，在检测维修作业开始前请穿戴好＿＿＿＿＿＿＿＿＿＿＿＿＿＿＿＿、工位四周放置＿＿＿＿＿＿＿＿＿＿＿＿＿＿＿、车内车外铺设＿＿＿＿＿＿＿＿＿＿＿＿＿、准备并检查检测维修所需设备及工具
		拆卸电动转向控制模块线束插头	(1)电动转向控制模块位于＿＿＿＿＿＿＿＿＿＿＿＿＿＿。 (2)在拆卸电动转向控制模块线束插头前，先＿＿＿＿＿＿＿＿＿＿＿，然后拆卸＿＿＿
		端子的电阻测量	(1)拔下电动转向控制模块插头。 (2)取出数字万用表，选择＿＿＿＿＿＿＿挡，并对万用表进行校零。 (3)校零后，使用＿＿＿＿＿＿＿挡，将万用表红黑表笔对应线束插头＿＿＿＿＿＿和＿＿＿＿＿＿号端子连接。 (4)读取数值。 (5)将测试数值与维修手册标准值比较，判断线路是否正常，取下红黑表笔，复位万用表。 (6)插回线束接头

续表

作业内容			操作要求
电动转向控制模块电源和搭铁端子电压检测	操作要点	端子电压测量	(1)电动转向控制模块电源端子与搭铁端子分别是＿＿＿＿＿＿＿。 (2)使用万用表进行电压测量是否需要对万用表进行校零操作？ 是□　　否□ (3)打开点火开关，上至 OK 电，取出数字万用表，使用＿＿＿＿＿挡，对万用表进行校零。 (4)校零后选择＿＿＿＿＿挡，将万用表红表笔插入＿＿＿＿＿号端子上，黑表笔连接电源接地。 (5)读取数值，此数值即供电端子电压，标准电压为＿＿＿＿＿ V。 (6)将测试值与标准值比较，判断供电线路是否正常，取下表笔，复位万用表，关闭点火开关
	思考练习		若挡位控制模块供电与搭铁端子电压不正常，可能的原因为＿＿＿＿＿＿＿ ＿＿＿＿＿＿＿＿＿＿＿＿＿＿＿＿＿＿＿＿＿＿＿＿＿＿＿＿＿＿＿ ＿＿＿＿＿＿＿＿＿＿＿＿＿＿＿＿＿＿＿＿＿＿＿＿＿＿＿＿＿＿＿
电动转向控制模块与电子元件或控制模块之间线束的导通性检测	技术要点	端子间电压测量	(1)关闭点火开关。 (2)取出数字万用表，使用＿＿＿＿＿挡，并对万用表进行校零。 (3)校零后，使用＿＿＿＿＿挡进行测量，将万用表红表笔对应连接换挡开关＿＿＿＿＿号端子，黑表笔连接电动转向控制模块＿＿＿＿＿端子，当万用表发出蜂鸣声，则两端子之间的线束导通。 (4)取下红黑表笔，复位万用表。 (5)整理工具，清洁场地，设备复位
	思考练习		除了上述的检测端子以外，还可以检测哪些端子？端子对应的元件有哪些？ ＿＿＿＿＿＿＿＿＿＿＿＿＿＿＿＿＿＿＿＿＿＿＿＿＿＿＿＿＿＿＿ ＿＿＿＿＿＿＿＿＿＿＿＿＿＿＿＿＿＿＿＿＿＿＿＿＿＿＿＿＿＿＿ ＿＿＿＿＿＿＿＿＿＿＿＿＿＿＿＿＿＿＿＿＿＿＿＿＿＿＿＿＿＿＿ ＿＿＿＿＿＿＿＿＿＿＿＿＿＿＿＿＿＿＿＿＿＿＿＿＿＿＿＿＿＿＿

5. 填写考核工单

一、查询并记录车辆信息					
品牌		整车型号		生产日期	
发动机型号		发动机排量		行驶里程	
车辆识别码					

二、查询用户手册，记录车辆保养项目里程及周期	□纸质档 □电子档

1. 拆装步骤及紧固规格（拆卸后需向考官报备）

转向柱总成 的拆卸步骤	第___章___节___页	转向器上的十字轴式 万向节螺栓的扭力规格	
J764 的 拆卸步骤	第___章___节___页	J764 的全称为_____，其作用是_____。	

2. 检查转向柱总成

(1)转向柱部件不需要目检是否损坏。　是 □　否 □

(2)检查转向柱是否有___或___困难。

(3)检查转向柱是否可以在___和___上轻松调节。

(4)运输转向柱时，要用___运输转向柱，并在___处抓住___处的转向柱。

三、检测步骤

1. 电动转向控制模块的端子信息和标准值分别在维修手册中的____页

2. 填写所测量的数值

(1)电动转向控制模块插头端子的电阻：____Ω；

(2)电动转向控制模块电源和搭铁端子电压：____V。

(3)电动转向控制模块与电子元件之间导通性检测：是否蜂鸣。是 □ 否 □

3. 与标准值比较是否正常。

(1)电动转向控制模块插头端子的电阻测量。是 □　　否 □

(2)电动转向控制模块电源和搭铁端子电压检测。是 □　　否 □

(3)电动转向控制模块与电子元件之间导通性检测。是 □　　否 □

若不正常请分析可能的原因（若正常则不填写）。

_____

_____

_____

自我测试

(1)简述电动式电子控制动力转向系统的工作原理。

_____

_____

(2)简述拆卸汽车转向柱总成的步骤。

_____

_____

(3)简述拆卸汽车转向盘的步骤。

_____

_____

(4)转向系统可以让驾驶员控制汽车的行驶方向,转向系统包括转向操纵机构、转向器、转向传动机构。 （　　）

(5)电控液压助力转向系统是将一部分发动机动力输出转化成液压泵压力,对转向系统施加辅助作用力,从而使轮胎转向。 （　　）

(6)R－EPS系统主要有3个功能:助力控制功能、回正控制功能、阻尼控制功能。

（　　）

拓展学习

电动式电子控制动力转向系统的特点

(1)降低了燃油消耗

液压式电子控制动力转向系统需要发动机带动液压油泵,使液压油不停地流动,浪费了部分能量。相反电动式电子控制动力转向系统仅在转向操作时才需要电动机提供能量,该能量可以来自蓄电池,也可来自发动机。汽车在较冷的冬季启动时,传统的液压系统反应缓慢,直至液压油预热后才能正常工作。因为电动式电子控制动力转向系统设计时不依赖于发动机而且没有液压油管,对冷天气不敏感,所以系统即使在－40 ℃时也能工作,提供了快速的冷启动,该系统没有启动时的预热,节省了能量,不使用液压泵,避免了发动机的寄生能量损失,提高了燃油经济性。装有电动式电子控制动力转向系统的车辆和装有液压式电子控制动力转向系统的车辆对比实验表明,在不转向的情况下,装有电动式电子控制动力转向系统的车辆燃油消耗比装有液压式电子控制动力转向系统的车辆低2.5%,在使用转向的情况下,低5.5%。

（2）增强了转向跟随性

在电动式电子控制动力转向系统中，电动式电子控制动力机与助力机构直接相连可以使其能量直接用于车轮的转向。该系统利用惯性减振器的作用，使车轮的反转和转向前轮摆振大大减小，因此转向系统的抗扰动能力大大增强。和液压式电子控制动力转向系统相比，旋转力矩产生于电动机，没有液压系统的转向迟滞效应，增强了转向车轮对转向盘的跟随性能。

（3）改善了转向回正特性

直到今天，动力转向系统性能的发展已经到了极限，电动式电子控制动力转向系统的回正特性改变了这一切。当驾驶员使转向盘转动一角度后松开时，该系统能够自动调整使车轮回到正中。该系统还可以让工程师们利用软件在最大限度内调整设计参数以获得最佳的回正特性。从最低车速到最高车速，可得到一组回正特性曲线。通过灵活的软件编程，容易得到电动机在不同车速及不同车况下的转矩特性，这种转矩特性使得该系统能显著地提高转向能力，提供与车辆动态性能相匹配的转向回正特性。而在传统的液压控制系统中，要改善这种特性必须改造底盘的机械结构，实现起来有一定困难。

（4）提高了操纵稳定性

通过对汽车在高速行驶时过度转向的方法测试汽车的稳定特性。采用该方法，给正在高速行驶（超 100 km/h）的汽车一个过度的转角迫使它侧倾，在短时间的自回正过程中，由于采用了微电脑控制，使得汽车具有更高的稳定性，驾驶员有更舒适的感觉。

（5）提供可变的转向助力

电动式电子控制动力转向系统的转向力来自电动机。通过软件编程和硬件控制，可得到覆盖整个车速的可变转向力。可变转向力的大小取决于转向力矩和车速。无论是停车，低速或高速行驶时，它都能提供可靠的、可控性好的转向助力，而且更易于车辆操作。

（6）采用"绿色能源"，适应现代汽车的要求

电动式电子控制动力转向系统采用"最干净"的电力作为能源，完全取代了液压装置，不存在液压系统中液态油的泄漏问题，可以说该系统顺应了"绿色化"的时代趋势。该系统由于它没有液压油、软管、油泵和密封件，避免了污染。而液压系统油管使用的聚合物不能回收，易对环境造成污染。

（7）系统结构简单，占用空间小

由于该系统具有良好的模块化设计，所以不需要对不同的系统重新进行设计、试验、加工等，不但节省了费用，也为设计不同的系统提供了极大的灵活性，而且更易于生产线装配。由于没有油泵、油管和发动机上的皮带轮，使得工程师们设计该系统时有更大的空间，而且该系统的控制模块可以和齿轮齿条设计在一起或单独设计，发动机部件的空间利用率极高。该系统省去了装于发动机上的皮带轮和油泵，留出的空

间可以用于安装其他部件。许多消费者在买车时非常关心车辆的维护与保养问题，装有电动式电子控制动力转向系统的汽车没有油泵，没有软管连接，可以减少许多问题。实际上，传统的液压系统中，液压油泵和软管的事故率占整个系统故障的53%，如软管漏油和油泵漏油等。

(8)生产线装配性好

电动式电子控制动力转向系统没有液压系统所需要的油泵、油管、流量控制阀、储油罐等部件，零件数目大大减少，减少了装配的工作量，节省了装配时间，提高了装配效率。

电动式电子控制动力转向系统自20世纪80年代中期初提出以来，作为今后汽车转向系统的发展方向，必将取代现有的机械转向系统和液压式电子控制动力转向系统。

任务 2.3

车轮轮毂轴承拆装

任务引入

李先生驾驶车辆在高速行驶时，突然车辆前部传来嗡嗡的金属摩擦声且伴随着车辆剧烈震动，同时仪表提示右前侧车轮胎压过高。李先生急忙将车辆临时靠边检查，目视并无异常，但手摸右前侧车轮轮毂，明显感觉烫手。尝试再次启动行驶，仍然有金属摩擦声。于是拨打救援电话将车辆拖运至维修站，经省级技能大师进一步检查，发现车轮轮毂轴承出现故障，需要对其进行拆检。

学习目标

（1）掌握车轮轮毂轴承的功能与组成。

（2）能正确描述常用车轮轮毂轴承的分类。

（3）能够按照工艺规范进行车轮轮毂轴承检测及安装。

（4）能够规范选择并使用工具。

（5）培养密切合作的团队协作能力。

（6）培养自主学习的习惯。

（7）培养严谨求实的工作作风。

知识准备

车轮轮毂轴承是汽车的关键零部件之一，它的主要作用是承载重量并为轮毂的转动提供精确引导，这就要求它不仅要能承受轴向载荷还要能承受径向载荷。

车轮轮毂轴承按照其结构可以分为传统组合式和整体单元式两种。传统组合式车轮轮毂轴承是由两套圆锥滚子轴承或球轴承组合而成的，轴承的安装、涂油、密封及游隙的调整都在汽车生产线上进行，具有装配困难、成本高、可靠性差等缺点，且维护时，需要对轴承进行清洗、涂油和调整。传统组合式车轮轮毂轴承如图2-71所示。

车轮轮毂轴承单元是在标准角接触球轴承和圆锥滚子轴承的基础上发展起来的。为了避免粗暴安装的问题，厂家在传统组合式轴承的基础上做了改进。将轴承直接装在法兰盘内，使轴承更易被更换；不需单独安装轴承，可直接换掉轴承总成；不会破坏轴承密封，有效避免了安装对轴承带来的伤害。车轮轮毂轴承具有重量轻、结构紧凑、载荷容量大、可事先装入润滑脂、组装性能好、可省略游隙调整及外部轮毂密封和免于维修等优点，已广泛用于汽车中，在载重汽车中有逐步扩大应用的趋势。车轮轮毂轴承单元如图2-72所示。

图2-71　传统组合式车轮轮毂轴承　　　图2-72　车轮轮毂轴承单元

车轮轮毂轴承按结构可分为单列圆锥滚子轴承和双列滚子轴承。

单列圆锥滚子轴承如图2-73所示。单列圆锥滚子轴承主要由内外环、圆柱滚子和保持架组成，结构简单。单列圆锥滚子轴承将内环和外环分开安装，需要使用黄油进行润滑，密封性能较差，因此圆锥滚子车轮轮毂轴承需要定期对其进行维护保养，避

图2-73　单列圆锥滚子车轮轮毂轴承

免润滑失效导致轴承损坏，一般维护周期为 20 000～30 000 km。单列圆锥滚子轴承具有安装容易、承载负荷大，但高速时性能较差等特点，因此单列圆锥滚子轴承广泛安装于承载需求大的货车和商用车上。

双列滚子(滚珠)轴承如图 2-74 所示。双列滚子(滚珠)轴承由两组圆锥滚子(滚珠)轴承背靠背组合而成，继承了圆锥滚子轴承能承受较强径向力这个优点的同时还能较好地承受车辆转弯时的轴向力。为了提高寿命，这类轴承带有密封与防尘装置，能有效延长轴承的使用寿命。因为具有较强的密封性能，可在轴承内部有效密封轴承润滑脂，因此达到了免维护要求。

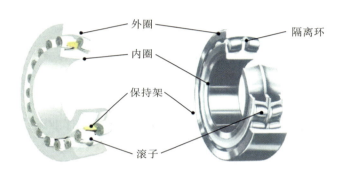

图 2-74 双列滚子车轮轮毂轴承

任务实施

1. 作业说明

大众 ID.4 采用前盘后鼓设计，车轮轮毂轴承采用整体单元式。

行驶时车轮发出嘶嘶的摩擦声，可能与车轮旋转相关部件有关，排除了制动盘与制动摩擦片、制动盘与隔音板之间的摩擦后，锁定为车轮轮毂轴承故障，因此要将车轮轮毂轴承拆卸，做进一步检查。

本作业需要将转向拉杆、悬架下支架与主销球头、主销与轴承壳体等部件进行拆卸。

2. 技术标准与要求

名　称	要　求
传动轴十二角法兰螺栓拧紧力矩	
转向拉杆球头拧紧扭矩	
摆臂与主销球头拧紧力矩	

注：请学员查阅维修资料后填写。

3. 设备器材

(1)设备与零件总成。

_____

_____

(2)常用工具。

_____

_____

(3)耗材及其他。

_____

_____

注：请学员根据场地实际设备器材填写。

4. 作业流程(学生制订拆检计划，实施任务，教师指导作业流程)

1)拆卸传动轴十二角车轮法兰螺栓

该车型前轴行驶转向系安装示意图如图2-75所示，车轮轮毂轴承与车轮轮毂轴承壳体的连接靠图中螺栓1连接，半轴通过花键与车轮轮毂轴承连接，并依靠图中传动轴十二角法兰螺栓2紧固。

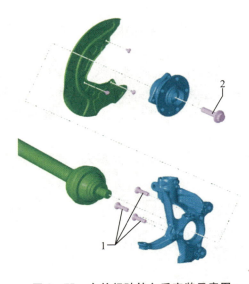

图2-75 车轮行驶转向系安装示意图

按照如图 2-76 所示的位置 1 拆卸传动轴上的十二角法兰螺栓。拆卸时需要踩下制动踏板,松开传动轴至轮毂的十二角法兰螺栓后,车轮轮毂轴承不得承重。如果车轮轮毂轴承承受车辆自身重量,则车轮轮毂轴承可能会受到损耗,从而缩短车轮轮毂轴承的使用寿命。

2)拆卸隔离盖板

按照如图 2-77 所示的顺序插装隔离盖板。隔离盖板主要用来隔离制动噪声,一般安装于盘式制动器内侧。隔离盖板使用三颗螺栓固定,旋下螺栓即可拆下隔离盖板。

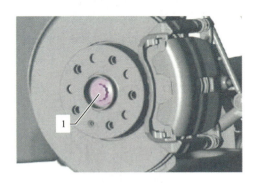
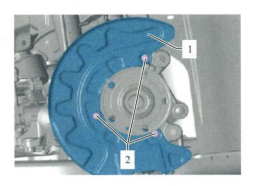

图 2-76　传动轴上十二角法兰螺栓　　　　图 2-77　隔离盖板拆装

3)拆卸转向拉杆

(1)松开横拉杆球头。使用套筒旋转松开横拉杆球头六角螺母,为了保护球头螺纹,只要拧松几圈即可,先不取下。

(2)压出转向球头。使用 CT10187 专用横拉杆球头取出器将横拉杆球头从车轮轮毂轴承壳体上压出,再拧下球头六角连接螺母。

4)拆卸主销球头

主销球头如图 2-78 所示。使用三颗六角螺母与下摆臂连接,拆卸后即可将摆臂从主销球头上拆下,然后将传动轴从车轮轮毂轴承的花键中拆下。

注意:拆下的传动轴需用绑带固定在车身上,避免轴上安装的球笼式等速万向节过度弯曲而损坏。

5)拆卸车轮轮毂轴承单元

图 2-79 为车轮轮毂轴承单元与轴承用三颗内十二角花键螺栓连接示意图,旋出内十二角花键螺栓即可将车轮轮毂轴承单元取下,安装步骤与拆卸步骤相反。

注意:车轮轮毂轴承单元在放置和保存时应避免密封件被污染和损坏。

6)其他注意事项

该车型的车轮轮毂轴承单元内部布置了轮速传感器的感应齿圈,因此在放置时必须按图 2-80(a)所示的方向放置,必须按如图 2-80(b)所示的位置抓取,不能从内侧花键处拿取。

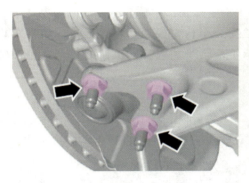
图 2-78　主销球头与下摆臂连接

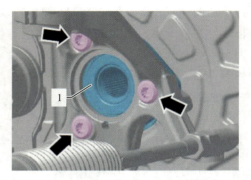
图 2-79　车轮轮毂轴承单元与轴承连接示意图

(a) 车轮轮毂轴承放置

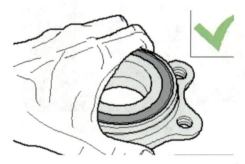
(b) 车轮轮毂轴承抓取

图 2-80　车轮轴承单元注意事项

5. 填写考核工单

查询用户手册，记录车辆的保养项目里程及周期		
拆装步骤及紧固规格(拆卸后需向考官报备)		
半轴的拆装步骤	在维修手册的第＿＿章＿＿节＿＿页	螺栓扭力及规格/(N・m)
隔板的拆装步骤	在维修手册的第＿＿章＿＿节＿＿页	螺栓扭力及规格/(N・m)
转向横拉杆的拆装步骤	在维修手册的第＿＿章＿＿节＿＿页	螺栓扭力及规格/(N・m)
主销球头的拆装步骤	在维修手册的第＿＿章＿＿节＿＿页	螺栓扭力及规格/(N・m)
轴承单元的拆装步骤	在维修手册的第＿＿章＿＿节＿＿页	螺栓扭力及规格/(N・m)

自我测试

(1)简述整体式车轮轮毂轴承单元的结构特点。

_____

_____

(2)试分析螺栓、螺母上紧顺序对总成装配的影响。

_____

_____

(3)简述车轮轮毂轴承维修更换的流程及技术要点。

_____

_____

_____

拓展学习

工业的基础——进阶的轴承

轴承行业发展前景的相关分析数据显示,近年来我国轴承产量呈现逐年增长的趋势。2021年整体轴承工业生产经营保持了一个较好的发展水平,增速也达到了近十年的较高水平,2021年我国轴承产量为233亿套,比2020年同期增长了32.7%;2021年完成营业收入2278亿元,同比增长16.52%。

轴承制造行业是我国重点发展的战略性基础产业。近几年,国家不断重视装备制造业发展,相关主管部门密集出台产业发展规划,将高端轴承制造列入国家重点发展领域。一系列的政策扶持为滑动轴承行业的发展提供了良好的市场环境,推动了行业内企业技术进步,为行业的转型升级和持续发展带来了机遇。

在全球经济一体化的背景下,面对日益激烈的竞争,世界各大制造业公司为了降低成本逐渐减少零部件的自制率,采用零部件全球采购策略,即在全球各地采购较有优势的零部件产品,为我国滑动轴承产品外贸出口和轴承企业的发展提供了良好机遇。

滑动轴承行业的发展主要靠下游行业的需求拉动。在《中国制造2025》及新基建等国家战略规划的指导下,国家推出多项政策来鼓励高端装备制造业的发展,轴承市场的需求也随之持续增长，清洁能源技术装备及产品、海洋工程装备、石化产业及工业驱动领域的高端动力设备等新兴战略产业的发展，都为高性能、高可靠性的滑动轴承提供了更大的发展空间。

轴承制造是国家重点发展的基础产业，相信在 2025 年，我国轴承产业将在高端领域取得新的更大的进步。

四轮定位综合检测维修

任务引入

某顾客的 ID.4 汽车左前轮出现单边磨损的问题，经省级技能大师诊断后将问题锁定在车轮定位不准上，需对该车进行四轮定位检测。

学习目标

(1)掌握车轮与轮胎的功用及结构。

(2)掌握胎压监测系统的分类、组成及工作原理。

(3)掌握车轮轴承的拆装方法。

(4)掌握胎压传感器的拆装方法。

(5)能够拆装车轮轴承。

(6)能够拆装检测胎压传感器。

(7)能够在工作过程中与小组成员交流、合作，培养团队合作意识。

知识准备

2.4.1 四轮定位的作用

1)车轮定位

为了保证车辆直线行驶的稳定性和操作的轻便性，减少轮胎和机件的磨损，转向车轮、转向节、前轴三者与车架的安装应保持一定的相对位置关系，这种安装位置为转向车轮定位。

2）四轮定位

汽车的两前轮和两后轮、转向节、前轴与车架的安装应保持一定的相对位置关系，这种安装位置为四轮定位。

3）四轮定位的作用

车辆在行驶过程中，减振器及关节部件的磨损，各部分机件在剧烈颠簸中松旷、变形或底盘在受到碰撞后变形，都会导致车辆在出厂时设定的四轮定位参数发生变化。四轮定位的作用就是将已经偏离的定位参数调整回标准参数范围内，并且使左右两个车轮的定位参数的数值差距回到最小的程度。这样可以有效地减少轮胎的损耗及悬挂系统的磨损，还可以提高车辆的转弯性能和直线行驶中的稳定性，保持方向盘的正直，维持直线行车及转向后方向盘的回正性能。

2.4.2 四轮定位的参数

1）主销

主销是传统汽车上转向轮转向时的回转中心，是一根较粗的心轴。采用独立悬挂的新能源汽车已经没有"主销"了，现在"主销"是指转向轮的转向"旋转轴线"，即减振器上支撑中心与小面的转向球销中心的连线，如图 2-81 所示。

2）主销后倾角的定义

在纵向平面内，相对于铅垂线主销上部向后倾斜一定角度 γ，这种现象称为主销后倾，这个角度称为主销后倾角，如图 2-82 所示。

主销向后倾斜其角度为正，主销向前倾斜其角度为负。现代汽车的主销后倾角一般为 $2°\sim3°$。

图 2-81　主销

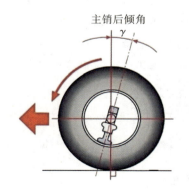

图 2-82　主销后倾角

3）主销后倾角的作用

汽车行驶时转向轮形成可自动回正的力矩，使汽车保持直线行驶，提高了汽车的行驶稳定性。

4）主销后倾角的影响

①主销后倾角太小造成不稳定；转向后缺乏方向盘自动回正能力，车速高时容易发飘。

②主销后倾角不对称会造成车辆跑偏，跑偏方向为主销后倾角较小的一侧。

5）主销内倾角的定义

在横向平面内，主销上部向内倾斜一个角度 β，即主销轴线和地面垂直线在汽车横向平面内的夹角，称为主销内倾角，如图 2-83 所示。

6）主销内倾角的作用

合理的主销内倾角可使汽车转向行驶时转向轻便，减小冲击力，同时具有一定的前轮自动回正作用，主销内倾角角度越大自动回正作用越强烈，但转向越费力，轮胎磨损大。

7）主销内倾角的影响

（1）主销内倾角大，回正作用强，但转时费力，主销内倾角越大或前轮转角越大，汽车前部抬起就越高，前轮的自动回正作用就更明显，转向轮的轮胎磨损增加。

（2）内倾角左右不相等，则车辆容易倾斜，将会出现急加速时产生力矩转向，紧急制动时因制动力不等而产生制动跑偏等危险现象。

主销内倾角的回正作用几乎与车速无关，高速时主销后倾的回正作用起主导地位，而低速时则主要靠主销内倾起回正作用，此外，直行时前轮偶尔遇到冲击而偏转，也主要依靠主销内倾起回正作用。

8）前束的定义

在汽车转向轴上，两个转向轮并非平行安装，其两轮前边缘距离 B 小于后边缘距离 A，A 值减去 B 值即为前束，如图 2-84 所示。

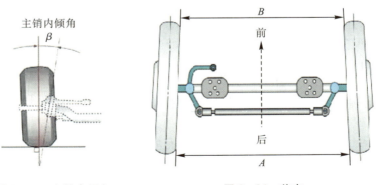

图 2-83　主销内倾角　　　　　图 2-84　前束

9）前束的作用

前轮前束角的作用为消除前轮外倾造成的前轮向外滚开趋势，减少轮胎的磨损，保证汽车的行驶性。当汽车为后轮驱动时，前轮通常具有前束，而当汽车为前轮驱动时，前轮为后束，这是为了在汽车行驶过程中补偿转向系和转向轮的变化。

10）车轮外倾的定义

当车轮处于摆正的位置时，车轮中心平面与地面不垂直，而是向外倾斜一个角度φ，这种现象称为车轮外倾，这个角度称为外倾角，如图 2-85 所示。当汽车顶部向汽车外部倾斜时角度为正，反之为负。

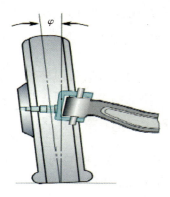

图 2-85　外倾角

11）车轮外倾的作用

车轮外倾角的主要作用是使车轮与地面的动态承载中心得到合理的分配从而达到提高机械零件的使用寿命，减少轮胎的磨损等。

12）车轮外倾的影响

（1）正外倾角过大会引起轮胎外侧单边磨损、悬架系统零件磨损加速和车辆跑偏，车辆会朝着正外倾角较大的一侧跑偏。

（2）负外倾角太大会引起轮胎里侧单边磨损，悬架系统零件磨损加速和车辆跑偏，车辆会朝着负外倾角较小的一侧跑偏。

2.4.3　四轮定位不良会引起的行驶故障

（1）方向盘过沉，原因是后倾角过大。

（2）方向盘发抖，原因是轮胎的静态或者动态不平衡，车轮中心点偏心产生凸轮效应。

（3）车辆行驶中跑偏，原因是车辆的左右后倾角或外倾角数值不相等、车身高度左右不相等、左右轮胎尺寸或气压不相等、轮胎变形。

（4）方向盘不正，原因是后轮前束不良造成斜推进线、转向系统不正。

（5）轮胎的非正常磨损包括轮胎块状磨损、羽毛状磨损、凸波状磨损和单迈磨损。导致这些非正常磨损的原因大都为轮胎的前束和倾角的参数偏移。

2.4.4　四轮定位保养时间

汽车行驶一定的里程后都应该进行四轮定位，一般新车在行驶 1000 km 或 3 个月后就应做四轮定位，以后每行驶 10 000 km 或 6 个月都需要做四轮定位。车辆在行驶过程中出现车辆跑偏、方向盘位置不正直、感觉车身发飘或轻微摇摆、前后轮胎磨损异常等情况时，也要进行四轮定位检测。另外，更换轮胎、减振器及转向机构的部件和发生碰撞后都应及时为车辆进行四轮定位。

📋 任务实施

1. 作业说明

某顾客的大众 ID.4 汽车左前轮出现单边磨损的问题，可能是前悬架部件损坏变形、四轮定位不准等原因造成的异常磨损，需对四轮进行定位检测。

2. 技术标准与要求

名　称	要　求
转向横拉杆锁紧螺母拧紧扭矩	
后桥外倾角调整偏心螺栓锁止螺母拧紧扭矩	
后桥前束调整偏心螺栓锁止螺母拧紧扭矩	
前桥外倾角额定值	
后桥外倾角额定值	
前桥前束额定值	
后桥前束额定值	

注：请学员查阅维修资料后填写。

3. 设备器材

（1）设备与零件总成。

_____

（2）常用工具。

_____

（3）耗材及其他。

_____

注：请学员根据场地实际设备器材填写。

4. 四轮定位检测作业流程(学生制订拆检计划，实施任务，教师指导)

4.1　四轮定位说明

(1)仅允许使用大众/奥迪认可的四轮定位仪进行车轮定位。

(2)每次测量时必须测量前桥和后桥。

(3)只有在行驶里程达 1000～2000 km 后才适合进行汽车四轮定位，因为只有在此之后螺旋弹簧的沉降过程才结束。

(4)在进行调整工作时，应尽可能精确地达到相关额定值。

(5)如果在底盘上进行调节工作，检查是否必须对驾驶员辅助系统进行校准。

(6)在对故障为"汽车向一侧倾斜或跑偏"的车辆进行四轮定位时，必须检测齿条是否在中间位置。

4.2　检测的前提条件

(1)检查车轮悬架、车轮轴承、转向系是否有不允许的间隙和损坏。

(2)同一车桥上轮胎花纹深度的最大允许偏差是 2 mm。

(3)符合规定的轮胎充气压力。

(4)汽车空载重量达标。

(5)燃油箱必须装满。

(6)备用车轮和车载工具在汽车相应的安装位置上。

(7)车窗玻璃清洗装置的水箱必须装满。

(8)请确保在测量过程中滑座和转盘都不在末端挡块处。

(9)注意事项：

①按规定安装和校正测量设备；注意设备制造商的操作说明。

②在对四轮定位台和四轮定位计算机进行保养的同时，每年应至少检测一次并在必要时进行调节。

4.3　测量准备

(1)测量准备，不包含辅助系统的四轮定位。

①进行轮辋偏位补偿。

②安装制动踏板加载装置 V. A. G 1869/2。

③用制动踏板加载装置压下制动踏板。

(2)测量准备，包含辅助系统的四轮定位。

只有在通过"快速登录"对汽车的一个或多个辅助系统进行了校准后(不包括先前的四轮定位)，才能执行以下步骤：

①在将汽车开到四轮定位台上前，检查汽车与校准装置之间是否有足够大的调整工作面。校准装置和汽车之间的间距必须为 120 cm ± 2.5 cm。

②如果没有足够大的调整工作面，那么在四轮定位台上倒退车辆，从而获得相应的调整工作面。

③开始校准前请先读取故障存储器，必要时排除存在的故障。

④校正汽车功能正常，多次回弹并逐渐停止摆动。

⑤请注意，在四轮定位期间，滑板和转盘不得位于限位位置。

⑥连接蓄电池充电器。

⑦使前轮处于正前打直位置。

⑧将车辆诊断测试器连接在汽车上，将诊断导线穿过打开的车门玻璃。

⑨关闭车辆外部照明。

⑩关闭所有车门。

⑪在四轮定位计算机上激活用于进行相应校准的按钮。

4.4 测量工作步骤(图 2-86)

1)调整前桥的车轮外倾角

(1)调整。

①拆卸隔音垫。

②拧出螺栓 1，接着拧入一个新螺栓，但不要拧紧，如图 2-87 所示。

③拧出螺栓 2，接着拧入一个新螺栓，但不要拧紧。

④拧出螺栓 3，接着拧入一个新螺栓，但不要拧紧。

⑤拧出螺栓 4，接着拧入一个新螺栓，但不要拧紧。

⑥现在可通过推拉副车架将车轮外倾角调节到额定值。

a. 向侧面推移副车架 5，直至两侧的外倾角相等。

b. 拧紧副车架的螺栓 1、2、3 和 4。

⑦在移动副车架后，必须检查转向柱的万向接头和排水槽前板的开口之间的自由度。

a. 拆卸驾驶员侧脚部空间盖板，向后翻起地板垫。

b. 必须确保万向节轴颈 1 和前围板凹口 2 之间至少应有 5 mm 的自由空间，如图 2-88 所示。

(2)注意事项：

①车轮外倾角修正只能在车身维修之后进行。

②只能向左或向右推副车架，切勿在行驶方向或其反方向上进行。

③副车架上的这些钻孔有公差范围，因而限制了车轮外倾角的调节。如果由于移动了副车架而达不到额定值，则必须检查副车架和车身。

④按规定力矩拧紧螺母。

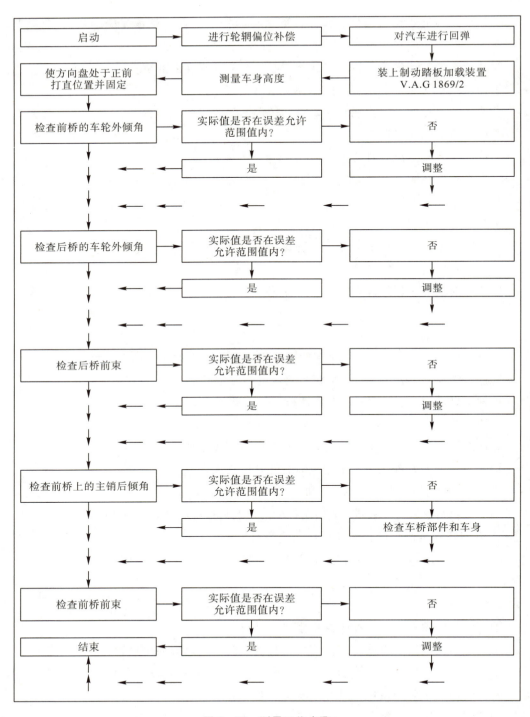

图 2-86　测量工作步骤

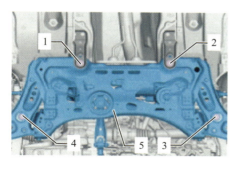

图 2-87　副车架位置图

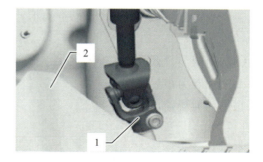

图 2-88　转向柱万向节结构图

2）调整后桥的车轮外倾角

（1）调整。

①脱开副车架上部横摆臂螺栓连接件的螺母 A，如图 2-89 所示。

②通过旋转偏心螺栓箭头的六边接头来调整车轮外倾角。

③用梅花扳手 T10179 以 80 N·m 的力矩拧紧螺母 A。

④拧紧螺母 A 后，请再次检查车轮外倾值（四轮定位的额定值）。

（2）注意事项：

①从中间位置开始向左或向右最大的调整范围是 90°。

②按规定力矩拧紧螺母。

3）调整后桥前束

（1）调整。

①脱开螺母 1，如图 2-90 所示。

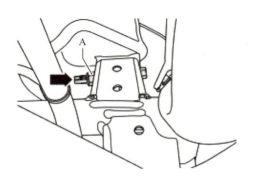

图 2-89　后桥外倾角调整偏心螺栓

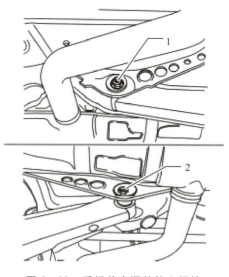

图 2-90　后桥前束调整偏心螺栓

②旋转偏心螺栓 2，直至达到额定值。

（2）注意事项：

①从中间位置开始向左或向右最大的调整范围是 90°。

②按规定力矩拧紧螺母。

4）调整前桥前束

（1）调整。

①脱开锁紧螺母 2，如图 2-91 所示。

②通过旋转六角螺栓（箭头所指），分别调整左轮和右轮的前束。

③拧紧锁紧螺母，然后再次检测前束值。拧紧锁紧螺母后，已调整的数值可能会略有偏差，如果测得的前束值仍在公差范围内，则调整正确。

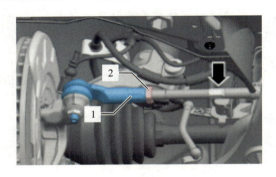

图 2-91　前桥前束调整

（2）注意事项：

①脱开或拧紧锁紧螺母时，必须用合适的工具卡住转向横拉杆头 1。

②注意转向器上的密封波纹管是否无损坏和未扭转，被扭转的橡胶防尘套会很快磨损。

③仅当汽车停放在地面上时，才拧紧螺纹件的锁紧螺母，转向横拉杆头必须与减振器的转向杆平行。

④按规定力矩拧紧螺母。

5. 填写考核工单

一、查询并记录车辆信息					
品牌		整车型号		生产年月	
发动机型号		发动机排量		行驶里程	

二、查询用户手册，记录四轮定位检测		
四轮定位检测拆装步骤及紧固规格（拆卸后需向考官报备）		
检查项目	检查情况	检查结果
前桥车轮外倾角	检测值	正常□ 调整□
	额定值	
后桥车轮外倾角	检测值	正常□ 调整□
	额定值	
后桥前束	检测值	正常□ 调整□
	额定值	
前桥前束	检测值	正常□ 调整□
	额定值	

三、调整步骤及紧固规格（调整后需向考官报备）			
前桥车轮外倾角调整步骤	在维修手册的第___章___节___页	扭力规格/(N·m)	
后桥车轮外倾角调整步骤	在维修手册的第___章___节___页	扭力规格/(N·m)	
后桥前束调整步骤	在维修手册的第___章___节___页	扭力规格/(N·m)	
前桥前束调整步骤	在维修手册的第___章___节___页	扭力规格/(N·m)	

自我测试

(1)简述四轮定位各参数的定义。

_____

_____

(2)简述四轮定位不良会引起的行驶故障。

_____

_____

(3)简述前桥车轮外倾角的调整步骤及注意事项。

_____

_____

拓展学习

四轮定位和车轮动平衡的区别

车轮动平衡是一个保养项目,准确来说是针对车辆的保养项目,如果车辆出现方向盘抖动,车轮受到大的撞击,更换轮胎或轮毂的情况,都应该对车轮进行动平衡。而四轮定位是一个维修项目,如果车轮在行驶过程中出现跑偏、转向精准度差的情况,或更换、维修过悬挂、转向等系统时,就需要做四轮定位。四轮定位以车辆的四轮参数为依据,以确保车辆具有良好的行驶性和一定的可靠性。

模块三
制动系统性能检测与维修

盘式制动器检测与维修

任务引入

客户张先生的 ID.4 汽车来店进行车辆故障检修，据张先生反映，该车近期刹车时会出现刹车异响或抖动的现象，经省级技能大师诊断，将刹车异响、抖动的原因锁定在前轮制动器的制动盘磨损。

学习目标

（1）叙述汽车制动系统的功用、类型及对制动系统的要求，正确描述新能源汽车制动系统的结构。

（2）正确描述制动器的作用、分类。

（3）知道盘式制动器的类型、特点。

（4）熟悉盘式制动器的结构，理解盘式制动器的工作原理。

（5）根据故障现象，通过分组讨论，能分析汽车刹车异响、抖动的故障原因，能制订盘式制动器拆装、检修计划。

（6）能够按规范选择、使用工具，并能按照规范拆装制动钳；能拆卸、清理车轮制动盘；能规范、准确测量制动盘的厚度和圆跳动；会查询维修手册，能进行数据分析，并判定是否要对制动盘进行修整；能规范使用制动盘研磨机在车辆上修整制动盘，并测量修复后制动盘的厚度。

（7）查阅维修手册，具备信息检索和数据分析的能力。

（8）通过分析制动系统常见故障的原因和制订盘式制动器拆检计划，训练分析、解决问题的能力，从而提高逻辑思维能力。

（9）严格遵守企业拆检盘式制动器操作的规范和注意事项。

（10）通过为客户诊断和排除盘式制动器异响、抖动的故障，学习汽车维修领域的维修技能，具备规范、严谨、细致、专注、负责的工作态度和精益求精的工作理念。

（11）以小组为单位进行教学，通过团队合作的形式，营造良好的学习氛围，增强团队凝聚力，高效完成学习任务，培养相互配合、有序沟通、彼此理解、相互信任、顾全大局的团队协作精神，提高团队合作能力。

（12）通过高质量为客户服务，真正把学习专业知识当成一种责任、一种生活方式和一种精神追求，通过学习不断提高理论水平、工作能力和精神境界，培养自身在汽车修护工作中坚守岗位、爱岗敬业和对客户负责的工作态度，增强职业荣誉感。

知识准备

3.1.1　汽车制动系统的功能、类型、结构及工作原理

3.1.1.1　汽车制动系统的功能

汽车制动系统是保证汽车动力性能发挥和行车安全的最基本的系统，它是指让车辆减速直到完全停止，并且能保持车辆静止状态的装置。

1）汽车制动系统功用

（1）使行驶中的汽车按照驾驶员的要求进行强制减速甚至停车；使已停驶的汽车在各种道路条件下（包括在坡道上）稳定驻车；使下坡行驶的汽车速度保持稳定。

（2）随着电子控制技术在汽车上的广泛应用，现在汽车都在原来的制动系统基础上配置了制动防抱死电子控制系统（ABS），在汽车制动过程中，自动调节车轮制动力，防止车轮抱死，从而获得最佳制动性能，减少交通事故。

2）对汽车制动系统的要求

为了保证汽车行驶安全，发挥高速行驶的能力，制动系统必须满足下列要求：

（1）具有良好的制动效能。用制动距离、制动时间、制动减速度或地面制动力评价。

（2）操纵轻便，灵敏，调整与维护方便。

（3）制动稳定性好。制动时不能有制动跑偏，或制动侧滑时失去转向能力。

（4）制动平顺性好，柔和，且散热性好。

3.1.1.2 汽车制动系统的类型

1)按制动能源分类

按制动能源分为人力制动系统、动力制动系统和伺服制动系统，见表3-1。

表3-1 按制动能源分类

分类方法	类型	特点
按制动 能源分	人力制动	以驾驶员的肌体作为唯一制动能源的制动系统。可分为液压式和机械式两种，机械式仅用于驻车制动
	动力制动	完全靠由发动机的动力转化而成的液压或气压形式的势能进行制动的制动系统。可分为气压式、真空气压式、空气液压式
	伺服制动	兼用人力和发动机动力制动的制动系统，也可称为助力制动系统

2)按制动能量传输方式和回路多少分类

按制动能量传输方式分为机械制动、液压制动、气压制动、电磁制动和组合制动，按回路多少分为单回路制动系统和双回路制动系统，见表3-2。

表3-2 按制动能量传输方式和回路多少分类

分类方法	类型	特点
按制动能量 传输方式分	机械制动	以机械传输制动能量
	液压制动	以液压传输制动能量
	气压制动	以气压传输制动能量
	电磁制动	以电磁力传输制动能量
	组合制动	多种传输制动能量综合
按回路多少分	单回路制动系统	制动装置采用单一的气压或液压回路，当制动系统中有一处漏气（油）时，整个制动系统失效
	双回路制动系统	制动装置至少采用两套独立的气压或液压回路，两个回路彼此隔绝，当其中一个回路失效时，另一个回路也能获得一定的制动力，提高了汽车制动的可靠性和安全性，用于行车制动器中

3)按助力器的结构分类

按助力器的结构分为真空助力制动系统和电动助力制动系统，见图3-1、图3-2和表3-3。

图 3-1　真空助力制动系统

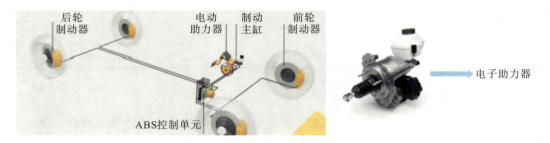

图 3-2　电动助力制动系统

表 3-3　按助力器的结构分类

分类方法	类　型	特　点
按助力器的结构分	真空助力制动系统	利用发动机的真空使真空泵产生的真空压力推动制动主缸活塞前移，从而增加对制动盘的制动力
	电动助力制动系统	(1)采用电子助力器，取代传统的真空泵和真空软管，体积小，无需消耗能量建立真空源，仅在制动时消耗电量，从而达到节能减碳的目的； (2)制动系统压力增加得快，缩短了制动距离，并在无法避免事故的情况下降低冲击速度； (3)制动感更舒适，在使用自适应巡航控制系统进行减速时没有振动或噪声

3.1.1.3　新能源汽车制动系统的结构

新能源汽车的制动系统主要由制动踏板、电动助力器(eBKV)、ESC 单元(ABS 控制单元)和四个制动器组成，如图 3-3 所示。

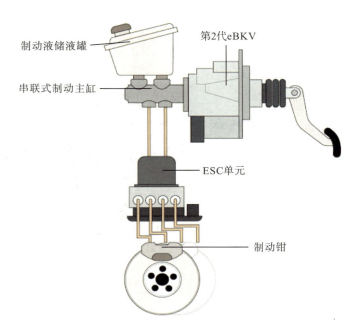

制动液储液罐
第2代eBKV
串联式制动主缸
ESC单元
制动钳

图3-3 新能源汽车的制动系统

1）制动踏板

产生制动动作和控制制动效果，是制动系统的控制装置。

2）电动助力器（eBKV）

电动助力器的作用是供给助力，它可以帮助司机轻松踩下刹车踏板。电动助力器主要包括助力电动机、助力传动机构、推杆机构、制动踏板传感器、制动主缸等零部件，如图3-4所示。它的工作过程是驾驶员踩下制动踏板，推动推杆产生位移，制动踏板传感器G100检测到推杆的位移，将该位移信号发送给制动助力器控制单元J539，J539计算出电动机需要输出的扭矩后，给电动机发送指令，电动机输出相应的扭矩后，再由传动装置将该扭矩转化为主缸推力，而电动机产生的主缸推力与驾驶员脚踩踏板产生的推力在制动主缸内共同转化为制动器轮缸的液压力，为整车提供制动力。

3）ESC单元（ABS控制单元）

ESC单元由ABS控制单元J104和ABS液压单元N55组成，如图3-5所示。相比于第一代eBKV，它取消了外部制动能量回收系统的制动压力存储器，将蓄压器的功能集成在ESC单元中，因此扩大了ESC单元中的蓄压器的容量。

图 3-4　新能源汽车电控机械式制动助力器在释放位置的结构

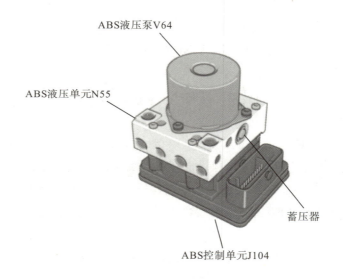

图 3-5　ESC 单元结构

3.1.2　制动器

3.1.2.1　制动器的作用、分类

　　车轮制动器的作用是利用固定元件和旋转元件工作表面的摩擦而产生的与汽车行驶方向相反的制动力矩来使汽车迅速减速或停车。根据固定元件和旋转元件的结构不同，车轮制动器通常分为鼓式制动器和盘式制动器，大众 ID.4 汽车前轮采用盘式制动

器，后轮采用鼓式制动器。

3.1.2.2 盘式制动器的类型及结构

现代汽车的盘式制动器有定钳盘式和浮钳盘式两类。定钳盘式制动器由于具有的油缸较多、制动钳尺寸过大、油缸中的制动液容易汽化等缺点，正逐步被浮钳盘式制动器取代。浮钳盘式制动器的结构如图3-6所示。

图3-6　浮钳盘式制动器结构

3.1.2.3 制动器的工作原理

行驶中的汽车具有一定的功能，要使它按需减速停车，路面必须对车轮产生一个阻止汽车行驶的力，即制动力。这个力的方向与汽车行驶的方向相反，制动的实质就是将汽车的动能强制地转化为热能，扩散于大气中。这个力是由汽车制动器提供的，制动器的工作原理可用一种简单的工作原理示意图来说明。

1）新能源汽车不制动时

不制动时，制动踏板不受外力作用，电动助力器（eBKV）的制动踏板传感器检测不到推杆的位移，计算机不将推杆的位移信号发送给控制器，电动机不输出扭矩，也不产生主缸推力，制动器进油口没有制动液流入，制动轮缸内没有液压力推动轮缸活塞向右移动，不能为整车提供制动力。此时，制动器摩擦块与制动盘之间有一定的间隙，使车轮能自由旋转，如图3-7所示。

2）新能源汽车制动时

制动时，制动踏板被踩下，推动推杆产生位移，电子助力器（eBKV）的制动踏板传感器检测到推杆的位移，将该位移信号发送给控制器，控制器计算出电动机需要输出的扭矩，再由传动装置将该扭矩转化为主缸推力，而电动机产生的主缸推力与驾驶员脚踩踏板产生的推力在制动主缸内共同转化为制动器轮缸的液压力，为整车提供制动力。此时制动主缸内制动液的油压升高，通过进油管进入制动轮缸，并推动轮缸活塞，制动钳在液压力的作用下产生制动力矩，制动块在活塞推动下压紧制动盘，制动盘与车轮一起减速或停止转动。制动块与制动盘不断摩擦产生消耗，此时汽车的动能转变为热能并扩散到空气中，如图 3-8 所示。

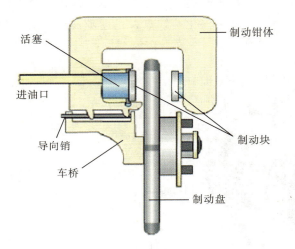

图 3-7　汽车不制动时制动器制动块
与制动盘的位置

图 3-8　汽车制动时制动器制动块
与制动盘的位置

3）新能源汽车解除制动时

解除制动时，制动踏板被放松，电动助力器(eBKV)的制动踏板传感器检测不到推杆的位移，计算机不将推杆的位移信号发送给控制器，电动机不输出扭矩，也不产生主缸推力，制动轮缸不产生液压力，不能为整车提供制动力。此时油路系统卸压，"绷紧"的制动系统都向恢复到初始原位回弹，恢复原位的动力来源是受压缩、拉伸和弯曲变形零部件的恢复回弹力。活塞密封圈与活塞同步恢复到原始状态。由于制动盘工作面与旋转轴线不垂直，端面全跳动值不等于零，造成制动盘的局部工作扇区与制动块的"碰撞"，迫使制动块退离原位而躲避制动盘，完成制动解除过程，汽车解除制动时制动器制动块与制动盘的位置如图 3-7 所示。

3.1.2.4　盘式制动器的特点

1）盘式制动器的优点

盘式制动器与鼓式制动器相比，有以下优点：

（1）制动盘暴露在空气中，散热能力强。特别是通风式制动盘，空气可以流经内部，加强散热。

（2）浸水后制动效能降低较少，而且只需经一两次制动即可恢复正常。

（3）制动效能较稳定、平顺性好。

（4）制动盘沿厚度方向的热膨胀量极小，不会像制动鼓的热膨胀那样使制动器间隙明显增加而导制动踏板行程过大。

（5）结构简单，摩擦片安装更换容易，维修方便。

2）盘式制动器的缺点

（1）因制动时无助势作用，故管路液压要求比鼓式制动器高，一般要用伺服装置和较大直径的油缸。

（2）防污性能差，制动块摩擦面积小，磨损较快。

（3）被用于驻车制动时，需要加装的驻车制动传动装置比鼓式制动器复杂，因而在后轮上的应用受到限制。

目前，盘式制动器已广泛应用于汽车，但除了在一些高性能汽车上用于全部车轮外，大都只用作前轮制动器，而与后轮的鼓式制动器配合，使汽车有较高的制动时的方向稳定性。在货车上，盘式制动器也有采用，但并不普及。

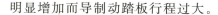
任务实施

1. 作业说明

经维修技师检查发现，ID.4 汽车前轮出现刹车异响、抖动的原因是该车前轮制动器的制动盘磨损，需通过拆卸该车的前轮制动器，对其制动盘进行检测和修整来消除故障。

2. 技术标准与要求

名　称	要　求
制动钳	
制动盘的厚度	
制动盘的圆跳动	

注：请学员查阅维修资料后填写。

3. 设备器材

（1）设备与零件总成。

_____

_____

（2）常用工具。

_____

_____

（3）耗材及其他。

_____

_____

注：请学员根据场地实际设备器材填写。

4. 盘式制动器的拆检作业流程（学生制订拆检计划，实施任务，教师指导）

4.1　实训设备

（1）ID.4 汽车一辆。

（2）维修工具：车内四件套、翼子板布、前格栅布、扭力扳手、S 挂钩、车轮支架、世达工具一套、粗砂纸、抹布、研磨机、前轮刹车分泵调整工具 T10145、废料收集盘、口罩及护目镜。

（3）测量工具：外径千分尺、百分表和磁力表座。

（4）制动盘研磨机（车床）一台、研磨刀具。

（5）电脑、维修手册、纸笔。

4.2　按标准流程拆卸轮胎、制动钳、制动器摩擦片

（1）完成准备工作。

①打开发动机机舱盖，安装翼子板布、前格栅布，打开驾驶员车门，安装车内四件套。

②检查机油、制动液、冷却液液面高度。

（2）拆卸轮胎。

（3）拆卸制动钳固定螺栓。

将制动盘调到一个便于拆卸的位置，观察制动钳固定螺栓的尺寸，选择相应的套筒套和开口扳手，用开口扳手固定住图 3-9 中箭头所指的导向销，然后用棘轮扳手拆卸螺栓，从带导向销的制动器支架 3 上旋出固定制动钳 2 的两个六角螺栓 1。

（4）拆卸制动钳。

从制动器支架 2 上取下制动钳 1，如图 3-10 所示。制动钳体拆卸后，不能放置在下控制臂上，为防止因自身的重量拉扯损坏制动软管，保持进油管处于自然状态，应将制动钳 1 用绑带或 S 挂钩可靠地悬挂在车身上。

（5）拆卸外侧制动摩擦片。

①拆卸外侧止动弹簧。

沿图 3-11 的箭头方向旋转一字螺丝刀 3，从制动器支架 4 上松开外侧制动摩擦片 1 的止动弹簧 2，拆卸过程中弹簧不能弯曲变形。

②拆卸外侧制动摩擦片。

沿图 3-12 箭头 A 的方向旋转外侧制动摩擦片 1，再沿箭头 B 的方向从制动器支架

上拆下带止动弹簧 2 的外侧制动摩擦片 1。

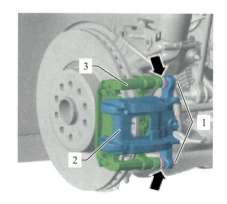

图 3-9　固定导向销

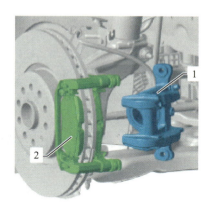

图 3-10　拆卸制动钳

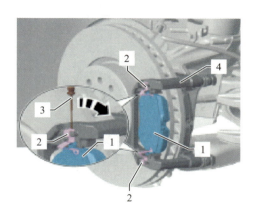

图 3-11　拆卸外侧止动弹簧

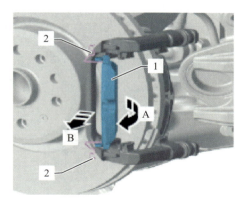

图 3-12　拆卸外侧制动摩擦片

(6)拆卸内侧制动摩擦片。

①拆卸内侧止动弹簧。

沿图 3-13 的箭头方向旋转一字螺丝刀 3，从制动器支架 4 上松开内侧制动摩擦片 1 的止动弹簧 2，拆卸过程中弹簧不能弯曲变形。

②拆卸内侧制动摩擦片。

沿图 3-14 箭头 A 的方向旋转外侧制动摩擦片 1，再沿箭头 B 的方向从制动器支架上拆下带止动弹簧 2 的内侧制动摩擦片 1。

(7)拆卸、清洁制动器支架。

①使用一字螺丝刀 1 从制动器支架上依次松开图 3-15 箭头所指的 4 个弹簧固定片，用酒精彻底清洁制动器支架和制动钳与制动摩擦片的接触面，并用砂纸清除锈蚀。

② 旋出六角螺栓 1，拆下制动器支架 2，如图 3-16 所示。

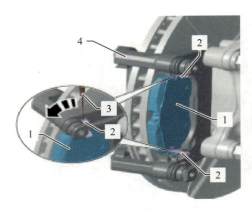

图 3-13　拆卸内侧止动弹簧

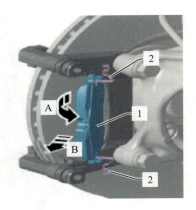

图 3-14　拆卸内侧制动摩擦片

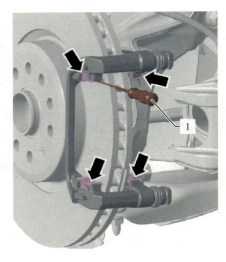

图 3-15　松开弹簧固定片

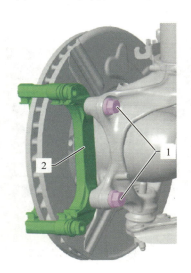

图 3-16　拆下制动器支架

4.3　制动盘检测

1）检查制动盘

(1)检查制动盘接触面，箭头所指的区域是否无锈蚀且无污物，如图 3-17 所示。

(2)如果要重新使用之前拆卸的制动盘，则要检查制动盘是否磨损或受损。

2）测量制动盘的厚度

(1)用车轮螺栓按规定力矩固定制动盘，并清洁制动盘摩擦面。

(2)用千分尺测量制动盘距边缘 10 mm 处的厚度，并记录沿制动盘圆周均匀分布的 4 个或 4 个以上位置的测量数值。测量时要尽量在制动片侧面接触区域内测量，且每次测量时千分尺与制动盘外边缘的距离必须相等，如图 3-18 所示。

(3)查询维修手册，进行数值对比，查看测量数值是否在标准数值范围内，如果测量数据不在维修手册规定的尺寸范围内，则制动盘需要进行表面修整或更换。

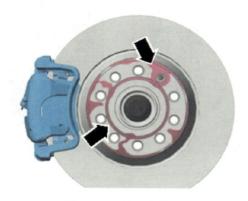

图 3 - 17　制动盘接触面

3）测量制动盘的圆跳动

将磁力表座吸附在车架上，并将百分表抵压在距制动盘外缘 13 mm 处的位置，转动制动盘一周以上，读取百分表指针摆动的数值，并记录测量数值，如图 3 - 19 所示。查询维修手册，进行数值对比，查看测量数值是否在标准数值范围内，如果测量数值大于标准数值应先检查轴承的轴向间隙，如无异常，则应修整制动盘。修整后制动盘端面圆跳动若仍不在标准数值范围内，应更换制动盘。

图 3 - 18　测量制动盘的厚度

图 3 - 19　测量制动盘的圆跳动

4）修整制动盘

（1）将汽车变速器的挡位设置为 N 挡模式，根据不同卡钳结构，选择合适的研磨支架，在制动盘上安装研磨支架和降噪橡皮筋后，安装研磨机，如图 3 - 20～图 3 - 23 所示。

图 3 - 20　研磨支架图

图 3 - 21　安装研磨支架

图 3 - 22　降噪橡皮筋

图 3 - 23　安装研磨机

（2）固定刹车，并安装驱动电动机支架、驱动电动机及连接电源线，如图 3 - 24 所示。

（3）将驱动电动机与车辆驱动轴调整到同一高度，为防止驱动电动机移动，将其锁紧，如图 3 - 25 所示。

图 3 - 24　安装驱动电动机

图 3 - 25　调节驱动电动机的高度

（4）佩戴口罩及护目镜，放置废料收集盘，按照研磨机标注方向启动驱动电动机。

（5）调节研磨刀头至刹车盘内侧，并调节刀头临近接触刹车盘，手动旋转研磨刀头，直至重新研磨出一个新的基准面，如图3-26、图3-27所示。

（6）调节刀头往里进一格，连接研磨器电源线，并锁紧旋转盘；启动研磨器，使刀头从刹车盘最内侧往外自动研磨，如图3-28所示。

图3-26　调节研磨刀头至刹车盘内侧

图3-27　重新研磨出的新基准面

图3-28　刀头从刹车盘最内侧往外自动研磨

（7）检查刹车盘表面粗糙度及是否有鱼尾纹，如有，需要进行重新研磨。

（8）拆卸驱动电动机，测量制动盘的厚度和圆跳动，记录测量数值，并与维修手册的标准尺寸比较，判定测量值是否在标准范围内。

（9）核对各项数据没问题后，拆下研磨器及其他附件。

（10）清洁制动盘内外表面的残留金属颗粒，移除废料收集盘。

4.4　拆装制动盘

1）拆卸制动盘

（1）旋出Torx螺栓2，拆下制动盘1，如图3-29所示。

（2）拆卸制动盘时，不能强制从车轮轮毂上拆，强制暴力拆卸有可能损坏制动盘，必要时可使用除锈剂。

2）安装制动盘

（1）制动盘的安装顺序与拆卸相反，将制动盘1放置在轮毂上，拧紧Torx螺栓，在维修手册上查询 Torx 螺栓的拧紧力矩，如图 3-30 所示。

（2）彻底清洁制动盘和轮毂的接触面，并清除锈蚀，如果要更换制动盘，则车辆左右侧的制动盘必须同时更换。

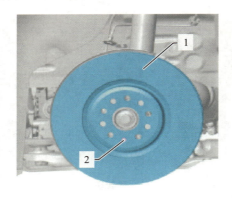

图 3-29　拆卸制动盘　　　　图 3-30　安装制动盘

4.5　按照标准流程依次安装制动器支架、制动钳和轮胎

1）安装制动器支架

安装顺序与拆卸相反，按规定力矩拧紧图 3-16 中的六角螺栓 1，固定制动器支架 2，六角螺栓拧紧力矩查询维修手册。

2）安装制动块

（1）在制动器支架上箭头所指的 4 个位置处安装弹簧固定片，如图 3-17 所示。

（2）在制动器支架上的制动块导向面涂上少许维修套件中的润滑脂后，沿图 3-31 中箭头 A 的方向将外侧制动摩擦片 1 克服固定弹簧 2 的阻力压入制动器支架的开口中，沿箭头 C 的方向旋转外侧制动摩擦片 1，再沿箭头 B 的方向完全将外侧制动摩擦片 1 压入制动器支架的开口中。

（3）将外侧制动摩擦片 1 的止动弹簧 2 小心地卡止到制动器支架 3 上。安装外侧制动摩擦块 1 之后，必须检查止动弹簧 2 的安装位置是否正确，如图 3-32 所示。

（4）安装制动块时，不能将油液、油脂和水等粘到制动块上，更不能混淆内部和外部制动块的安装位置，如果内、外侧制动块的安装位置错误，制动盘的磨损就会不均匀。

（5）制动盘需要进行表面修整或更换时，制动块也要进行更换。

（6）内侧制动块的安装过程与外侧一样。

3）安装制动钳

（1）活塞复位。

用前轮刹车分泵调整工具 T10145（或 CT10145）2 压回制动钳 1 上的活塞，如图 3-33 所示。

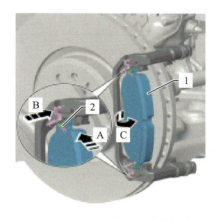

图 3-31　压入外侧制动摩擦片　　　图 3-32　安装外侧制动摩擦块

（2）检查制动块的定位。

安装制动钳时，要先检查制动块的定位是否正确，如果定位不正确，将制动块调到正确位置，如果定位正确，则将制动块卡在制动钳内，安装过程中不能损坏制动块的接触面。

（3）安装制动钳。

将制动钳小心地装入制动盘，并用新的六角螺栓将制动钳拧到制动器支架上，同时固定住导向销，如图 3-34 所示，螺栓拧紧力矩查询维修手册。

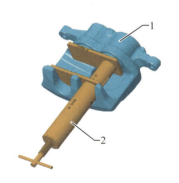

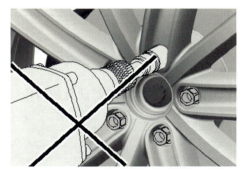

图 3-33　活塞复位　　　　　　　图 3-34　安装制动钳

4）安装轮胎

最后用正确的方法安装轮胎。

4.6　路试

（1）在车辆处于停车状态下多次将制动踏板用力踩到底，以便制动摩擦片进入与其运行状态相对应的位置。

（2）进入驾驶室内，低速行驶车辆，踩几脚制动踏板，在试车的过程中检查制动效果。

5. 填写考核工单

一、查询并记录车辆信息					
品牌		整车型号		生产日期	
发动机型号		发动机排量		行驶里程	
车辆识别码					

二、查询用户手册，记录车辆保养项目里程及周期	□纸质档 □电子档

1. 拆装步骤及紧固规格（拆卸后需向考官报备）

制动钳拆装步骤	第___章___节___页	制动钳固定螺栓 扭力规格/（N·m）	
制动盘拆装步骤	第___章___节___页	Torx 螺栓的 扭力规格/（N·m）	

2. 制动盘的检查及测量

(1)是否需要清洁制动盘的内外侧。　　是 □　　否 □

(2)目测制动盘有无_____和_____。

检测项目	测量值	磨损极限	是否需要修整制动盘	是否需要更换制动盘
制动盘厚度			是 □ 否 □	是 □ 否 □
制动盘圆跳动			是 □ 否 □	是 □ 否 □

自我测试

(1)简述大众 ID.4 汽车前轮制动盘的结构特点。

_____

_____

(2)简述大众 ID.4 汽车制动钳的拆装步骤。

_____

_____

(3)简述汽车制动盘的拆检步骤。

_____

_____

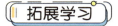

制动盘的类型

（1）实体制动盘

实体制动盘，就是一块用于制动的金属盘。此类制动盘结构简单，价格便宜，但是散热效果差，因此也导致热制动效果相对较差。

（2）普通通风盘

普通通风盘是在实体制动盘的基础上改善而来的。散热性能得到了增强，制动效果更稳定，目前大多数汽车用的就是这种制动盘。

（3）多孔型制动盘

多孔型制动盘具有更好的冷却性，更能缩短制动距离，制动效果更稳定，一般适用于高端车。

（4）划线型制动盘

可以将附着于制动盘上的灰尘、碎屑排开，雨天路面潮湿时，亦可将雨水排掉，从而让车子不会因为制动盘上有过多雨水而影响制动性。

（5）陶瓷复合型制动盘

它由碳纤维、石墨和硅的混合物制成，无论是热制动还是冷制动，它的制动性能更好，使用寿命更长，一般用于高档汽车或高档跑车。

鼓式制动器检测维修

任务引入

客户张先生的 ID.4 汽车来店进行车辆故障检修，据张先生反映，该车近期出现制动不灵的现象，经省级技能大师诊断检查，认为该车后轮制动器的制动摩擦片与制动鼓的间隙过大。

学习目标

(1)知道鼓式制动器的类型、特点。

(2)熟悉鼓式制动器的结构，理解鼓式制动器的工作原理。

(3)根据故障现象，通过分组讨论，能分析汽车制动不灵的故障原因，能制订鼓式制动器的拆装、检修计划。

(4)能够按规范选择、使用工具，并能按照规范拆装鼓式制动器的制动鼓、制动蹄及组件；能对鼓式制动器的制动间隙进行测量；能对制动片的厚度进行测量；能够对制动鼓和制动蹄的间隙进行调整；能对驻车拉索进行拆装调整。

(5)查阅维修手册，具备信息检索数据分析的能力，强化自身的职业素养。

(6)通过分析制动系统常见故障的原因，制订盘式制动器拆检计划，训练自身分析、解决问题的能力，从而提高逻辑思维能力。

(7)通过为客户诊断和排除鼓式制动器制动不灵的故障，学习汽车维修领域的维修技能，具备规范、严谨、细致、专注、负责的工作态度和精益求精的工作理念。

(8)以小组为单位进行教学，通过团队合作的形式，营造良好的学习氛围，增强团队凝聚力，高效完成学习任务，培养相互配合、有序沟通、彼此理解、相互信任、顾全大局的团队协作精神，提高团队合作能力。

3.2.1　鼓式制动器类型

鼓式制动器也叫块式制动器，是靠制动块在制动轮上压紧来实现刹车的。鼓式制动是早期设计的制动系统，其刹车鼓的设计在 1902 年就已经在马车上使用了，直到 1920 年左右才开始在汽车工业广泛应用。鼓式制动器的主流是内张式，它的制动块（刹车蹄）位于制动轮内侧，在刹车的时候制动块向外张开，摩擦制动轮的内侧，达到刹车的目的。近三十年来，鼓式制动器在汽车领域上已经逐步退出让位给盘式制动器。但由于其成本比较低，仍然在一些经济类汽车中使用，主要用于制动负荷比较小的后轮制动和驻车制动。

1）按制动蹄片挤压制动鼓的方式分类

鼓式制动器是利用制动蹄片挤压制动鼓而获得制动力的，鼓式车轮制动器分为内张型和外束型，前者以制动鼓的内圆柱面为工作表面，在汽车上应用广泛，只有极少数汽车的驻车制动器采用外束型，即制动鼓的工作表面是外圆柱面。由于制动蹄张开机构的形式张开力作用点和制动蹄支撑点的布置方面的不同，制动器的工作性能也不同。

2）按制动蹄对制动鼓作用的径向力是否平衡分类

按制动时两制动蹄对制动鼓作用的径向力是否平衡，鼓式制动器可分为三种：简单非平衡式（领从蹄式）、平衡式（双领蹄式、双向双领蹄式、双从蹄式）、自动增力式（单向自增力式和双向自增力式），如图 3-35 所示。简单非平衡式（领从蹄式）制动器按其两蹄张开的力源不同，分为液压张开式（轮缸式）和气压凸轮张开式两种，如图 3-36 所示。

领从蹄式制动器的制动性能比较稳定，结构简单可靠，便于安装，广泛用作货车的前、后轮制动器和汽车的后轮制动器。

双从蹄式制动器前进时制动效能低于领从蹄式制动器和双领蹄式制动器，但其制动效能对摩擦因数变化的敏感程度较小，即具有良好的制动效能稳定性，只在少数保证制动可靠性的高级汽车上采用。

双领蹄式制动器具有单向作用，在前进时制动效能好，倒车时制动效能大大下降，且不便安装驻车制动器，故一般不用作后轮制动器；但两制动蹄片受力相同，磨损均匀，且制动蹄片作用于制动鼓的力量是平衡的，即单向作用双领蹄制动器属于平衡式制动器。

在基本结构参数和制动轮缸工作压力相同的条件下，自增力式制动器由于对摩擦助势作用的利用，制动效能最好，但其制动效能对摩擦因数的依赖性最大，因而其稳

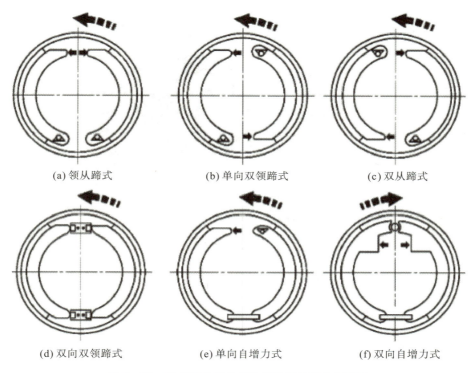

(a) 领从蹄式　　　　(b) 单向双领蹄式　　　　(c) 双从蹄式

(d) 双向双领蹄式　　　　(e) 单向自增力式　　　　(f) 双向自增力式

图 3 - 35　鼓式制动器的各种制动蹄的受力示意图

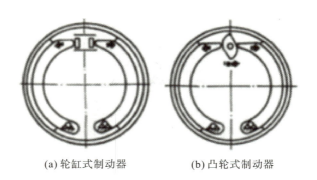

(a) 轮缸式制动器　　　　(b) 凸轮式制动器

图 3 - 36　简单非平衡式制动器

定性最差。此外，在制动过程中自增力式制动器制动力矩的增长在某些情况下显得过于急速，因此单向自增力式制动器只用于中、轻型汽车的前轮，而双向自增力式制动器由于可兼作驻车制动器而广泛用于汽车后轮。

3.2.2　制动器鼓式制动器的结构

鼓式制动器通常由制动鼓、制动蹄及驱动制动蹄动作的制动轮缸组成。制动鼓随着车轮一起旋转，其内部的制动蹄在制动轮缸的推动下动作并挤压制动鼓的内表面，通过摩擦产生的力矩阻止车轮转动从而起到制动的目的，其结构如图3-37所示。

图3-37　鼓式制动器的组成

3.2.3　鼓式制动器的工作原理

1）新能源汽车不制动时

不制动时，制动踏板不受外力作用，电动助力器（eBKV）的制动踏板传感器检测不到推杆的位移，电脑不将推杆的位移信号发送给控制器，电动机不输出扭矩，也不产生主缸推力，制动轮缸不产生液压力，不能为整车提供制动力。此时，制动器摩擦片的外圆面与制动鼓的内圆面之间有一定间隙，使车轮能自由旋转，如图3-38所示。

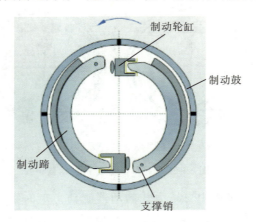

图3-38　不制动时制动器制动蹄制动鼓的位置

2）新能源汽车制动时

制动时，制动踏板被踩下，推动推杆产生位移，电子助力器（eBKV）的制动踏板传感器检测到推杆的位移，将该位移信号发送给控制器，控制器计算出电动机需要输出的扭矩，再由传动装置将该扭矩转化为主缸推力，而电动机产生的主缸推力与驾驶员脚踩踏板产生的推力在制动主缸内共同转化为制动器轮缸的液压力，为整车提供制动力。此时制动主缸内制动液的油压升高，通过油管进入制动轮缸，并推动轮缸活塞外移，轮缸活塞推动左、右两制动蹄向外张。左、右制动蹄绕支撑销转动，使制动蹄上的摩擦片压紧在制动鼓的内圆面上。这样不旋转的摩擦片对旋转的制动鼓产生一个摩擦力矩 M_μ，其方向与车轮旋转方向相反。制动鼓将该力矩传到车轮后，由于车轮与路面间的附着作用，车轮即对路面作用一个向前的周缘力 F_A。同时，路面也会给车轮一个反作用力 F_B，方向与汽车行驶方向相反。这个力就是车轮受到的制动力。各车轮上制动力的和就是汽车受到的总制动力。制动力由车轮经车桥和悬架传给车架及车身，迫使整个汽车产生一定的减速度，甚至停车。制动力 F_B 越大，则汽车减速度也越大。此时汽车的动能转变为热能并扩散到空气中，如图 3－39 所示

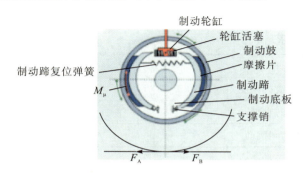

图 3－39　汽车制动时制动系统的工作原理

3）新能源汽车解制动时

解除制动时，制动踏板被放松，电动助力器（eBKV）的制动踏板传感器检测不到推杆的位移，电脑不将推杆的位移信号发送给控制器，电动机不输出扭矩，也不产生主缸推力，制动轮缸不产生液压力，不能为整车提供制动力，在回位弹簧的作用下，制动蹄回到原位。同时蹄鼓间隙得到恢复，因而制动作用被解除，如图 3－38 所示。

3.2.4　鼓式制动器的特点

1）优点

鼓式制动器造价便宜，而且符合传统设计。四轮汽车在制动过程中，由于惯性的作用，前轮的负荷通常占汽车全部负荷的 70%～80%，前轮制动力要比后轮大，后轮起辅助制动作用，因此汽车生产厂家为了节省成本，就采用前盘后鼓的制动方式。不过对于重型车来说，由于车速一般不是很高，刹车蹄的耐用程度也比盘式制动器高，因此许多重型车至今仍使用四轮鼓式的设计。

2）缺点

鼓式制动器的制动效能和散热性都要差许多，鼓式制动器的制动力稳定性差，在

不同路面上制动力变化很大，不易于掌控。而由于散热性能差，在制动过程中会聚集大量的热量。制动块和轮鼓在高温影响下较易发生极为复杂的变形，容易产生制动衰退和振抖现象，引起制动效率下降。另外，鼓式制动器在使用一段时间后，要定期调校刹车蹄的空隙，甚至要把整个刹车鼓拆出，清理累积在内的刹车粉。

任务实施

1. 作业说明

经维修技师检查发现，ID.4 汽车前轮出现刹车不灵的原因是该车后轮制动器的制动摩擦片与制动鼓的间隙过大，需通过拆卸该车的后轮制动器，对其制动盘进行检测和修整来消除故障。

2. 技术标准与要求

名　　称	要　　求
制动摩擦盘的厚度	
制动鼓的直径	
制动盘的圆跳动	

注：请学员查阅维修资料后填写。

3. 设备器材

(1)设备与零件总成。

_____

_____

(2)常用工具。

_____

_____

(3)耗材及其他。

_____

_____

注：请学员根据场地实际设备器材填写。

4. 鼓式制动器的拆检作业流程(学生制订拆检计划，实施任务，教师指导)

4.1　实训设备

(1)ID.4 汽车一辆。

（2）维修工具：车内四件套、翼子板布、前格栅布、扭力扳手、世达工具一套、抹布、SVW ST0019、绑带 T10038、Torx 工具 HAZET 1557/32、扭力扳手（2～10 N·m）、HAZET 6280-1CT、棘轮头、HAZET 6402-1、小型套装工具、HAZET 854-1、笔记本车辆诊断系统、V.A.S 6150 系列。

（3）电脑、维修手册、纸笔。

4.2　准备工作

（1）打开发动机机舱盖安装翼子板布和前格栅布。

（2）打开驾驶员车门，安装车内四件套。

（3）检查机油、制动液、冷却液液面高度。

（4）使用诊断仪查询故障。

4.3　拆卸步骤

（1）断开蓄电池的接地线。

①一名维修工在车内将变速器置于"N"挡。

②用绑带 T10038（1）将车辆靠后的两侧绑定在升降台的支撑臂上，如图 3-40 所示。

③另一名维修工举升车辆后在车外断开左/右轮侧驻车电动机 V282/283（2）的插头连接 1，如图 3-41 所示。

④车内维修工断开点火开关，从车内出来后断开蓄电池的接地线。

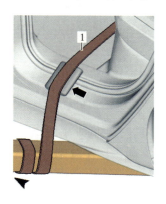

图 3-40　绑定车辆

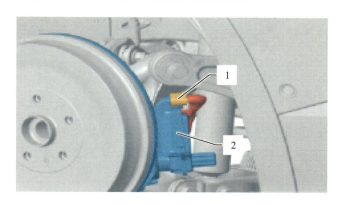

图 3-41　断开驻车电机

（2）拆卸后轮，用举升机将车辆举升到适当高度，并锁止举升机。

（3）依次旋出图 3-42 中箭头指的 Torx 螺栓，拆下制动鼓 1。

（4）拆卸制动蹄。

①拆卸右侧制动蹄。

a. 在制动底板后面固定住锁止销 2，绕着锁止销 2 转动固定夹 1，如图 3-43 所示。沿箭头方向使用装配工具 SVW ST0019 撬下固定夹 1，如图 3-44 所示。

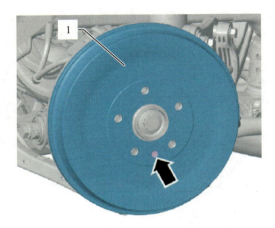

图 3 - 42　拆卸制动鼓

b. 从制动底板后面拆下锁止销 2，在拆卸的过程中防止损坏其他部件。

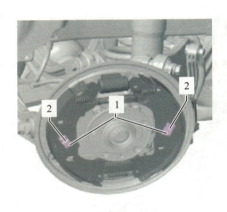

图 3 - 43　转动固定夹

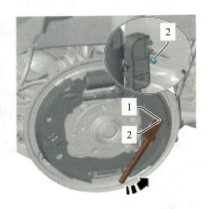

图 3 - 44　撬下固定夹(a)

c. 用卡钳 4 夹紧制动蹄 1 的下部，先沿箭头 A 的方向移动，将制动蹄移到下部支架 2 的前面，再沿箭头 B 的方向移动，从下部支架 2 上脱开下部回位弹簧 3，拆下下部回位弹簧 3，如图 3 - 45 所示。

d. 在制动底板后面固定住锁止销 2，沿箭头方向使用装配工具 SVW ST0019(3)撬下固定夹 1，如图 3 - 46 所示，在拆卸的过程中防止损坏其他部件。

e. 从制动底板后面拆下锁止销。

②拆卸左侧制动蹄。

a. 用卡钳 3 夹紧带制动推杆的制动蹄 1 的下部，先沿箭头 A 的方向移动，再沿箭头 B 的方向移动，将制动推杆的制动蹄 1 移到下部支架 2 的前面，如图 3 - 47 所示。

b. 将带制动推杆的制动蹄 1 和 2 沿箭头 A 的方向压在一起，小心地沿箭头 B 的方向将带制动推杆的制动蹄 1 和 2 连同上部回位弹簧 3 一起拉下，如图 3 - 48 所示。拆卸的过程中，注意不要损坏车轮制动分泵 5、车轮制动分泵 5 上的防尘套和自动调节器 4。

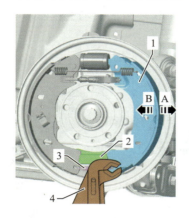

图 3-45　拆下下部回位弹簧

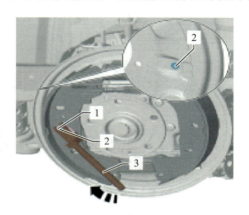

图 3-46　撬下固定夹(b)

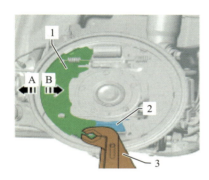

图 3-47　移动制动蹄

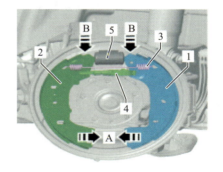

图 3-48　拉下制动蹄

  c. 向下翻转带制动推杆的制动蹄 1，沿箭头 A 的方向拉动制动拉索 2 的球头，沿箭头 B 的方向拆下制动拉索 2，如图 3-49 所示。

  d. 用一字螺丝刀将上部回位弹簧 3 沿箭头方向从制动推杆的制动蹄 1 和 2 中撬出，拆下自动调节器 4，如图 3-50 所示。

  e. 检查拆下的所有部件是否损坏，必要时更换。

  4.4　清洁

  (1)用酒精清洁制动装置。

  (2)用酒精彻底清洁制动器支架接触面上的锈蚀、油脂和其他附着物。

  4.5　检修

  1)检测制动蹄摩擦衬层

  (1)检查制动蹄摩擦衬层有无沟槽、烧蚀、硬点、偏磨。

  (2)在摩擦衬层上选择 3 个点，用游标卡尺依次测量它们的厚度，并记录测量数值。查询维修手册，进行数值对比，查看测量数值是否在标准数值范围内，如果测量数值小于规定值，表明摩擦片已达到磨损极限，应予以更换，如果不得不更换任何一个制动蹄片，则需要换左右两轮的全部蹄片。如果仪表板的制动磨损报警灯亮，就说明制动蹄磨损达到极限，应更换制动蹄片。

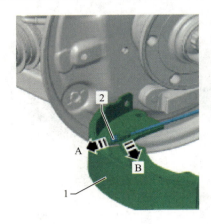
图 3-49　拆下制动拉索

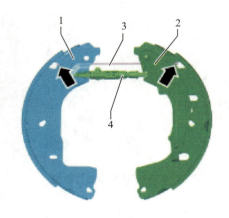
图 3-50　拆下自动调节器

2）检测制动间隙

①检查轮毂轴承是否松动。

支起受检车轮，使车轮能自由转动。两手用力按压轮胎外周检查轮毂轴承是否松动，如果有松动，应予调整。否则，不能正确地调整制动器间隙。在检查制动摩擦片的同时，可用塞规测量制动鼓与制动蹄片之间的间隙，如果间隙超过标准，应进行调整。

②检测制动间隙。

检查制动器间隙必须在制动鼓处于冷却状态时进行。顶起车轮并确认轮毂无摇动，拆下调整孔的防尘塞，检查蹄片的质量，如果磨损到使用极限标记的阶梯处时，应及时更换蹄片。

检查车轮制动器蹄与制动鼓间隙时，将制动踏板踩到底，测量制动踏板外边缘至驾驶室前围板的距离应不小于规定值，若小于规定值，说明制动摩擦片磨损，制动间隙增大，应进行调整。

③调节自动调节器。

为了在制动器处达到所需的直径，必须手动调节自动调节器。如果直径太小，有可能上部回位弹簧张力太小，无法保证设置功能。如果不能完全进行手动调整，则存在制动蹄过早磨损的风险，自动调节器掉落或严重损坏。调整自动调节器时要小心，不能损坏，任何损坏都会对自动调节器和制动器造成影响，即使是最小的缺口、碎片和变形也会损害自动调节器的使用寿命。

通过旋转图 3-51 中的螺栓调节自动调节器，调节时按图示箭头的方向旋转 A，使调节器两端箭头 B 处于"微调"状态。

4.6　安装

（1）按照标准流程依次安装制动蹄及组件、制动鼓和轮胎。

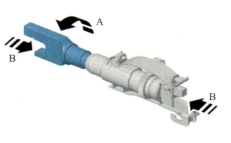

图 3-51　调节自动调节器

（2）按规定力矩拧紧螺栓、螺母。

（3）连接蓄电池 A 接地线。

4.7　检查制动效果

（1）打开点火开关。

（2）手动在"P"挡和"N"挡之间切换 4 次。

（3）踩下制动踏板 15 次。

（4）观察机电式驻车制动器按钮 E538 的工作情况，E538 关闭时，车轮能自由旋转，开启时，车轮处于被锁死的状态。

5. 填写考核工单

一、查询并记录车辆信息					
品牌		整车型号		生产日期	
发动机型号		发动机排量		行驶里程	
车辆识别码					
二、查询用户手册，记录车辆保养项目里程及周期				□纸质档 □电子档	

1. 拆装步骤及紧固规格（拆卸后需向考官报备）

制动鼓拆装步骤	第___章___节___页	Torx 螺栓的扭力规格
制动蹄拆装步骤	第___章___节___页	用_____清洁制动装置和制动器支架上的接触面上的_____、_____和_____

2. 制动盘的检查及测量

（1）是否需要清洁制动盘的内外侧。　是 □　否 □

（2）目测制动盘有无_____和_____

检测项目	测量值	磨损极限	是否需要修复	是否需要更换
摩擦片的厚度			是 □　否 □	是 □　否 □
制动鼓			是 □　否 □	是 □　否 □
制动摩擦片与制动鼓的间隙		是否需要调整　　　是 □　否 □		

自我测试

(1)简述大众 ID.4 汽车后轮制动器的结构特点。

_____

_____

(2)简述大众 ID.4 制动蹄的拆装步骤。

_____

_____

(3)简述汽车鼓式制动器的检修项目。

_____

_____

_____

拓展学习

鼓式制动器的保养及发展

(1)鼓式制动器的保养

当衬块磨损时，制动蹄和鼓之间将产生更多的空间。汽车在倒车过程中停止时，会推动制动蹄，使它与鼓靠紧。当间隙变得足够大时，调节杆会摇动足够的幅度，使调节器齿轮前进一个齿。调节器上带有像螺栓一样的螺纹，因此它可以在转动时松开一点，并延伸以填充间隙。每当制动蹄磨损一点时，调节器就会再前进一点，因此它总是使制动蹄与鼓保持靠近。一些汽车的调节器在使用紧急制动器时会启动，如果紧急制动器有很长一段时间没有被使用，则调节器可能无法再进行调整。因此，对于装有这类调节器的汽车，一周应至少使用一次紧急制动器。

(2)鼓式制动器的发展

汽车制动器已基本实现前盘后鼓的配置，甚至部分档次稍高的汽车已实现前后均为盘式制动。随着我国汽车工业的发展，国家标准对汽车制动性能的要求日益严格，在一些商用车上也开始出现前盘后鼓，甚至前盘后盘的配置。

电子制动系统检测与维修

任务引入

客户张先生的 ID.4 汽车来店进行车辆故障检修，据张先生反映，该车近期会出现 (ABS) 图示，经省级技能大师检查发现，原因是 ABS 系统出现问题。

学习目标

（1）叙述汽车电子制动系统的功用、类型，正确描述新能源汽车电子制动系统的结构。

（2）正确描述传感器的作用、工作原理。

（3）知道盘式制动器的类型、特点。

（4）根据故障现象，通过分组讨论，分析电子制动控制系统故障原因，能制订检修计划。

（5）能够按规范选择、使用工具，并能按照规范拆装电子制动系统，会查询维修手册，能进行数据分析。

（6）查阅维修手册，具备信息检索、数据分析的素养。

（7）通过分析电子制动控制系统的故障原因，制订拆检计划，训练自身分析、解决问题的能力，从而提高逻辑思维能力。

（8）通过为客户诊断和排除故障，学习汽车维修领域的维修技能，具备规范、严谨、细致、专注、负责的工作态度和精益求精的工作理念。

3.3.1　汽车防抱死制动系统的功能、分类与组成

3.3.1.1　汽车防抱死制动系统的功能

ABS(antilock brake system)即防抱死制动系统，它用来防止制动时车轮抱死，即在汽车制动时仍能保证轮迹的稳定及正常的转向功能。

车轮和道路之间的摩擦力由于各种因素的影响不断地发生变化，因此全制动时，总有一个或多个车轮倾向于抱死。人们把抱死的车轮称为100%滑动。抱死的车轮会在路面上打滑，就像橡皮擦在纸张上擦拭一样。随着附着力的消失，无法再形成足够的侧向力来保持车辆的行驶路线。车辆由于离心力的作用偏离原有路线，无法操控。图3-52为无ABS的车辆在湿滑的路面上全制动时，车轮抱死，车辆出现打滑现象。

直到第一代ABS系统实现量产，才终于有了应对这种危险情况的有效方法。ABS能防止制动时出现车轮抱死的情况，提高行驶稳定性，它还能把相应车轮上的制动力减少到刚好能传递最大静摩擦力的程度。从而再次将力传递到路面，保持车辆的可操控性。图3-53为有ABS的车辆在湿滑的路面上全制动时，车轮上的制动力被降低，从而避免车轮抱死，保持车辆的可控制性。

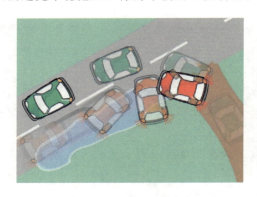

图3-52　无ABS的车辆　　　　　图3-53　有ABS的车辆

防抱死制动系统ABS是所有防滑控制系统的基础，并且是仅通过制动干预的制动系统。EBV、EDS、CBC、ABSplus及GMB都属于ABS系统的软件扩展或是通过ABS系统的附加组件扩展得到的。ASR是ABS装置的扩展，该系统除了能够采用主动干预制动外还可以干预驱动电动机管理系统。M-ABS和MSR属于仅通过发动机管理系统干预的制动系统。

ESP(electronic stability program)即电子稳定程序，本装置可在适当时候启用制动

器及发动机管理系统，以防止车辆侧滑。只要装有 ESP，那么车上所有防滑控制系统都隶属于它。如果关闭 ESP 功能，一些防滑控制系统可以单独工作。新能源汽车 ABS 控制单元一般都有 ESP 功能。

当控制电子装置检测到实际的车辆行驶情况与驾驶员希望的结果不一致时，电子稳定性调节系统 ESP 可以单独干预车辆行为。电子稳定性调节系统 ESP 决定在什么样的行驶动态条件下，什么时候启用或禁用哪些防滑控制系统，故可说 ESP 起着主导作用。

3.3.1.2 ABS 的分类

1）按控制器所依据的控制参数不同分类

（1）以车轮滑移率 S 为控制参数的 ABS 控制器根据车速和车轮转速传感器的信号计算车轮的滑移率，作为控制制动力的依据。

（2）以车轮角减速度为控制参数的 ABS 控制器主要根据车轮转速传感器的信号计算车轮的角减速度，作为控制制动力的依据。

（3）以车轮角减速度及滑移率为控制参数的 ABS 控制精度较高，制动时车轮在最佳转速值上下波动的范围较小。

2）按 ABS 的结构不同分类

（1）液压制动系统 ABS：广泛应用于轿车和轻型载货汽车。

（2）气压制动系统 ABS：主要用于中、重型载货汽车。

（3）气顶液制动系统 ABS：兼有气压和液压两种制动系统的特点，应用于部分中、重型载货汽车。

3）按功能和布置的形式不同分类

（1）后轮防抱死 ABS：只对汽车的后轮进行防抱死控制。这种形式只在一些轻型载货汽车上使用。

（2）四轮防抱死 ABS：对汽车的前后四轮都进行防抱死控制。现代汽车基本上都用这种系统。

4）按液压调节系统的组合形式分类

（1）分置式 ABS：制动压力调节器、制动主缸和制动助力器分别为独立的总成，管路布置灵活，使用广泛。

（2）整体式 ABS：制动压力调节器、制动主缸和制动助力器组合为一个整体，结构紧凑，管路少，形成液压件总成。

5)按制动助力形式分类

(1)总泵上有真空助力器的 ABS：结构简单，便于维修，使用广泛。

(2)总泵上无真空助力器的 ABS：利用储能器对总泵中的助力活塞进行助力，不受发动机熄火的影响，有 20 次以上的助力制动。

3.3.1.3 ABS 的基本组成（以整体式四轮防抱死液压制动系统为例）

ABS 系统包括液压单元（电子回流泵、两个阻尼室、两个蓄压器、ABS 输入阀和输出阀各四个、多个用于控制制动液流动方向的止回阀），ABS 控制单元，四个车轮转速传感器，识别制动状态的制动灯开关，ABS 指示灯，以及两个独立的制动回路，通过制动助力器提供制动液和制动压力，如图 3-54 所示。

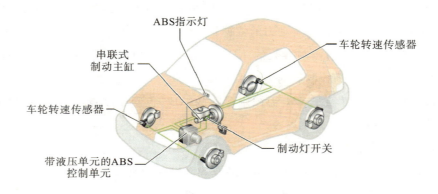

图 3-54 ABS 系统组成

制动装置分布在两个独立的制动回路中，保证了车辆的安全性。如果一个回路出现故障，车辆还能够通过另一个制动回路使车辆停止。制动回路可按前、后桥布置或者按对角线布置（左前轮/右后轮、右前轮/左后轮），其中，对角线布置比较常用。

一个制动回路中的每个制动轮缸都有一个 ABS 输入阀和一个 ABS 输出阀。这样，可以单独操控每个车轮的制动。每个制动回路中的低压蓄压器帮助系统迅速卸除制动轮缸中的压力。通过回流泵从低压蓄压器中将制动液输送回到储液罐。两个制动回路都有各自独立的回流阶段，并通过共同的电动机驱动。

3.3.2 汽车防抱死制动系统的工作过程

3.3.2.1 系统总图

ABS 液压回路图如图 3-55 所示。

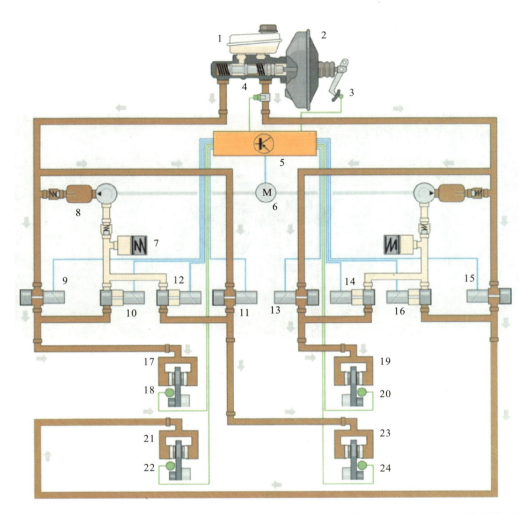

1—储液罐；2—制动助力器；3—制动踏板传感器；4—制动压力传感器；5—ABS/ESP 控制单元；
6—回流泵；7—蓄压器；8—阻尼室；9—ABS 左前输入阀；10—ABS 左前输出阀；11—ABS 右后
输入阀；12—ABS 右后输出阀；13—ABS 右前输入阀；14—ABS 右前输出阀；15—ABS 左后输入
阀；16—ABS 左后输出阀；17—左前制动轮缸；18—左前轮转速传感器；19—右前制动轮缸；
20—右前轮转速传感器；21—左后制动轮缸；22—左后轮转速传感器；23—右后制动轮缸；24—右
后轮转速传感器。

图 3-55　ABS 液压回路图

3.3.2.2 工作过程

与 ESP 不同的是，ABS 需要驾驶员操控制动，系统不能自动运行。ABS 比较四个车轮在制动时的车轮转速，如果存在单个车轮抱死的危险，ABS 会阻止继续提高制动压力。在 ABS 干预过程中驾驶员能感觉到制动踏板轻微的脉动，这是 ABS 进行干预时制动压力发生变化造成的。ABS 能阻止单个车轮抱死，从而使车辆保持良好的操控性。ABS 功能不能手动关闭。

驾驶员制动操作后的工作过程如图 3-56 所示。

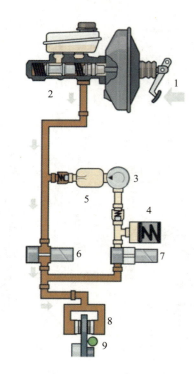

1—踩下脚制动器；2—串联式制动主缸；3—回流泵；4—蓄压器；5—阻尼室；6—ABS 输入阀；
7—ABS 输出阀；8—制动轮缸；9—车轮转速传感器。

图 3-56　驾驶员制动操作后的工作过程

制动踏板被踩下，推动推杆产生位移，电子助力器（eBKV）的制动踏板传感器检测到推杆的位移，将该位移信号发送给 ABS/ESP 控制单元，控制器计算出制动器轮缸的液压力，打开 ABS 输入阀，制动液流到制动轮缸，通过进油管进入制动轮缸，并推动轮缸活塞，制动钳在液压力的作用下产生制动力矩，制动块在活塞推动下压紧制动盘，制动盘与车轮一起减速或停止转动，车轮转速传感器将轮速信号传递到

ABS/ESP 控制单元。

3.3.2.3　保压

　　ABS 控制单元检测到一个车轮即将抱死，在关闭 ABS 输出阀的同时关闭相应车轮的 ABS 输入阀。这样就能保持制动轮缸中的压力，即使驾驶员踩下制动器压力也不会进一步升高。ABS 控制"保压"示意图如图 3 - 57 所示。

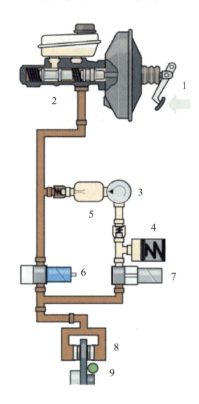

1—踩下脚制动器；2—串联式制动主缸；3—回流泵；4—蓄压器；5—阻尼室；6—ABS 输入阀；
7—ABS 输出阀；8—制动轮缸；9—车轮转速传感器。

图 3 - 57　ABS 控制"保压"

　　制动踏板被踩着，此时制动块在活塞的推动下压紧制动盘，ABS 输入阀关闭，ABS 输出阀也关闭，制动轮缸内的油压不变，轮缸活塞的位置不变，制动块对制动盘的压紧力不变，制动盘与车轮一起减速或停止转动，车轮转速传感器将轮速信号传递到 ABS/ESP 控制单元。

3.3.2.4　卸压

如果仍存在抱死的趋势，控制装置会在 ABS 输入阀关闭状态下打开 ABS 输出阀。现在制动轮缸的制动压力卸载到蓄压器内，制动块对制动盘的压力减少，这样车轮就能再次加速了。如果蓄压器的容量不足以消除车轮抱死的趋势，ABS 控制单元就会接通回流泵，以抵抗驾驶员所施加的制动压力，将制动液泵回储液罐。这时，在制动踏板上就会出现脉动，如图 3-58 所示。

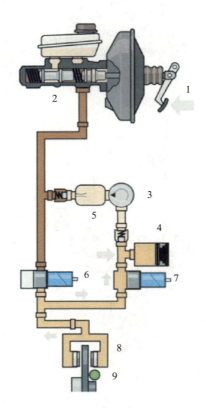

1—踩下脚制动器；2—串联式制动主缸；3—回流泵；4—蓄压器；5—阻尼室；6—ABS 输入阀；
7—ABS 输出阀；8—制动轮缸；9—车轮转速传感器。

图 3-58　ABS 控制泄压

3.3.2.5　建压

如果车轮转速再次超过设定值，则控制装置关闭 ABS 输出阀并打开 ABS 输入阀，回流泵根据需要继续运行。如果重新达到抱死限制值，重复"保压""卸压"和"建压"循环，直到制动过程结束或通过对车轮转速的比较表明不再存有抱死的危险，如图 3-59

所示。

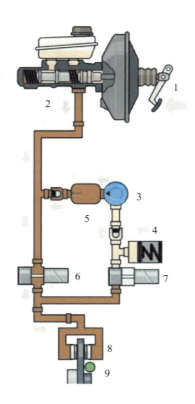

1—踩下脚制动器；2—串联式制动主缸；3—回流泵；4—蓄压器；5—阻尼室；6—ABS 输入阀；
7—ABS 输出阀；8—制动轮缸；9—车轮转速传感器。

图 3-59　ABS 控制"建压"

3.3.3　主动转速传感器

3.3.3.1　主动转速传感器的作用

为了使电子制动系统能化解或在一开始就避免危险情况，系统必须具备传感器，来感知车辆的行驶情况。须具备的传感器主要有车轮转速传感器及加速度和扭矩传感器。

3.3.3.2　主动转速传感器的构造

主动转速传感器的工作原理是霍尔原理或磁阻效应。主动转速传感器由一个传感器元件和一个参考系组成，传感器元件由磁场传感器和传感器电子元件组成。主动转速传感器上表面有两种相反磁性的塑料环（磁极转子）作为参考系，如图 3-60 所示。

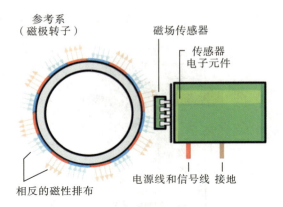

图 3-60　主动转速传感器构造

3.3.3.3　传感器的工作过程

　　在交变的磁场中放入一个磁场传感器，传感器的霍尔电压就会发生改变，或者其阻值会根据磁阻效应变化。参考环上相反极性的磁场经过磁场传感器的速率越快，霍尔电压变化也就越频繁。低转速时发出低频的电压变化信号如图 3-61 所示，高转速时发出高频的电压变化信号如图 3-62 所示，这类传感器通过电压变化的频率来计算出车轮转速。

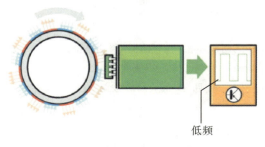

图 3-61　低转速时的传感器信号

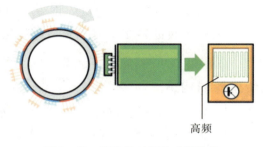

图 3-62　高转速时的传感器信号

3.3.4　ABS 控制单元功能图(图 3－63)

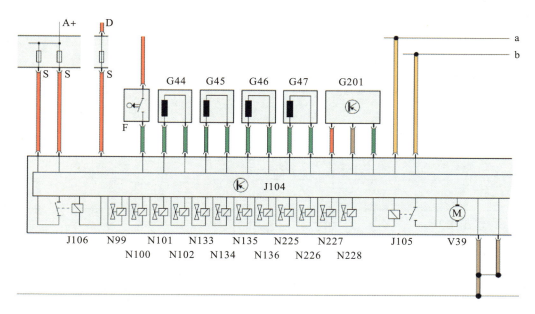

A+—蓄电池；D—点火开关；F—制动信号灯开关；G44—右后转速传感器；G45—右前转速传感器；G46—左后转速传感器；G47—左前转速传感器；G201—制动力传感器；J104—ABS 控制单元；J105—ABS 回液泵继电器；J106—ABS 电磁阀继电器；N225—行车动态控制系统开关阀-1；N226—行车动态控制系统开关阀-2；N227—行车动态控制系统高压开关阀-1；N228—行车动态控制系统高压开关阀-2；S—保险丝；V39—ABS 回液泵；a—CAN（高位）；b—CAN（低位）；N99—右前 ABS 进液阀；N100—右前 ABS 排液阀；N101—左前 ABS 进液阀；N102—左前 ABS 排液阀；N133—右后 ABS 进液阀；N134—左后 ABS 进液阀；N135—右后 ABS 排液阀；N136—左后 ABS 排液阀。

图 3－63　ABS 控制单元功能图

任务实施

1. 作业说明

经维修技师检查发现，ID.4 汽车右前轮轮速传感器出现故障，对其进行检测和修整来消除故障。

2. 技术标准与要求

名　称	要　求
螺栓拧紧力矩	
右前轮速传感器电阻	

注：请学员查阅维修资料后填写。

3. 设备器材

(1)设备与零件总成。

_____

_____

(2)常用工具。

_____

_____

(3)耗材及其他。

_____

_____

_____

注：请学员根据场地实际设备器材填写。

4. 前桥转速传感器拆装检测(以 ID.4 车型为例)作业流程(学生制订拆检计划，实施任务，教师指导)

4.1　拆装传感器 G47

1)拆卸步骤

(1)升高车辆。

(2)将电气插头连接 2 从左前转速传感器 G47 上松开并拔出。

(3)拧出螺栓 1，并从车轮轴承壳体中拔出左前转速传感器 G47，如图 3 - 64 所示。

2)安装传感器 G47

(1)安装以拆卸的倒序进行。

(2)注意事项：在装入转速传感器前要清洁孔的内表面，用螺栓热膏涂抹转速传感器的四周。

螺栓拧紧力矩为 8 N·m。

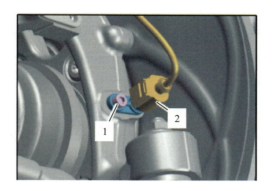

图 3 - 64　拆卸传感器 G47

3）检测传感器 G47

如图 3 - 65 所示，检测 G47 两端子间的电阻值。

J104

| N226 | N227 | N228 | N200 | N201 | | N202 | N251 |

| T46a /7 CAN-H | T46a /8 CAN-L | T46a /21 SIG | T46a /22 SIG | T46a /23 SIG | T46a /24 SIG | T46a /4 SIG | T46a /5 GND | T46a /10 SIG | T46a /11 GND |

| 0.35 or/ws | 0.35 or/br | | | | | | | | |

| | | 0.35 | 0.35 | 0.35 | 0.35 | 0.5 | 0.5 | 0.5 | 0.5 |

| | | T17aa /13 SIG | T17aa /12 SIG | T17aa /11 SIG | T17aa /10 SIG | T2al /1 SIG | T2al /2 GND | T2am /1 SIG | T2am /2 GND |

| 65 | 64 | E538　K213 | | | | G47 | | G45 | |

| | | J257 | | | | | | | |

图 3 - 65　检测传感器 G47

5. 填写考核工单

一、查询并记录车辆信息					
品牌		整车型号		生产日期	
发动机型号		发动机排量		行驶里程	
车辆识别码					

二、查询用户手册，记录车辆保养项目里程及周期	□纸质档 □电子档

1. 检测 ABS 控制单元

ABS 控制单元 检测步骤	在维修手册第___章___节___页
检测数据名称	
检测值	
检测结论	

2. 拆检车轮转速传感器（拆卸后需向考官报备）

注意事项：

拆装步骤	在维修手册第___章___节___页	传感器紧固扭力规格/（N·m）
检测项目	测量值	检测结论

自我测试

（1）简述大众 ID.4ABS 系统的结构特点。

_____

_____

（2）简述大众 ID.4 传感器的拆装步骤。

_____

_____

（3）简述汽车 ABS 系统的工作过程。

_____

_____

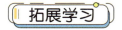

电子制动力分配系统

车辆后桥抱死时，车辆不稳定，并可能发生无法控制的跑偏。电子制动力分配系统 EBV 的功能可以避免这种危险情况。

由于车辆的重量分布特点，后桥上的车轮载荷远远小于前桥。为了获得可控的动态行驶性能，前桥车轮制动抱死应发生在后桥之前，以保持纵向行驶稳定性。

大力制动时，车辆的重量转移至前桥，导致车辆绕横轴发生俯仰运动。这一运动减少了后桥的负载。结果，后轮与地面的接触面积减少了，制动力无法传递到道路上，导致后轮抱死，就违反了上述关于制动力分配的法规。

控制系统借助车轮转速传感器识别出现俯仰时后桥是否制动过度。电子制动力分配系统通过 ABS 单元中的电磁阀调节后桥的制动力，从而为前桥和后桥提供最佳的制动力分配。这样可以避免由于后轮过度制动而导致车尾甩出。

最初的时候，后桥过度制动通过机械式制动力分配装置抵消。随着 ABS 系统的诞生，制动力分配功能也可通过车辆的液压制动装置实现。制动时的俯仰运动和转弯时的侧倾都会导致车轮载荷发生剧烈变化，变化程度跟行驶条件相关。因此，必须对制动力进行不同的分配。相比机械式制动力分配，电子制动力分配系统能够单独控制每个后轮上的制动力，同时还能考虑到不同的道路条件。电子制动力分配系统识别到一个或两个后轮出现减速时，会降低施加在相应车轮上的制动压力。一旦车轮显示出较强的抱死趋势，电子制动力分配系统的作用范围立即结束，这种情况由 ABS 介入。

任务 3.4

助力装置系统检测与维修

任务引入

客户张先生的 ID.4 新能源汽车来店进行车辆故障检修，据张先生反映，该车近期出现踩踏板费力的问题，经省级技能大师检查发现，该车助力装置出现问题，需要对其进行拆检。

学习目标

（1）叙述助力装置系统的功能、类型。

（2）正确描述电动助力器的作用、工作原理。

（3）知道电子真空泵的结构、特点。

（4）根据故障现象，通过分组讨论，分析电动助力器的故障原因。

（5）能描述开环与闭环控制真空制动泵的工作原理。

（6）能够按规范选择、使用工具，并能按照规范拆装制动助力器；能拆装制动踏板；会查询维修手册，能进行数据分析。

（7）查阅维修手册，具备信息检索和数据分析的素养。

（8）严格遵守企业拆制动助力器操作的规范和注意事项，做到规范操作。

（9）以小组为单位进行教学，通过团队合作的形式，营造良好的学习氛围，增强团队凝聚力，高效完成学习任务，培养相互配合、有序沟通、彼此理解、相互信任、顾全大局的团队协作精神，提高自身的团队合作能力。

（10）为客户提供高质量的服务，把学习专业知识当成一种责任、一种生活方式和一种精神追求，通过学习，不断提高理论水平、工作能力和精神境界，培养自身在汽车修护工作中坚守岗位、爱岗敬业和对客户负责的工作态度，增强职业荣誉感。

知识准备

3.4.1　汽车助力装置系统的简介

3.4.1.1　功能

电子真空助力器(electronic vacuum booster，EVB)应用于混合动力的汽车，它起着加强制动力的作用。其作用原理是在制动主泵上安装一个压力传感器，通过压力传感器感知驾驶员是否进行紧急制动行为。如果是紧急制动，车载控制电脑会启动电子真空助力器内部的电磁机构，快速将制动压力提升至助力器的最大伺服点。

电子真空助力器是汽车真空助力器行业的尖端产品。配合车辆相应的电子控制单元及传感器系统，能够开发出电子辅助制动系统(EBA)、适应巡航系统(ACC)、停-走系统(SMS)、电子稳定性控制系统(ESC)、主动避撞系统(ABC)、坡路防退系统(HHS)、电子驻车系统(EBC)、自动泊车系统(ASC)、自动驾驶系统(ADS)、爆胎检测与制动控制系统(BMBS)等先进功能。也就是说，EVB可以应用到任何需要主动控制制动系统的车辆中，实现智能驾驶和主动安全的线控制动功能。

3.4.1.2　类型

电子真空助力器主要有开环控制真空泵、闭环控制真空泵两种。

3.4.1.3　电子真空助力器的工况(以开环控制为例)

如果真空制动助力装置采用机械式开环控制，它的真空部分就与制动总泵连接，如图3-66所示。

1)松开位置

在这个位置上，外界空气通道被关闭并且真空通道被打开。膜片前后的压力相等，膜片被活塞回位弹簧固定在最终位置上。

2)部分制动位置

如图3-67所示，当踩下制动踏板时，活塞杆被移动至左面。这时，真空通道被封闭并且外界空气通道被打开，膜片后面的真空下降。由压力差产生的力克服活塞回位弹簧的力，从而把膜片、推杆和制动总泵中的活塞向左推。外界空气通道和真空通道一直打开至制动总泵中的液压压力使得阀活塞停止运动为止。外界空气通道和真空通道被关闭，从而处于准备工作状态。任何施加在制动踏板上的力的变化均会导致膜片前后压力的变化，从而导致制动力的增加或减小。

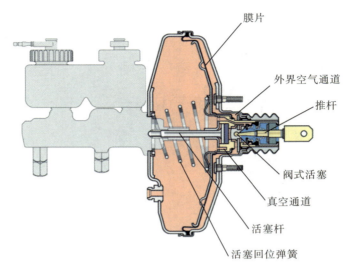

膜片
外界空气通道
推杆
阀式活塞
真空通道
活塞杆
活塞回位弹簧

图 3-66　真空助力器结构图

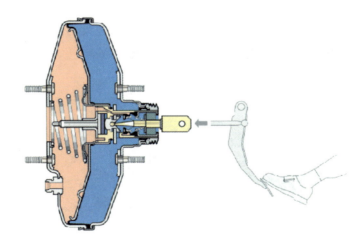

图 3-67　部分制动

3）完全制动位置

如图 3-68 所示，在完全制动位置，真空通道被关闭而且外界空气通道被完全打开。这时，膜片前后的压力差达到最大值，只有通过增加制动踏板上的作用力才可能进一步增加施加在制动总泵活塞上的力。

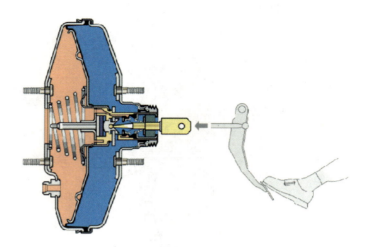

图 3-68 完全制动

3.4.1.4 电子真空泵的结构

电子真空泵主要由控制单元、排气通道、叶片泵、电动机、制动助力装置接头、座圈、叶片组成，如图 3-69 所示，两种型号的电子真空泵的结构和功能是完全相同的，然而在闭环控制式电子真空泵的壳体中没有安装控制单元。

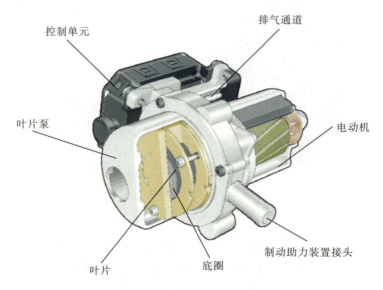

图 3-69 电子真空泵结构图

1)电动机的作用

电动机的作用是驱动叶片泵，由于存在离心力，所以座圈圆形内壁上的叶片被向外推。座圈的偏心安装位置导致进气通道的体积增加和排气通道的体积减小。因此，空气流入吸气室并且被叶片传送至泵的出口，在制动助力装置的接头就有了真空。每一次发动机启动后，电子真空泵运转约 1~2 s。

2)叶片泵的结构和功能

在叶片泵中，带可动叶片的座圈围绕着壳体中的泵轴转动。泵轴是偏心安装的，它可以改变座圈和壳体之间的气室的尺寸，具体结构如图 3-70 所示。

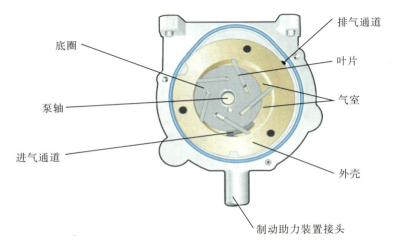

图 3-70　叶片泵的结构

电动机驱动泵轴，从而使得座圈旋转。在离心力的作用下，可动叶片处于紧靠壳体内壁的位置并且封闭住气室。这就使得由两个叶片和壳体内壁组成的气室中的空气从(制动助力装置的接头上的)吸气侧排入(排气通道上的)压力侧。泵轴的偏心位置可以减小气室的尺寸，从而压缩吸入的空气。

3.4.2　开环控制真空泵

3.4.2.1　开环控制真空泵系统概述

开环系统真空泵主要由如下结构组成，如图 3-71 所示。

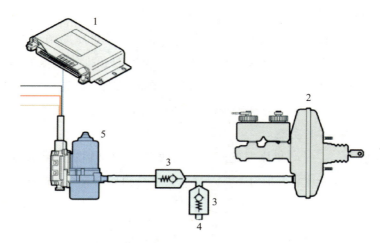

1—发动机控制单元；2—制动助力装置；3—单向阀；4—至进气歧管；5—带控制单元的电子真空泵。

图 3-71 开环系统真空泵系统

3.4.2.2 开环控制系统的特点

开环控制是系统中的一个过程，其中输出变量受输入变量的影响。开环控制系统的控制元件(例如：电子真空泵)不是由传感器监控的，所以没有信号被反馈到控制装置(如发动机控制单元)。

(1)开环控制系统中没有压力传感器，进气歧管压力参数被存储在发动机控制单元中。

(2)控制单元根据下列输入参数计算制动助力装置中的压力：

①负荷；

②发动机转速；

③节气门位置；

④制动灯开关。

发动机控制单元比较计算出的制动助力装置中的压力和存储在发动机控制单元中的进气歧管压力参数。

1)操作条件

如果计算出的进气歧管压力超出存储在进气歧管压力参数中的特性曲线，发动机控制单元就向电子真空泵的控制单元传送一个接地信号，电子真空泵开始转动，如图3-72所示。

特性曲线由环境压力确定，取决于不同的发动机控制单元，这个压力由计算或发动机控制单元中的压力传感器确定。

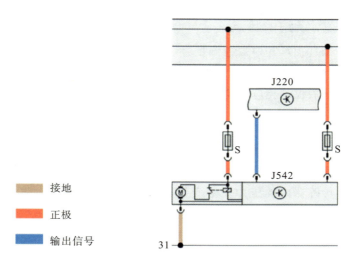

接地

正极

输出信号

元件
J220 发动机控制单元
J542 制动助力装置控制单元
S 保险丝

图 3-72　开环控制真空泵的功能图

3.4.3　闭环控制真空泵

3.4.3.1　闭环控制真空泵系统结构

制动助力装置中安装了带压力传感器的闭环控制真空泵，系统结构如图 3-73 所示。

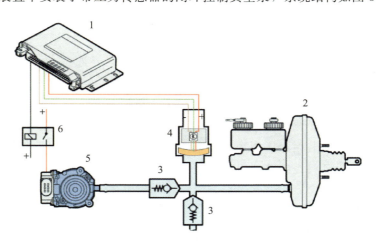

1—发动机控制单元；2—制动助力装置；3—单向阀；4—压力传感器；5—电子真空泵；6—继电器。

图 3-73　闭环系统图

3.4.3.2　闭环控制系统的特点

闭环控制是一个过程，其中被控制变量（如制动助力装置中的压力）始终由传感器（如压力传感器）进行监控。控制装置（如发动机控制单元）比较由传感器传送的测量值和存储的规定值，然后控制相应的控制元件（如电子真空泵）。

3.4.3.3　压力传感器的功能

在闭环控制系统中，通向制动助力装置的管道上安装有一个压力传感器。

点火开关接通后，压力传感器被输入一个5 V的电压。压力传感器内有一个带电阻仪的膜片。如果传感器内的压力发生变化，电阻仪上的电阻也会发生变化，这样就会通过压力传感器中的放大器产生一个电压信号。

1）在大气压力状态下

在大气压力下，因为膜片的形状变化较小，所以电阻仪的变化也较小，供给的电压只要克服较小的电阻变化，如图3-74所示。

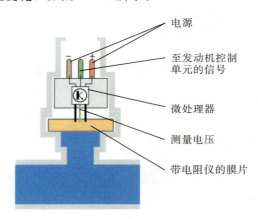

电源

至发动机控制
单元的信号

微处理器

测量电压

带电阻仪的膜片

图3-74　大气压下的传感器

2）在真空状态下

如果有真空存在，膜片的形状变化会很大，电阻仪的变化也会很大，这会导致电阻值发生很大的变化。测量电压以相同的比例下降，如图3-75所示。

压力传感器被安装在通往制动助力装置的真空管道上并且向发动机控制单元提供一个电压信号。发动机控制单元（用控制负电的方式）控制一个接通真空泵的负载电流继电器。

3）操作条件

一条控制电子真空泵的特性曲线被存储在发动机控制单元内，与开环控制系统一样，接通点取决于制动助力装置中的压力和测量的环境压力，取决于不同的发动机控制单元，这个压力由计算或发动机控制单元中的压力传感器确定（图3-76为闭环控制真空泵的功能图)。

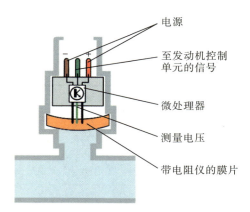

图 3-75　真空下的传感器

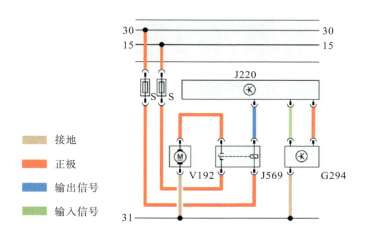

元件
G294 制动助力装置压力传感器　　　V192 制动助力装置真空泵
J220 发动机控制单元　　　　　　　S 保险丝
J569 制动助力装置继电器

图 3-76　闭环控制真空泵的功能图

任务实施

1. 作业说明

制动助力器在高压组件附近作业，在开始作业前可以不切断高压系统电源，但是必须关闭点火开关。

2. 技术标准与要求

名　称	要　求
制动主缸螺栓扭矩	
轴承座螺母的拧紧力矩	

注：请学员查阅维修资料后填写。

3. 设备器材

(1)设备与零件总成。

_____

_____

(2)常用工具。

_____

_____

(3)耗材及其他。

_____

_____

注：请学员根据场地实际设备器材填写。

4. 拆装制动助力器(以 ID. 4 CROZZ PURE 车型为例)作业流程(学生制订拆检计划，实施任务，教师指导)

4.1　拆装制动助力器

1)所需要的专用工具和维修设备

嵌入式开口扳头 FVG 1410/6、扭力扳手 HAZET 6290 - 1 CT、制动踏板压杆 FVG 1869/2、扳头 FVG 1331/2、制动液加注及排气装置 V. A. S 5234、通用管路密封塞、通用热风机、密封塞(密封塞 M10、密封塞 M12)。

2)拆卸步骤

(1)读取并记下制动助力器控制单元 J539 的编码。

(2)解锁盖板的锁止凸耳 3，如图 3 - 77 所示。

(3)取下前部车身高压接口的盖板 2。

(4)将前部车身高压接口的盖板 1 从导向件中取出。

(5)拆卸蓄电池和蓄电池架。

(6)拆卸和安装加热和空调装置的进气箱。

(7)用制动液加注及排气装置 1 从制动液储液罐 2 中抽出尽量多的制动液，如图 3 -

78 所示。

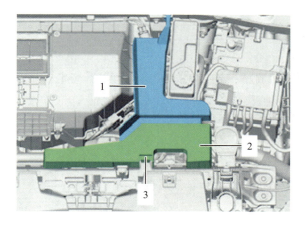

图 3 - 77 取下盖板

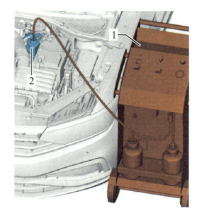

图 3 - 78 抽出制动液

(8)解锁并拔出制动助力器的插接器 1 和 2，确保不让制动液接触到触点，如图 3 - 79 所示。

(9)将足够多的非纤维抹布放在制动主缸下面。

注意事项：

①切勿将制动液与含矿物油的液体（机油、汽油、清洁剂）混合，矿物油会损坏制动装置的密封塞和密封套。

②制动液有毒，不允许用嘴通过软管抽吸。

③制动液有腐蚀性，因此不允许与油漆接触。

④禁止再次使用吸出的制动液。

⑤注意废弃物处理规定。

(10)拧出主制动缸上的制动管路 1 和 2，如图 3 - 80 所示。

(11)立即用安装件编号 5Q0 698 311 的密封塞封闭螺纹孔。

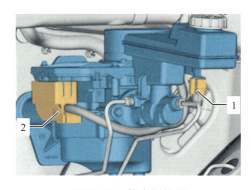

图 3 - 79 拔出插接器

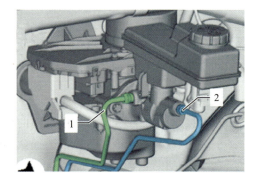

图 3 - 80 拧出制动管路

(12)用通用管路密封塞中的密封塞封闭制动管路。必要时，将排气阀防尘罩插到制动管上。

(13)从制动助力器上拆下制动踏板。

(14)拧下制动助力器螺母。

(15)切勿撬起制动助力器与前围之间的粘接连接。如果制动助力器应卡入钻孔中，必须从轴承座上松开其余两个螺母。

(16)将制动助力器小心地从前围板上拔下。

(17)小心地从车内取出制动助力器。

(18)去掉制动助力器2和前围板1上的其余黏接连接，如图3-81所示。

(19)用热风机以较小的热输送加热粘接剂残余物，然后撕下。

(20)彻底清洁表面。

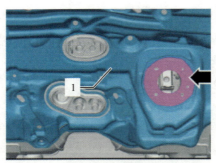

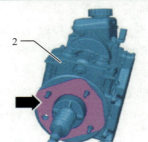

图3-81　去掉粘接连接

3)安装制动助力器

(1)安装以拆卸的倒序进行。

(2)注意事项：

①需更换制动助力器和前围板之间的密封件。

②小心地安装制动助力器并用手拧紧螺母。

③ 连接制动踏板和制动助力器。

④ 小心地安装制动管路，避免螺纹损伤。

⑤制动系统排气。

⑥制动助力器控制单元 J539，如图 3 - 82 所示。

⑦对电控机械式制动助力器进行基本设置。

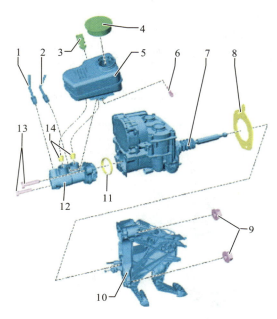

1，2—制动管路；3—制动液液位报警触点；4—封盖；5—制动液储液罐；6—螺栓；7—制动助力器；8—密封件；9—螺母；10—带制动踏板的轴承座；11—密封圈；12—主制动缸；13—螺栓；14—密封塞。

图 3 - 82　制动助力器控制单元

4.2　从制动助力器上拆下制动踏板

1）所需要的专用工具和维修设备

解锁工具 FT10159，如图 3 - 83 所示。

FT10159

图 3 - 83　解锁工具

2)拆卸制动踏板

(1)拆卸驾驶员侧脚部空间盖板。

(2)朝制动助力器方向按压制动踏板1并固定住。

(3)装入解锁工具4，并沿驾驶员座椅方向拉拔，同时顶住制动踏板1(此时踏板不允许向驾驶员座椅移动)。这样便将定位件的固定凸耳3从推杆2的球头中顶出，如图3-84所示。

(4)将解锁工具FT10159和制动踏板一起沿驾驶员座椅方向拉拔(这样制动踏板便从推杆球头上拔下)。

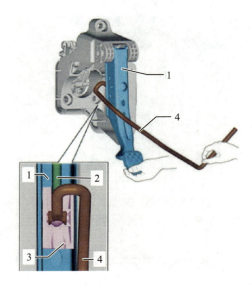

图3-84　拆卸制动踏板

3)安装制动踏板

(1)安装以拆卸的倒序进行。

(2)注意事项：

①不允许由于另外放置地垫而缩短制动踏板的行程。

②不要对轴承螺栓进行润滑或上油脂，轴承螺栓必须保持干燥状态。

(3)紧固件拧紧规格：

①六角螺母在每次拆卸后更换，螺栓的拧紧力矩为20 N·m，如图3-85所示。

②防松垫片在每次拆卸后更换。

③六角螺母的拧紧顺序：

螺母1和2→螺母3和4→螺母5，如图3-86所示。

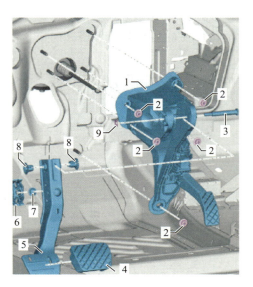

1—踏板机构/轴承座；2—六角螺母；3—轴承螺栓；4—盖帽；5—制动踏板；6—定位件（制动助力器推杆的球头）；7—轴；8—轴套；9—防松垫片。

图 3 - 85　更换六角螺母

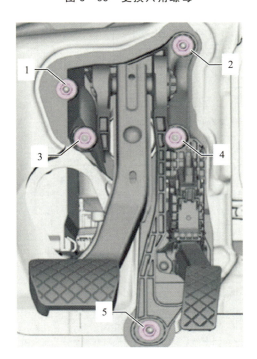

图 3 - 86　六角螺母的拧紧顺序

（4）安装制动踏板时需要连接制动踏板和制动助力器。

①将推杆的球头放到定位件前，朝制动助力器方向按压制动踏板，直至听到球头嵌入的声音。

②通过短促拉动制动踏板检查卡入情况，如图3-87所示。

图3-87　检查卡入情况

5. 填写考核工单

一、查询并记录车辆信息					
品牌		整车型号		生产日期	
发动机型号		发动机排量		行驶里程	
车辆识别码					
二、查询用户手册，记录车辆保养项目里程及周期				□纸质档 □电子档	
1. 拆卸制动助力器					
拆装步骤	在维修手册第＿＿章＿＿节＿＿页				
制动助力器控制单元 J539 的编码					
注意事项					
2. 拆卸制动踏板（拆卸后需向考官报备）					
注意事项：					
拆装步骤	在维修手册第＿＿章＿＿节＿＿页				
安装步骤	在维修手册第＿＿章＿＿节＿＿页		踏板紧固扭力规格/（N·m）		

自我测试

(1)简述大众 ID.4 CROZZ Pure 制动助力系统的结构特点。

_____

_____

(2)简述安装制动助力器的注意事项。

_____

_____

(3)简述压力传感器的工作过程。

_____

_____

拓展学习

驻车转向辅助系统

驻车转向辅助系统是大家熟知的驻车辅助系统的扩展。这种新型系统可在平行于路沿倒车入位(驻车)时为驾驶员提供帮助,这时所需要的转向运动由驻车转向辅助系统来执行。可以在两个车之间驻车,或者在一辆车的后面驻车。无论是靠右侧还是左侧路沿驻车,驻车转向辅助系统均能为驾驶员提供帮助,该系统在驻车时会在驾驶员信息系统上通过图像来引导驾驶员。

驾驶员将该系统激活后,首先需要寻找停车空位。如果找到合适的停车空位,那么驾驶员还必须驾车前行,直至车辆到达一个有利于驻车的位置。挂入倒挡后,驻车转向辅助系统就接管了转向过程,驾驶员只需要操纵油门踏板、离合器踏板及制动器踏板就可以了。

在驻车过程中如果驾驶员抓住了方向盘,那么驻车转向辅助系统就关闭了,由驾驶员来继续完成转向过程。

驻车时仍有声音警告信号来提醒驾驶员可能发生的碰撞。在驻车转向辅助系统工作结束后,驾驶员还可以再次将车调整到空位的中间位置,从而达到满意的停车位置。

任务 3.5

驻车制动系统的检测维修

任务引入

　　某顾客的大众 ID.4 汽车最近踩刹车时会出现向前滑移的问题，经省级技能大师综合诊断后，将问题锁定在驻车制动器上，需对车辆驻车制动系统进行检修。

学习目标

　　(1)掌握驻车制动系统的功用与基本组成。

　　(2)掌握驻车制动系统的分类。

　　(3)掌握电子驻车制动器的优缺点。

　　(4)掌握驻车制动系统的工作原理。

　　(5)掌握机电式驻车制动电动机的拆装方法。

　　(6)能够检查机电式驻车制动系统是否有故障，确定维修项目。

　　(7)能够拆装机电式驻车制动电动机。

　　(8)能够向技能大师学习，培养"干一行、爱一行、专一行、精一行，务实肯干、坚持不懈、精雕细琢"的工匠精神，争做能工巧匠和社会主义事业接班人。

知识准备

3.5.1　汽车驻车制动系统概述

3.5.1.1　功用

　　车辆停驶后防止滑溜；坡道上顺利起步；行车制动效能失效后临时使用或配合行

车制动器进行紧急制动。

3.5.1.2 分类

多数汽车的驻车制动器安装在变速器或分动器之后，也有少数装在主减速器主动轴的前端。因为其基本处在汽车中央的位置，所以这类制动装置又称中央制动装置。中央制动器多采用蹄鼓式制动器，它可采用高制动效能的自动增力式制动器，其外廓尺寸小，易于调整，防泥沙性能好，停车后没有制动热负荷，因而得到广泛应用。有的汽车由于底盘结构空间的限制或采用前轮驱动，在后轮制动器中加装必要的机构，使之兼做驻车制动器，即为复合驻车制动装置，但是传动机构是相互独立的。复合制动装置有强力弹簧式和车轮制动式两种。目前重型载货汽车普遍采用中央制动器，而汽车则较多采用复合驻车制动装置。

1)按照安装位置分类

(1)中央驻车制动装置。

中央驻车制动装置按照制动器的类型又可分为增力式中央驻车制动装置和凸轮张开中央制动装置。

(2)车轮制动式驻车制动装置。

在后桥车轮制动器中，加装必要的机构，使之兼做驻车制动器。

2)按照操纵方式分类

手操纵式驻车制动器和脚踩式驻车制动器。

3)按照控制方式分类

机械控制式驻车制动器和电子控制式驻车制动器。

3.5.1.3 电子驻车制动器的优点

采用电动机械式驻车制动器具有以下优势：

(1)通过中控台上的一个人机工程学按钮进行操作。

(2)可在所有条件下"拉紧"和"松开"电动机械式驻车制动器(EMF)。

(3)即使在低摩擦系数的路面上也能通过控制系统(ABS)确保动态紧急制动功能。

(4)取消驻车制动器拉杆为中控台区域提供了更多装载空间。

3.5.1.4 电子驻车制动系统的工作原理

1)电子驻车制动系统定义

电子驻车制动系统也就是电子手刹。电子驻车制动系统(electrical park brake, EPB)是指将行车过程中的临时性制动和停车后的长时性制动功能整合在一起，并且以电子控制方式实现停车制动的技术。

2）电子驻车制动系统组成

EPB系统主要由电控机械制动控制单元、ABS控制单元、后轮制动执行器、离合器位置传感器、电控机械驻车制动按钮等部件组成。

3）电子驻车制动系统工作原理

如图3-88所示，当需要驻车制动时，EPB按钮被按下，E538信号反馈给电控机械制动控制单元J540，J540启动电动机V282和V283。电动机通过皮带和斜盘式齿轮减速机构驱动丝杆，通过丝杆的旋转运动，止推螺母沿着丝杆螺纹向前移动。止推螺母与制动器活塞接触并按压制动摩擦片，制动摩擦片压到制动盘上。当发生上述情况后，朝向制动摩擦片的密封圈被挤压变形，此压力使得电动机的电流升高。在整个制动过程中，电控机械制动控制单元测量电动机的电流。如果电流超过了某一特定值，控制单元切断通往电动机的供给电流。当要解除驻车制动时，止推螺母就沿着丝杆自转旋回，制动器活塞释放压力。密封圈的复原引起制动盘可能的失衡促使制动器活塞回退，制动摩擦片脱离制动盘。

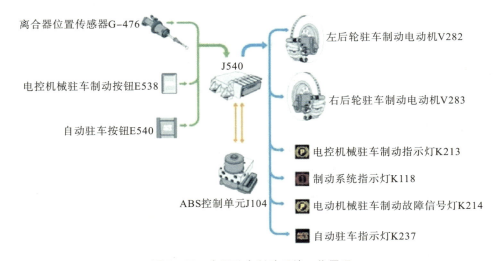

图3-88　电子驻车制动系统工作原理

3.5.2　机电式驻车制动器的结构

机电式驻车制动器的结构如图3-89所示。

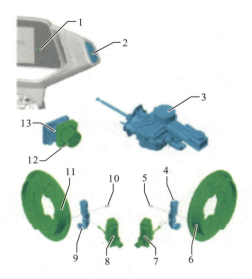

1—机电式驻车制动器指示灯；2—机电式驻车制动器按钮；3—制动助力器；4—支架；5，10—内六角螺栓(8 N·m)；6—右后带制动蹄的制动底板；7—右侧驻车电动机；8—左侧驻车电动机；9—支架；11—左后带制动蹄的制动底板；12—带 ABS 控制单元的 ABS 液压单元；13—机电式驻车制动器控制单元。

图 3-89 机电式驻车制动器的结构

任务实施

1. 作业说明

某顾客的大众 ID.4 汽车最近踩刹车时，出现向前滑移的问题，可能是驻车制动器压力开关、机电式驻车制动控制单元、EPB 故障显示屏、锁止电动机等原因造成的，需要检查左/右机电式驻车电动机相关连接、管路、卡扣或拆下驻车锁止电动机进行检修。

2. 技术标准与要求

名 称	要 求
激活 TUV 模式	
进入 TUV 模式	
结束 TUV 模式	

注：请学员查阅维修资料后填写。

3. 设备器材

(1)设备与零件总成。

_____

_____

(2)常用工具。

_____

_____

(3)耗材及其他。

_____

_____

注：请学员根据场地实际设备器材填写。

4. 拆卸和安装左/右侧驻车电动机作业流程(学生制订拆检计划，实施任务，教师指导)

4.1 拆装步骤

拆卸和安装左/右侧驻车电动机时，需要两名汽车维修工，一名维修工在车内挂"N"挡，另一名维修工在车外断开左/右侧驻车电动机的插头连接。

1)拆卸

(1)用绑带 1 将车辆靠后的两侧绑定在升降台的支撑臂上，举升车辆(图 3 - 90)。

(2)车内维修工断开点火开关，从车内出来。

(3)断开蓄电池的接地线。

(4)拆下后车轮。

(5)拆卸制动鼓。

(6)用一字螺丝刀插入制动蹄的开孔中，沿正确方向推制动推杆。

(7)旋出固定左/右侧驻车电动机和支架的内六角螺栓。

(8)沿箭头 A 的方向将左/右侧驻车电动机 1 和支架 2 从制动底板的卡扣(箭头)中脱开(图 3 - 91)。

(9)沿箭头 A 的方向用一字螺丝刀松开支架 2 的固定卡扣(图 3 - 92)。

(10)沿箭头 B 的方向转动支架 2，脱开左/右侧驻车电动机 1 的卡扣。

(11)沿箭头 C 的方向将支架 2 从左/右侧驻车电动机 1 上拆下。

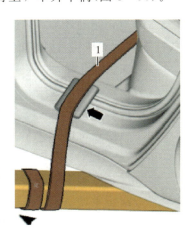

图 3 - 90　绑定车辆

2)安装

(1)安装以拆卸的倒序进行。

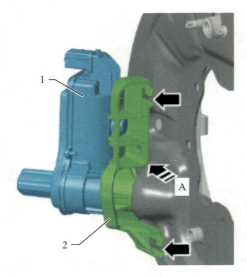

图 3-91　左/右侧驻车电动机附件 1　　　图 3-92　左/右侧驻车电动机附件 2

(2)用新内六角螺栓拧紧左/右侧驻车电动机和支架。

(3)连接左/右侧驻车电动机的插头。

(4)打开点火开关。

(5)踩下制动踏板 15 次。

(6)检查制动效果，未按下机电式驻车制动器按钮时，车轮能自由旋转。按压机电式驻车制动器按钮时，车轮处于被锁死的状态。

(7)安装后车轮。

(8)在试车的过程中检查制动效果。

(9)拧紧力矩。

4.2　检查机电式驻车制动器

1)激活"TUV 模式"

(1)没有影响滚筒测功机功能的故障(例如转速传感器故障)。

(2)安全带已系上。

(3)后桥位于单轴式滚筒测功机中。

(4)没有挂入挡位。

(5)已生成行驶准备就绪(至少 3 s)。

(6)前轮必须保持静止(至少 3 s)。

(7)后轮必须以 2~9 km/h 的速度匀速转动至少 3 s。

2)进入"TUV模式"时，黄色的电子驻车制动器故障指示灯亮起

(1)在"TUV模式"中，机电式驻车制动器不会在首次按下按钮时完全接合。

(2)连续两次按下电子驻车制动器故障指示灯会逐级增大制动力。

(3)第一次操作：驻车制动器的两侧到达放置点。

(4)第二次操作：驻车制动器的两侧完全张紧。

3)结束"TUV模式"

一旦不再满足"TUV模式"的条件，将立即退出"TUV模式"，例如：前轮速度大于0 km/h，后轮速度小于2.5 km/h或大于9 km/h。

5. 填写考核工单

一、查询并记录车辆及制动系统信息			
车辆型号		生产日期	
制动系统版本		行驶里程	
查询用户手册，记录制动系统保养项目里程及周期			

二、检查左/右机电式驻车电动机相关连接、管路、卡扣	
检查项目	检查结果
是否挂入"N"挡	是□ 否□
是否断开左/右侧驻车电动机的插头连接	是□ 否□
是否断开点火开关	是□ 否□
是否拆下蓄电池接地线	是□ 否□
安装完毕后是否检查了制动效果	是□ 否□

三、拆装步骤及紧固规格（拆卸后需向考官报备）		
机电式驻车电动机拆装步骤	在维修手册___模块 ___任务___页	驻车电动机六角螺母、拆卸驻车电动机所用扭力扳手规格/(N·m)

四、检查机电式驻车制动器		
检查项目		检查结果
激活"TUV模式"	安全带是否系上	是□ 否□
	有没有挂入挡位	有□ 无□
	前轮是否保持静止	是□ 否□
进入"TUV模式"	第一次操作	
	第二次操作	
结束"TUV模式"	结束TUV模式满足的条件	·

自我测试

(1)简述驻车制动器的功用与组成。

_____

_____

(2)试分析驻车制动器的工作原理。

_____

_____

(3)简述驻车电动机的拆卸步骤。

_____

_____

拓展学习

新型驻车制动器——压缩空气驻车制动器

空气制动系统的驻车制动器是通过使用压缩空气来工作的。当驻车制动器被启动时，弹簧推动刹车片，为了释放驻车制动器，压缩空气被引入弹簧式执行器，压力与弹簧的力量相抵。压缩空气的流量由车辆的驾驶员通过所谓的手刹阀来控制。

在停车位置，杠杆被一个机械锁锁定。要松开驻车制动器，司机首先需要解开机械锁，通常是通过拉动机械锁来实现的，然后可以将控制杆移动到释放位置并通过一个扭力弹簧保持在那里。杠杆在停车和释放位置之间的移动过程中，由于杠杆控制着一个气动比例阀，所以压力和制动力在弹簧制动器执行器中是按比例变化的。

驻车制动阀是一个非常可靠的装置，但需要驾驶员操作。如果在司机离开驾驶室之前没有将其切换到停车状态，车辆就会溜走并导致事故的发生。这是汽车行业引入电子系统的基本动机，即使在驾驶员忘记操作的情况下，该系统也能启动驻车制动器。

汽车行业引入电动驻车制动器，意味着驾驶员使用开关或操纵杆，产生一个电子信号来指挥驻车制动阀单元，它可以实现自动停车等功能。

模块四
安全系统性能检测与维修

安全防盗系统检测与维修

任务引入

　　一辆大众 ID.4 新能源汽车，用户反映遥控钥匙可以开启车门，主驾驶侧车门无钥匙进入功能失效，操作时钥匙指示灯不闪烁，其他车门无钥匙进入功能正常。经省级技能大师验证，和客户反映的现象一致，技师甲说可能是主驾驶车门的问题，技师乙说可能是遥控钥匙的问题，最后经过大家讨论、查看电路图分析原因后认为是主驾驶侧车门接触传感器的问题。

学习目标

　　(1)掌握安全防盗系统的作用、构造与组成。

　　(2)理解安全防盗系统的工作原理。

　　(3)能够按照规范进行安全防盗系统的故障诊断。

　　(4)能够规范选择、使用工具和诊断仪器。

　　(5)能够在工作过程中与小组成员合作、交流，养成团队合作意识，锻炼沟通能力；养成 7S 的工作习惯。

　　(6)通过咨询有经验的技师、和团队成员讨论等措施，解决问题。

知识准备

　　汽车安全防盗系统是指防止汽车本身或车上的物品被盗所设的系统。它由电子控制的遥控器或钥匙、电子控制电路、报警装置和执行机构等组成。最早的汽车门锁是机械式门锁，只用于汽车行驶时防止车门自动打开而发生意外，只起行车安全作用，不起防盗作用。随着社会的进步、科学技术的发展和汽车保有量的不断增加，后来制造的汽车、货车车门都安装了带钥匙的门锁。这种门锁只控制一个车门，其他车门是靠车内门上的门锁按钮进行控制的。为了更好地发挥防盗作用，有的车上还装有一个转向锁。转向锁是用来锁止汽车转向轴的。转向锁与点火锁设在一起，安装在转向盘下，它用钥匙来控制。即点火开关切断点火电路使新能源汽车高压下电，将点火钥匙再左旋至极限位置的挡位，锁舌就会伸出嵌入转向轴槽内，将汽车转向轴机械性锁止。即使有人将车门非法打开，由于转向盘被锁止，汽车也不能实现转向，故不能将汽车开走，于是起到了防盗的作用。有的汽车设计和制造时就没有转向锁，而是用拐杖锁锁止转向盘，使转向盘不能转动，也可起到防盗作用。有的汽车在变速器上设有机械锁，将变速器操纵杆锁止，使盗窃者不能挂挡而使汽车不能移动。点火开关是用来接通或断开发动机点火系统的电路，根据一把钥匙开一把锁的道理，也起到了一定的防盗作用。由于汽车技术不断发展，多数汽车上都安装了中央门锁，即实现了汽车上的车门门锁和行李箱锁的集中控制。

随着电子技术的发展，在原有中央门锁的基础上，又发展到现在的电子门锁、微机控制的带自动报警的防盗系统、电子密码点火（钥匙）锁等，使汽车门锁实现了电子控制。汽车防盗装置按其发展过程可分为机械锁防盗装置、机电式防盗装置和电子防盗装置三个阶段。

4.1.1　中控门锁系统

1）功能

(1)将驾驶员车门锁扣按下时，其他几个车门、油箱盖及行李箱门都能自动锁定，如用钥匙锁门，也可同时锁好其他车门和行李箱门。

(2)将驾驶员车门锁扣拉起时，其他几个车门及行李箱门锁扣都能同时打开，用钥匙开门，也可实现该动作。

(3)在车室内个别车门需打开时，可分别拉开各自的锁扣。

2）组成

中控门锁的工作原理是将电能转化为机械能，用电动机带动齿轮转动来开关车门。中控门锁的基本组成主要有门锁开关、门锁执行机构、门锁控制器。

(1)门锁开关。

大多数中控门锁的开关由总开关和分开关组成，总开关装在驾驶员身旁的车门上，总开关可将全车所有车门锁住或打开；分开关装在其他各车门上，可单独控制一个车门。

(2)门锁执行机构。

门锁执行机构受门锁控制器的控制，执行门锁的锁定和开启任务，主要有电磁式、直流电动机式和永磁电动机式三种结构。

(3)门锁控制器。

门锁控制器是为门锁执行机构提供锁/开脉冲电流的控制装置，具有控制执行机构通电电流方向的功能，同时为了缩短工作时间，具有定时的功能。按其控制原理大体可分为晶体管式、电容式和车速感应式 3 种。

3）无线遥控功能

中控门锁的无线遥控功能是指不用把钥匙键插入锁孔中就可以远距离开门和锁门。

4）遥控的基本原理

从车主身边发出微弱的电波，由汽车天线接收该电波的信号，经电子控制器 ECU 识别信号代码，再由该系统的执行器（电动机或电磁线圈）执行启、闭锁的动作。

图 4-1 为大众车型中控门锁系统控制原理图，用遥控器可以在一定距离内打开车门。按下遥控器解锁按钮，遥控器发出高频信号，J519 内的中央门锁内部天线 R47 接收信息，如果匹配成功，激活 J519，J519 内的中央门锁内部天线 R47 发送询问信息（高频信号），钥匙收到询问信号，长闪一次发送解锁信号（高频信号，相当于按下了解锁按钮），J519 判断钥匙信息是否正确，如果正确就解除车身防盗系统，进行如下操作：J519 发出车门解锁指令，通过舒适 CAN 发布指令，驾驶员侧车门控制单元 J386 根据此信号，控制驾驶员车门中央门锁电动机 V56 解锁左前门锁、闪烁驾驶员侧外后

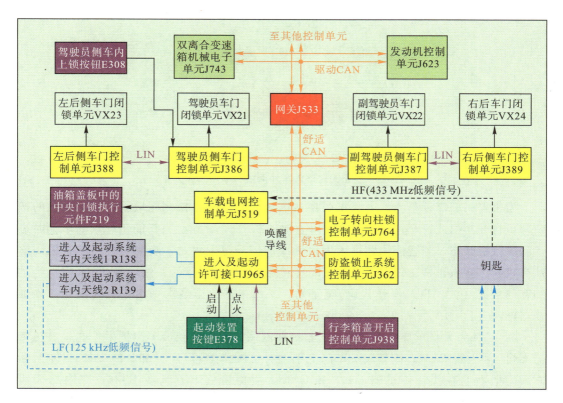

图 4-1　中控门锁系统控制原理图

视镜警告灯 L131、驱动驾驶员侧后视镜内折电动机 V121、展开左侧后视镜；J386 通过 LIN 线给左后侧车门控制单元 J388 发出解锁指令，J388 控制左后车门中央门锁电动机 V214 解锁左后车门锁。副驾驶员侧车门控制单元 J387 根据 J519 的解锁指令，控制 V57 解锁右前门锁、闪烁 L132 副驾驶员侧外后视镜警告灯、驱动副驾驶员侧后视镜内折电动机 V122 展开右侧后视镜；通过 LIN 线给右后侧车门控制单元 J389 发出解锁指令，J389 控制 V215 解锁右后门锁。

4.1.2　无钥匙进入系统

无钥匙进入系统的功能：无钥匙系统包含无钥匙进入和无钥匙启动两项功能，英文名称为 passive keyless entry 和 passive keyless start。它们的英文名称反映了这种钥匙的被动性（passive），即不需要人主动去拧钥匙，即可开锁。

无钥匙系统相对于普通的遥控钥匙（英文名称为 remote keyless entry），操作和防盗性能都更加先进。图 4-2 为某车型的无钥匙进入车外天线和车内天线分布，主驾驶侧车门门把手和副驾驶侧车门门把手上分别有一个天线，车内有三个天线。

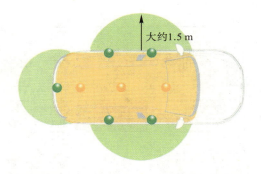

大约1.5 m

图 4-2　无钥匙进入车外天线和车内天线分布

当带着钥匙靠近车辆，进入车门探测区域或者行李箱探测区域后，按下黑色的按钮即可打开车门或行李箱门。探测距离通常是 0.7～1.5 m。当智能钥匙远离车辆时进入睡眠待机状态，当智能钥匙进入发射天线的信号范围内时，唤醒信号将使智能钥匙从待机状态转入正常工作状态，从而接收来自车辆的扫描信号，然后通过 RF 发送经过加密的数据（包含 ID 及操作代码）至基站，基站根据各个请求做出相应的动作，如锁止/打开车门，开启尾箱等。

图 4-3 为大众车型的无钥匙进入系统联网图，图中驾驶员车门把手上有接触传感器 G415 和天线 R134，副驾驶员车门把手上有接触传感器 G416 和天线 R135，左后和右后门把手上有接触传感器 G417 和 G418，后保险杠上有天线 R136，车内有天线 R137、R138 和 R139。无钥匙进入车辆的前提条件：车钥匙必须在车辆的 1.5 m 范围内。用手触摸车门把手时，车门把手内的传感器（G415）被激活，唤醒 J965，J965 通过

天线(如 R134、R135、R136)搜索 1.5 m 范围内是否有合法的钥匙，钥匙收到天线的低频信号后，判断正确，短闪一下发送位置信息(低频信号)，J965 收到钥匙信号，进行定位判断钥匙距车门是否小于 1.5 m，如果是，J965 唤醒 J519，J519 唤醒 CAN 总线系统。J519 内的中央门锁内部天线 R47 发送询问信息(高频信号)，钥匙收到询问信号，长闪一次发送解锁信号(高频信号，相当于按下了解锁按钮)，J519 判断钥匙信息是否正确，如果正确就解除车身防盗系统，进行如下操作：J519 发出车门解锁指令，通过舒适 CAN 发布指令，驾驶员侧车门控制单元 J386 根据此信号，控制驾驶员车门中央门锁电动机 V56 解锁左前门锁、闪烁驾驶员侧外后视镜警告灯 L131、驱动驾驶员侧后视镜内折电动机 V121 展开左侧后视镜；J386 通过 LIN 线给左后侧车门控制单元 J388 发出解锁指令，J388 控制左后车门中央门锁电动机 V214 解锁左后车门锁。副驾驶员侧车门控制单元 J387 根据 J519 的解锁指令，控制 V57 解锁右前门锁、闪烁 L132 副驾驶员侧外后视镜警告灯、驱动副驾驶员侧后视镜内折电动机 V122 展开右侧后视镜；通过 LIN 线给右后侧车门控制单元 J389 发出解锁指令，J389 控制 V215 解锁右后门锁。

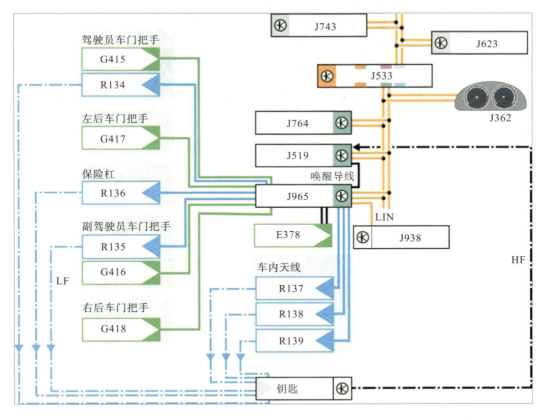

图 4-3　大众车型无钥匙进入联网图

司机带着钥匙进入车辆后，按下启动按钮或旋钮（图 4－4），即可启动车辆。打开驾驶员侧车门，F2 驾驶员侧车门接触开关闭合产生信号（低电位）给 J386（其他 3 个车门同理），J519 收到开门信号点亮相应车门打开指示灯；关闭驾驶员侧车门，接触开关断开产生信号（高电位）给 J386，根据这个信号判断有人进入车内，通过舒适 CAN 发送信号，J965 通过舒适 CAN 收到 J386 发出的信号，J965 通过车内天线 R138、R139、R137 搜索是否有合法的钥匙进入车内，钥匙指示灯闪烁应答，如果匹配成功，J965 控制 E378 指示灯点亮；J965 给 J519 发送 S 信号，J519 给娱乐设备供电，相当于传统大众车的点火开关一挡。

启动装置按键E378

图 4－4　车辆启动按钮

任务实施

1. 作业说明

　　大众 ID.4 新能源汽车的安全防盗系统，出现的故障主要是无钥匙进入功能失效、中控门锁系统故障等，本作业主要是检测无钥匙进入天线的波形，中控门锁系统中各功能开关在不同状态下的电压及波形变化。

2. 技术标准与要求

名　　称	要　　求	
天线的信号	□低频信号	□高频信号
遥控钥匙的信号	□低频信号	□高频信号
中控门锁的功能开关的含义		

　　注：请学员查阅维修资料后填写。

3. 设备器材

（1）设备与零件总成。

_____

_____

（2）常用工具。

_____

_____

（3）耗材及其他。

_____

_____

注：请根据场地实际设备器材填写。

4. 作业流程（学生制订拆检计划，实施任务，教师指导）

4.1 中控门锁的检测

中控门锁系统一般由车门控制单元、车门闭锁器单元（包括门锁电动机、门锁功能开关、门锁接触开关）、遥控钥匙和车门门把手（包括内外车门门把手、车外门把手上的接触开关和天线）。图4-5为ID.4中控门锁系统电路图，图中J386为驾驶员侧车门控制单元，VX21为驾驶员车门闭锁单元，驾驶员闭锁单元中包括F2驾驶员车门接触开关、F220驾驶员侧中央门锁闭锁单元、F241驾驶员侧锁芯中的接触开关、F243驾驶员侧中央门锁Safe功能指示灯、V56驾驶员中央门锁电动机、V161驾驶员车门内中央门锁Safe功能电动机。

1）F2开关的检测

每个车门均配置一个开关，判断车门是开启还是关闭，高电位代表关闭，低电位代表拉开车门，控制单元输出一个高电位至闭锁器的F2的信号端子。当开关闭合时，通过F2的另外一个端子搭铁，将该信号拉低至0 V。控制单元就通过此信号进行判定。

（1）测量车门控制单元J386端子对地电压。

（2）测量门锁端子对地电压。

（3）车门控制单元到门锁接触开关线路的导通性测试。

（4）检测J386的线路对地电阻状态。

2）F220开关的检测

J386输出一个高电位至驾驶员侧门锁F220开关，作为开关工作的参考电压，当按压驾驶员侧车门上的联锁开关闭锁键时，联锁开关闭合，信号线路通过触点直接和搭铁构成回路，将此高电位拉低，如图4-6所示。J386根据此信号控制门锁电动机闭锁。

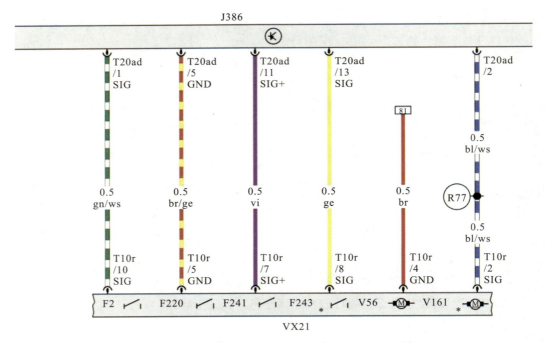

图 4-5　中控门锁电路图

图 4-6　联锁开关

当按压联锁开关开锁键时，联锁开关的另外一个触点闭合，信号电路通过分压电阻 R 和搭铁构成回路，将此高电位拉低至一个电压值，J386 根据此信号控制门锁电动机开锁。

3）F241 开关的检测

F241 只有驾驶员侧车门装配，其余车门没有装配。J386 输出一个参考电压至驾驶员侧门锁的开关 F241，驾驶员在车外顺时针转动机械锁芯时，F241 开关导通，然后通过触点直接搭铁，将此高电位拉低至一个电压值，J386 根据此信号判断驾驶员的意图，然后控制门锁电动机闭锁。当驾驶员逆时针转动机械锁芯时，F241 开关通过分压电阻 R 接通搭铁线路，将此高电位拉低至另一个电压值，J386 根据此信号判断驾驶员的意图，然后控制门锁电动机开锁，如图 4-7、4-8 所示。

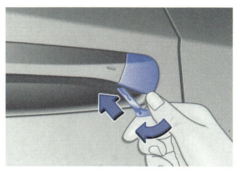
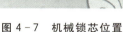

图 4-7 机械锁芯位置

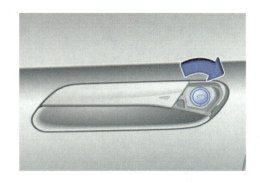

图 4-8 机械锁芯

4）F243 开关的检测

每个车门的门锁总成内都包含一个门锁功能开关 F243。J386 输出一个高电位信号至 F243，作为开关工作时的参考电压，当门锁电动机闭锁时，机械机构带动触点动作，F243 开关闭合，这样信号线路通过触点及串联的线路 R 和搭铁构成回路，将高电位参考信号拉低。J386 根据该电压判断门锁机械机构处于安全锁止状态，并接通中央门锁 Safe 功能指示灯电源，指示灯闪亮。当门锁电动机开锁时，机械机构带动触点动作，F243 开关闭合，信号线路直接搭铁构成回路，将此高电位拉低至 0 V。J386 根据该信号判断门锁机械机构处于开锁状态，并中断中央门锁 Safe 功能指示灯电源，指示熄灭。

4.2 车门门把手天线的检测

车门门把手天线出现故障，所有车门无钥匙进入功能失效，操作时遥控钥匙指示灯不闪烁，但是遥控钥匙按键可以开启车门。打开车门进入车内，仪表显示车门状态正常，操作一键启动按钮，车辆可以启动。

根据以上故障现象分析：

（1）所有车门无钥匙进入时钥匙指示灯不闪烁，说明各车门触摸传感器、J965、室外天线、钥匙工作可能异常。

（2）但一键启动可以打开点火开关，说明钥匙、J965 及其电源、通信工作正常。

所以无钥匙功能失效的原因为钥匙没有接收到正常的室外天线信号，从而没有触发中控门锁系统，具体原因：

（1）室外天线自身故障；

（2）天线与 J965 之间线路故障；

（3）J965 自身故障。

检测过程：

（1）读取故障代码，"驾驶员侧进入及启动系统天线，断路"。

（2）测量左前门进入及启动许可天线两端之间（门把手端）的波形信号，如图 4-9 所示。

驾驶员车门外把手，副驾驶员车门外把手，进入及启动系统接口

EX6	— 驾驶员车门外把手
EX7	— 副驾驶员车门外把手
G605	— 左前车门外把手接触传感器
G606	— 右前车门外把手接触传感器
J386	— 驾驶员侧车门控制单元
J387	— 副驾驶员侧车门控制单元
J965	— 进入及启动系统接口
T8at	— 8 芯插头连接，黑色
T8au	— 8 芯插头连接，黑色
T8cg	— 8 芯插头连接
T8ch	— 8 芯插头连接
T8ci	— 8 芯插头连接
T8cj	— 8 芯插头连接
T20ad	— 20 芯插头连接
T20ae	— 20 芯插头连接
T32ad	— 32 芯插头连接，灰色
T46c	— 46 芯插头连接，黑色
T46d	— 46 芯插头连接，黑色
T46e	— 46 芯插头连接，黑色
T46f	— 46 芯插头连接，黑色
TS5	— 左前车门内的连接位置 2
TS6	— 右前车门内的连接位置 2
TTVL	— 左前车门连接位置
TTVR	— 右前车门连接位置
103	— 接地连接 2，在车窗升降器 - 中央门锁和车门触点开关导线束中
277	— 接地连接 3，在车内导线束中
279	— 接地连接 5，在车内导线束中
366	— 接地连接 1，在车身导线束中

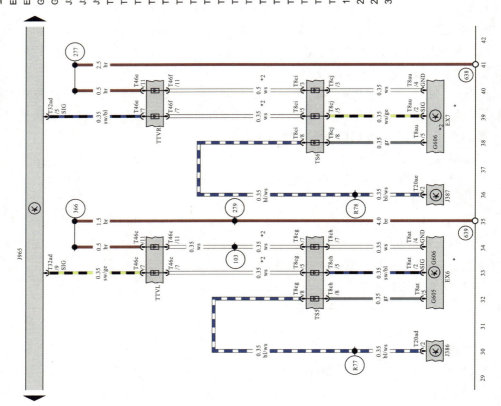

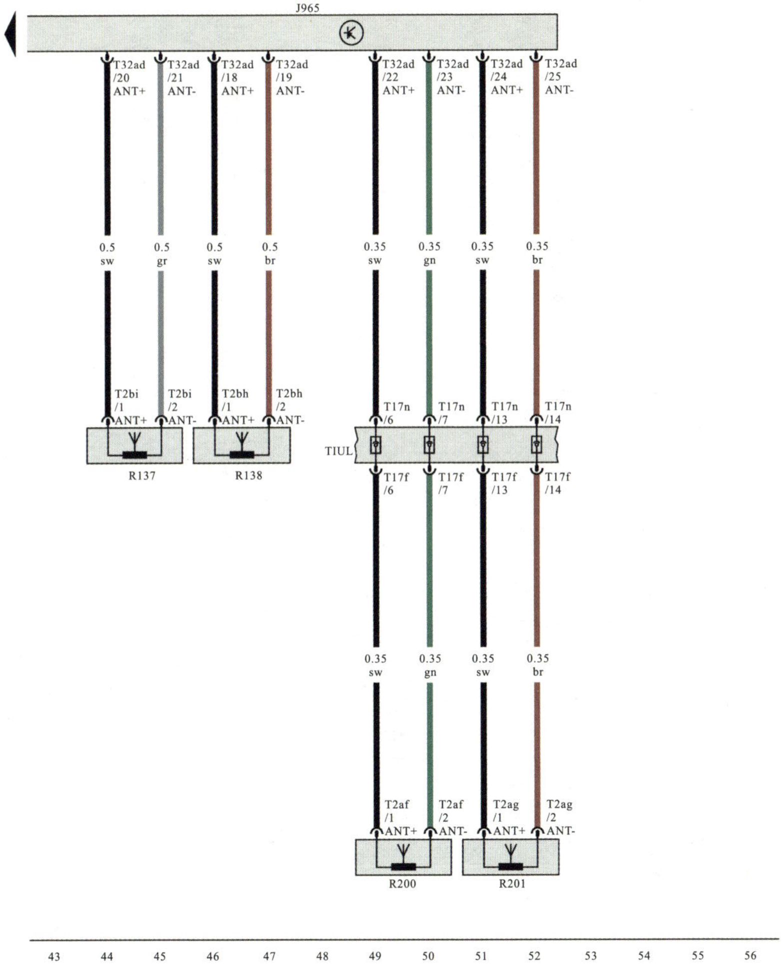

进入及启动系统天线 1，进入及启动许可驾驶员侧天线，车内空间的进入及启动天线，车内空间的进入及启动系统天线，行李箱内的进入及启动系统天线，进入及启动系统接口，右侧进入及启动许可天线

J965 —进入及启动系统接口
R137 —行李箱内的进入及启动系统天线
R138 —车内空间的进入及启动系统天线 1
R200 —进入及启动许可驾驶员侧天线
R201 —右侧进入及启动许可天线
T2af —2 芯插头连接，黑色
T2ag —2 芯插头连接，黑色
T2bh —2 芯插头连接，黑色
T2bi —2 芯插头连接，黑色
T17f —17 芯插头连接，黑色
T17n —17 芯插头连接，黑色
T32ad —32 芯插头连接，灰色
TIUL —车内的下部左侧连接位置

ws = 白色
sw = 黑色
ro = 红色
rt = 红色
br = 褐色
gn = 绿色
bl = 蓝色
tk =

gr = 灰色
li = 淡紫色
vi = 淡紫色
ge = 黄色
or = 橙色
rs = 粉红色
blk =

图4-9 车门门把手接触传感器和天线电路图

反复操作车门把手，尝试打开和锁闭车门，用示波器测量天线两端的信号波形。正常情况下，应测得波形，如果天线有故障，信号异常，说明天线 R200 没有接收到来自 J965 的信号，可能的原因有以下几点。

①R200 与 J965 之间线路故障；

②J965 自身故障；

③J965 与 G605 之间线路故障；

④G605 自身故障；

⑤G605 搭铁故障。

（3）测量驾驶员侧车门进入及启动许可天线两端之间的波形信号。反复操作车门把手，尝试打开和锁闭车门，用示波器测量 J965 端的信号波形，实测结果为正常，说明 J965 发出信号，可能的原因有以下几点。

①J965 与 R200 之间线路故障；

②R200 自身故障；

（4）断开两端的电气连接器，测量两端之间的电阻，如果无穷大，确认该条线路断路。

由于车门外天线线路故障，导致天线无法接收到 J965 寻找钥匙的信号，无钥匙功能失效。

4.3　遥控钥匙的检测

遥控钥匙自身故障或遥控钥匙没电，可能导致触摸所有车门把手时，钥匙指示灯不闪烁，无钥匙进入功能失效；操作遥控钥匙时无法正常解锁、开锁，后备箱也无法打开，钥匙指示灯不闪烁，机械钥匙可以正常解锁车门；进入车内并关闭车门，仪表显示车门状态正常，但钥匙指示灯未正常闪烁，仪表提示"未检测到钥匙"，方向盘不能正常解锁；操作 E378，无法打开点火开关，钥匙指示灯不闪烁，仪表提示"未检测到钥匙"，仪表不能点亮；但应急启动可以打开点火开关，仪表正常点亮，车辆可以启动。

出现以上故障可能的原因：

（1）触摸门把手时，钥匙指示灯不闪烁，说明门把手触摸传感器、J965、室外天线、钥匙工作异常。

（2）操作遥控钥匙时钥匙指示灯不闪烁，说明钥匙自身存在故障。

（3）进入车内并关闭车门，钥匙指示灯未正常闪烁，仪表提示"未检测到钥匙"，说明系统收到了车门开关 F2 的信号但没有收到钥匙信息。

（4）打开点火开关，钥匙指示灯未正常闪烁，仪表提示"未检测到钥匙"，说明系统收到了点火开关的信号但没有收到钥匙信息。应急启动可以正常打开点火开关，说明钥匙身份信息及线路板工作正常。

综上所述，基于故障概率的原则，四种故障现象均指向钥匙自身可能存在故障，并且极可能为没电所致，更换钥匙内部电池后，系统恢复正常。

图 4-10 为 ID.4 车辆的遥控钥匙。①为解锁车辆，所有转向信号灯闪烁两次；②为单独解锁行李箱盖，所有转向信号灯闪烁两次；③为锁止车辆，所有转向信号灯闪烁一次；当主驾驶车门关闭时，按下按钮，指示灯④闪烁。

图 4-11 为应急钥匙，短促按压解锁按钮①。向上翻起钥匙头②，持续按压解锁按钮①，沿箭头方向可拉出应急钥匙③。

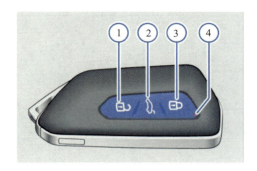

图 4-10　遥控钥匙

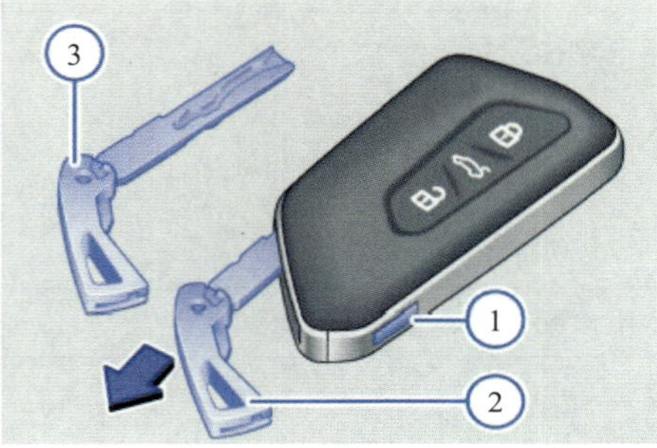

图 4-11　应急钥匙

更换车钥匙电池的步骤：

(1)取出图 4-12 中的应急钥匙①。

(2)将应急钥匙插入开口中，沿箭头方向按压应急钥匙并撬出盖板。

(3)从电池盒中撬出纽扣电池，如图 4-13 所示。

(4)将新的纽扣电池按入电池盒中。

(5)将盖板按压到壳体上。

(6)存放应急钥匙。

(7)按环保要求处理电量耗尽的废弃电池。

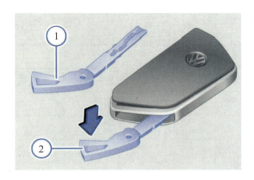

图 4-12　取出/插入应急钥匙

图 4-13　更换纽扣电池

5. 填写考核工单

5.1 天线检测工单

一、查询并记录车辆信息					
品牌		整车型号		生产年月	
电动机型号		动力电池类型		行驶里程	

二、描述故障现象，并列举可能导致故障的原因

故障现象描述：

三、用诊断仪读取故障代码

四、控制原理图的绘制

1. 根据电路图绘制车内外天线的控制原理图

门把手天线电路图 在维修手册第___章___节___页		天线供电线路的线径和颜色			

五、元器件检测

序号	检查项目	检查情况	判定	维修措施
1	门把手天线端开锁波形		正常□ 异常□	
2	门把手天线端闭锁波形		正常□ 异常□	
3	J965 端开锁波形		正常□ 异常□	
4	J965 端闭锁波形		正常□ 异常□	
5	J965 至天线线路的电阻		正常□ 异常□	

5.2 中控门锁系统检测工单

一、查询并记录车辆信息					
品牌		整车型号		生产年月	
电动机型号		动力电池类型		行驶里程	

二、查询电路图并记录

1. 功能开关的检测

门锁闭锁器电路图	在维修手册第___章___节___页	F243 的含义	

2. 功能开关检查及测量

电压		开锁	闭锁	判断
F2	J386 端			
	开关端			
F243	J386 端			
	开关端			
F220	J386 端			
	开关端			
F241	J386 端			
	开关端			

5.3 遥控钥匙的实验

一、查询并记录车辆信息					
品牌		整车型号		生产年月	
电动机型号		动力电池类型		行驶里程	

二、遥控钥匙实验

1. 遥控钥匙中机械钥匙的拆装和电池更换

遥控钥匙中机械钥匙的拆装步骤		电池更换步骤	

2. 遥控钥匙实验

项目	遥控钥匙指示灯闪烁情况	转向灯闪烁情况	判断
按压解锁键时			
按压锁止键时			
无钥匙进入车门开启时			
进入车内启动车辆时			

自我测试

(1)简述无钥匙系统的工作原理。

_____

_____

(2)无钥匙进入→开启车门→启动车辆，遥控钥匙上的指示灯一共闪烁几次？

_____

_____

(3)简述中控门锁系统中几个门锁功能开关的工作原理。

_____

_____

拓展学习

无钥匙系统 Kessy

Kessy 是一种无钥匙系统，它可以实现在不操作遥控钥匙的情况下解锁或锁止汽车。操作者只需随身携带一把有效遥控钥匙，并处于车门或行李箱盖的有效感应区域内，同时触摸车门拉手上的传感区之一或按压行李箱上的按钮即可操作。

(1)基本原理

如果有一把有效遥控钥匙在有效感应区域内，则无钥匙系统 Kessy 会将访问权限授予该钥匙，紧接着可以在不主动操作遥控钥匙的情况下执行以下功能：

①无钥匙解锁——通过前门拉手或行李箱盖上的按钮将汽车解锁。

②无钥匙启动——启动汽车并行驶，此时在车内必须有一把有效的遥控钥匙。

③无钥匙闭锁——通过前门拉手之一将汽车锁止，解锁时转向信号灯闪烁两次，锁止时转向信号灯闪烁一次。

如果用遥控器钥匙将汽车解锁而不打开任何车门或行李箱盖，则汽车在短时间后会重新自动锁止。

(2)传感器的自动关闭

如果汽车较长时间未解锁或锁止，则副驾驶员侧车门上的传感器自动关闭。如果在汽车已锁止时车门拉手上的一个传感区被过于频繁地触发（例如树枝摩擦车尾），则汽车相关侧的所有传感器会自动关闭约 30 min。如果只涉及驾驶员侧车门上的传感器，则仅这个传感器自动关闭。

如用另一把钥匙在车外闭锁汽车，则车内的钥匙将被锁止，无法启动汽车。如需使车内钥匙获得许可启动汽车，则可按压车内钥匙上的解锁按钮。

配备 Kessy 系统的车辆，如果有钥匙遗留在车内，此时在车外将车门闭锁，车辆暂时不会锁止，所有转向信号灯闪烁四次，如果不进行其他操作（例如开启车门），短时间后车辆会自动锁止，钥匙将被锁在车里。

车辆转向信号灯闪烁情况的含义：闪一次，车辆闭锁；闪两次，车辆解锁；闪四次，有钥匙在车内。

任务 4.2

车道保持系统检测维修

任务引入

一辆行驶了 30 000 km 的 ID.4 新能源汽车，车主发现防侧滑指示灯点亮，并且车主表示该车曾经发生过事故，在其他地方维修过，提车时发现故障灯点亮。省级技能大师通过诊断仪发现转向角度传感器内部故障，查询维修手册及咨询厂家后认为此故障出现，需要更换转向角度传感器，而且不允许维修，进一步通过数据流验证转向角度传感器损坏，建议车主进行更换。但车主不想更换，由于此部件容易损坏，也没有对其维修过，一般都是更换总成，只能根据车主要求尝试维修转向角度传感器，拆卸后发现 2 个小齿轮与电路板上的感应器件初始位置不同步，校对完之后试车，故障灯熄灭、数据流也恢复，数据流能够根据转向盘的转向，并相应地变大变小，试车正常。

学习目标

(1)熟悉车道保持系统的结构组成。

(2)掌握车道保持系统的工作原理。

(3)能够按照工艺规范进行车道保持系统振动电动机的拆装检测。

(4)能够按照工艺规范进行方向盘转角传感器的校准。

(5)能够规范选择、使用工具。

(6)能够在工作过程中与小组成员合作、交流，养成团队合作意识，锻炼沟通能力。

4.2.1　概述

　　车道保持辅助系统属于智能驾驶辅助系统中的一种，它可以在车道偏离预警系统（lane departure warning system，LDWS）的基础上对转向系统进行控制，辅助车辆保持在本车道内行驶。

　　在车辆行驶时借助一个摄像头识别行驶车道的标识线，为车辆保持在一个车道上行驶提供支持，如图 4 - 14 所示。

图 4 - 14　车道保持系统

4.2.2　车道保持辅助系统功能

　　（1）车道保持辅助系统可以帮助司机将车辆保持在原车道上行驶。

　　（2）如果车辆行驶时靠近了识别出的某条车道边界线（车辆可能要就要驶离车道了），那么方向盘就会发生振动，从而对驾驶员进行提醒。

　　（3）如果在车辆横过车道边界线之前拨动了转向灯，那么就不会发出这种振动提醒。

　　（4）在接近或者横过识别出的车道边界线时，这种振动提醒只发生一次，只有在第一次振动提醒发生后，车辆已经行驶到离这条车道边界线足够远后又接近这条边界线时，才会第二次出现这种振动提醒。这样可避免在车辆与某条车道边界线平行行驶时一直出现这种振动提醒，车道保持辅助系统是为高速公路和主干线公路设计的，所以该系统在车速高于 65 km/h 时才会工作。

（6）环境条件恶劣时，比如车道脏污或者覆盖着雪、车道过窄、车道边界线不清晰（如高速公路施工时），该系统暂时会不工作，系统当前的状态会显示在组合仪表上，如图 4-15 所示。组合仪表上的指示灯如图 4-16 所示。

图 4-15　车道保持系统仪表显示

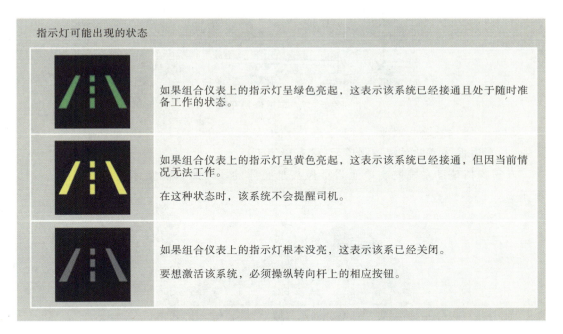

图 4-16　车道保持指示灯

组合仪表上的指示灯如果呈黄色亮起，其原因可能如下：

①只有一条车道边界线或根本没有车道边界线。

②没能识别出车道边界线，车辆正在行驶的车道上的边界线多于两条（比如道路施工时的白色和黄色边界线），车速低于 65 km/h。

③车道宽度小于 2.5 m 或大于 5 m，转弯太急(转弯半径小于 250 m)。

4.2.3　车道保持系统的操作和组成

1)车道保持系统的操作

车道辅助系统按钮集成在转向拨杆上，如图 4－17 所示。按压这个按钮就可以接通或关闭该系统。系统当前的状态由组合仪表上的指示灯来指示，如果指示灯亮，说明系统已接通，如果指示灯灭，说明系统已关闭。当前的激活状态会被存储起来，并被分配给相应的车钥匙。如果驾驶员最后一次关闭点火开关时，车道保持辅助系统处于接通状态，那么下次接通点火开关时，该系统仍然是接通状态。这有一个前提条件：下次行车使用的是同一把钥匙(就是上次关闭点火开关时的那把钥匙)。

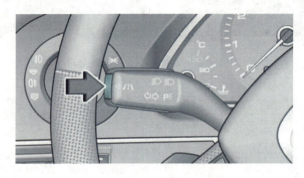

图 4－17　车道保持开关

2)车道保持系统的组成

(1)车道保持辅助系统控制单元(带有摄像头)。

车道保持辅助系统控制单元与摄像头是一体的，因此只能整体更换，如图 4－18 所示。

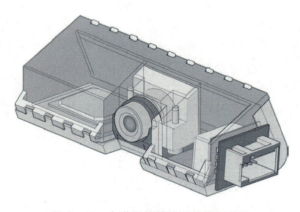

图 4－18　车道保持辅助系统控制单元

(2)电子影像处理。

影像摄取传感器所获得的影像由一个影像处理软件进行分析。首先要在影像上寻找车道边界线，如果识别出两侧的车道边界线，那么就会计算车道宽度和车道曲率。另外，该软件还要计算车辆在车道上的位置（就是车辆与左、右车道边界线的距离）及车辆接近车道边界线的角度。

影像处理软件还会评估车道识别的好坏程度。

根据计算值和已知的车辆尺寸就可确定警报提醒时刻。按显示屏上警报提醒时刻的不同设置，采用不同的方法来进行计算，这些计算值也用于确定因车道的形状是否必须暂时关闭车道保持辅助系统的功能。

(3)控制单元的安装位置。

车道保持辅助系统控制单元卡在一个支架上，该支架粘在前挡风玻璃上，挡风玻璃与这个支架是作为一个整体件供货的。因为这个支架位于前挡风玻璃上方的黑边后，所以在车外是注意不到该支架的，只能看到车道保持辅助系统摄像头的梯形视窗。摄像头视窗位于雨刮器的刮水区，这样可在降雨或降雪时尽量减少视野受限的情况，如图 4-19 所示。

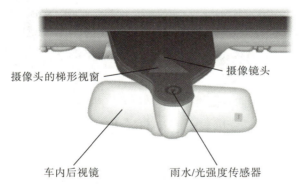

图 4-19　车道保持辅助控制系统摄像头

(4)车道保持辅助系统的前挡风玻璃加热器。

为了去除摄像头视窗上的水雾和冰冻，车道保持辅助系统还装备有一个加热式的摄像头视窗，它与前挡风刮水器共同来完成这个任务。

车道保持辅助系统的前挡风玻璃加热器是一种电阻膜，该膜直接粘在前挡风玻璃上。该膜有两个接头，其中一个接头用于在前挡风玻璃加热器激活时从车道保持辅助系统控制单元获得供电，另一个接头与汽车接地点相连。这个电阻膜上有多个并联的电阻，电流流过时电阻就被加热，于是这些电阻就将挡风玻璃加热了，前挡风玻璃上的水雾就会消失，冰雪就会融化，最后刮水器将其彻底清除。电阻膜围绕在前挡风玻璃的一个区域，车道保持辅助系统摄像头就通过这个区域来探测车前环境状况。如果图像传感器获取的图像对比度太弱，那么前挡风玻璃加热器就被激活工作了。若图像对比度太差，那么就无法准确识别车道边界线，车道保持辅助系统就切换到"不发出警报提醒"状态。如果车道识别图像的对比度又足够了，那么前挡风玻璃加热器就又关闭了。如果玻璃加热器没能清除视野障碍（如因脏污），那么组合仪表中央显示屏上会出现信息来提醒司机。

（5）车道保持辅助系统的振动式方向盘（图 4-20）。

方向盘上装备有一个振动电动机，它可使方向盘产生振动。这个振动电动机安装在方向盘右下辐条内。方向盘的振动是因电动机上的不平衡配重旋转而产生的。该电动机无法单独更换，因此如果振动电动机损坏了，必须更换整个方向盘。方向盘振动持续的时间取决于司机的反应情况，一般在 1 s 左右。

图 4-20　振动方向盘

（6）车道保持系统组成（图 4-21）。

车道保持辅助系统的前挡风玻璃加热器 Z67：车道保持辅助系统的前挡风玻璃加热器 Z67 直接由车道保持辅助系统控制单元来控制，这个控制只需要一个端子接头，该加热器在车内接地。

车道保持辅助系统按钮 E517：车道保持辅助系统按钮 E517 信息由方向盘电子系统控制单元 J527 来读取，该按钮位于转向灯拨杆上。

车道保持辅助系统的振动电动机：车道保持辅助系统的振动电动机由多功能方向盘控制单元 J453 来控制，该电动机安装在方向盘辐条内。

（7）通信结构。

图 4-22 为参与车道保持辅助系统功能的控制单元。

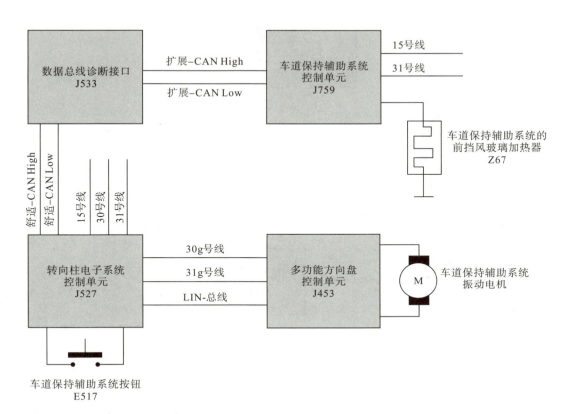

图 4-21 车道保持系统组成

这些控制单元为车道保持辅助系统控制单元 J759 提供信息，或从 J759 获得信息。

车距调节控制单元 J428：为了避免车道保持辅助系统和停车距离缩短系统同时发出警报，如果停车距离缩短系统激活了制动系统，车道保持辅助系统的方向盘振动功能就会被压制（暂不工作）。

进入和启动授权控制单元 J518：该控制单元发送的信息表示车上识别出的是哪把点火钥匙，车道保持辅助系统控制单元利用这个信息将存储的司机设置分配给相应的点火钥匙。

舒适系统中央控制单元 J393：该控制单元发送的信息表示当前左、右转向灯是否已激活。

转向柱电子系统控制单元 J527：该控制单元发送的信息表示车道保持辅助系统按钮是否已经按下。该控制单元从车道保持辅助系统接收此信息：是否应激活振动电动机来提醒司机。该信息随后会通过局域互联网络（LIN 总线）传给多功能方向盘，从而激活振动电动机。

前部信息显示和操纵控制单元 J523：该控制单元将车道保持辅助系统的司机设置

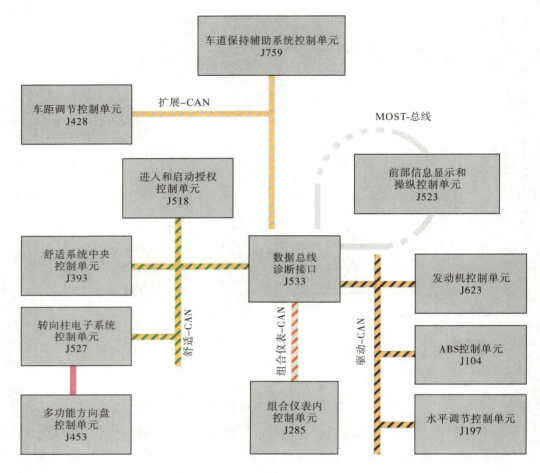

图 4-22　车道保持辅助系统控制单元

的修改内容传给车道保持辅助系统控制单元，新的设置会被存储起来并分配给当前的车钥匙。

发动机控制单元 J623：该控制单元发送的是当前的发动机转速。车道保持辅助系统需要使用这个转速值，因为前挡风玻璃加热的工作时间就取决于发动机当前是否工作（在"发动机关闭"时是不会加热的）。

水平调节控制单元 J197：该控制单元不断地将减振器的高度告知车道保持辅助系统，这个信息用于对摄像头高度及摄像头纵、横摇角进行电子校正。

ABS 控制单元 J104：该传感器传送车速信号（用于激活或关闭车道保持辅助系统）及横摆角速度。

组合仪表内控制单元 J285：该控制单元接收车道保持辅助系统最新状态信息，以便接通组合仪表上的指示灯（黄色、绿色或关闭）。该控制单元还接收此信息：是否应显示文字信息，如果是，那么应显示什么样的文字信息。

任务实施

1. 作业说明

大众 ID.4 新能源汽车的车道保持系统由控制单元、摄像头、方向盘（振动电动机）等组成，出现的故障主要是车道保持系统不可用等，本作业主要是拆卸方向盘上的振动电动机、进行振动电动机执行元件测试和检测车道保持系统控制单元等。

2. 技术标准与要求

名　　称	要　　求
前部摄像头拆装步骤	
方向盘拆装	
前部摄像头校准的条件	

注：请学员查阅维修资料后填写。

3. 设备器材

（1）设备与零件总成。

_____

_____

（2）常用工具。

_____

_____

（3）耗材及其他。

_____

_____

注：请学员根据场地实际设备器材填写。

4. 作业流程(学生制订拆检计划，实施任务，教师指导)

4.1 车道保持系统的校准

1)校准的作用

校准是用来确定车载摄像头的实际方向角的。要想获得准确的警报提醒，就必须知道车载摄像头的准确安装位置。

支架或挡风玻璃的部件公差可能会造成车载摄像头偏离规定的安装位置，为了补偿这种偏差，就必须对系统进行校准。

校准过程就是确定车载摄像头的三个方向角(相对于车的行驶方向)和摄像头的安装高度(相对于车辆的轮胎接触面)。

校准过程纯粹是一种电子调节，摄像头不能进行机械调节。

如图4-23所示，三个方向角的名称如下：

①横摇角(绕X轴的转动)；

②纵摇角(绕Y轴的转动)；

③横摆角(绕Z轴的转动)。

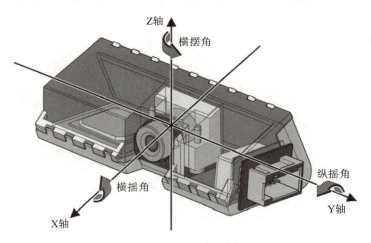

图4-23 车道保持系统三个方向角

2)校准的原理

车道保持辅助系统的摄像头方向角是无法直接确定的，必须借助于校正板来进行计算。校正板上有多个几何要素，这些几何要素与校正板的其余部分对比非常强烈。

这个校正板安装在车前某一参考位置处，摄像头会从这个校正板上获取图像，然后通过图像分析就可确定图像中的几何要素的位置。

软件通过已确定的图像坐标和已知的校正板参考位置，就可确定出摄像头的实际

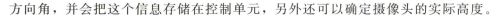

方向角，并会把这个信息存储在控制单元，另外还可以确定摄像头的实际高度。

3)车道保持系统的校准

(1)需要对车道保持辅助系统进行校准的原因。

①故障存储器内记录故障"基本设定/自适应没有进行或是错误的"，更换了车道保持辅助系统控制单元。

②更换或拆下了前挡风玻璃。

③调整过后轮前束。

④车底盘经过改装并影响了到车身高度。

⑤装备有减振调节或空气悬架的车，车辆水平传感器重新进行了自学习。

(2)校准的操作步骤。

①在车轮定位仪计算机上启动"校准车道保持辅助系统"这个程序，将快速夹头装在四个车轮上，如图4-24所示。

②将测量装置安装到两个后车轮上。

③对后车轮进行径向跳动补偿。

④将两个测量装置安装到 V.A.S 6430 上。

⑤按车轮定位仪计算机上的说明分几步将 V.A.S 6430 对准车辆行驶方向。

⑥在诊断仪上的"故障导航"中启动校准程序。

⑦测量左前、右前、左后、右后车轮拱形板边缘处的车身高度，并将值输入程序，随后这个校准过程会自动运行到结束。

图4-24 校准车道保持辅助系统

4.2　车道保持系统前部摄像头的拆检

①关闭所有用电器。

②将汽车钥匙和其他进入及启动许可装置放在车外，避免意外接通点火开关。

③拆卸盖罩。

④将前置摄像头 2 沿箭头 A 的方向从固定夹中松开，如图 4-25 所示。

⑤将前置摄像头 2 沿箭头 B 的方向取出。

⑥解锁并脱开电气连接插头 1。

⑦拆卸散射遮光板。

⑧解锁并脱开电气连接插头 3，露出散射遮光板的电线，如图 4-26 所示。

⑨解锁卡钩 2。

⑩将散射遮光板 1 沿箭头方向取出。

安装以拆卸的倒序进行，同时请注意下列事项：车窗玻璃内侧前部摄像机视野范围内不允许蒙雾或有污物。

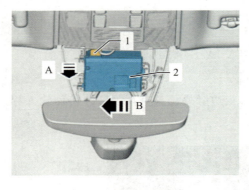
图 4-25　车道保持系统前部摄像头

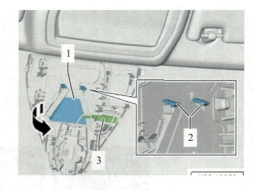
图 4-26　前部摄像头拆装

图 4-27 为车道保持系统前部摄像头电路图，图中 SC4 为车道保持系统前部摄像头 R242 的供电，T12ac/7 为车道保持系统前部摄像头 R242 的接地，J242 与网关通过驾驶辅助 CAN 线连接。

4.3　车道保持系统振动电动机的拆装

①使车轮处于正前方的位置，拆卸人员必须释放自身静电，通过触摸接地金属件，例如水管、暖气管、金属支架或举升机等，即可取消人体静电。

②转向柱调节至中间高度。

③拆卸安全气囊单元。

④使车轮处于直线行驶位置，方向盘的拆卸和安装必须在中间位置进行。

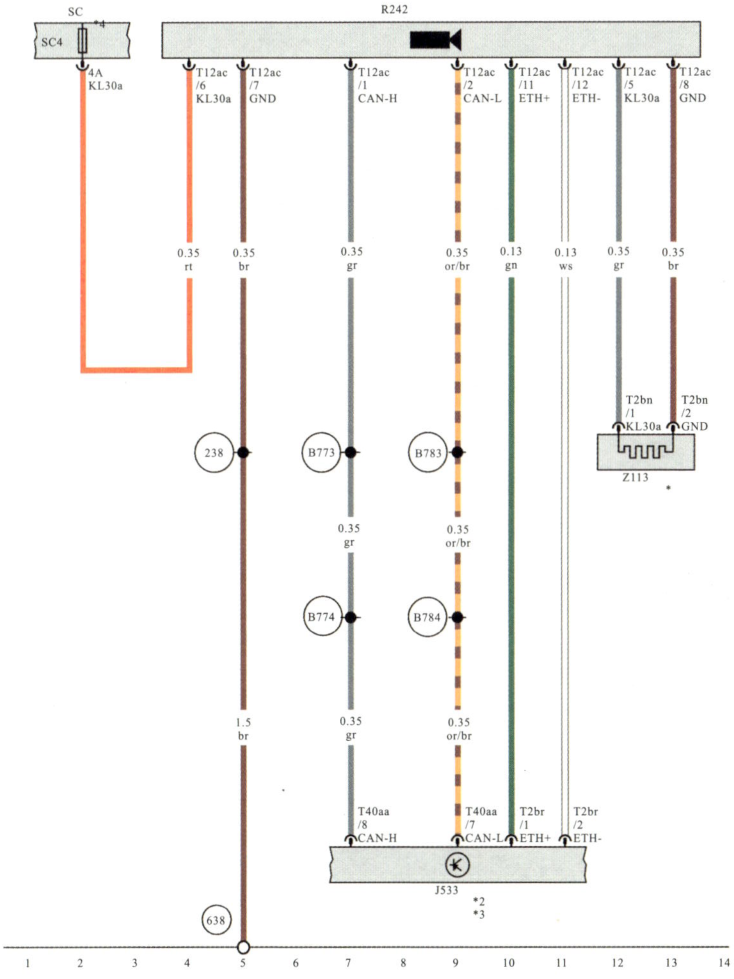

数据总线诊断接口，驾驶员辅助系统的前部摄像头，保险丝架 C，用于前部传感系统的玻璃加热装置

J533	— 数据总线诊断接口
R242	— 驾驶员辅助系统的前部摄像头
SC	— 保险丝架 C
SC4	— 保险丝架 C 上的保险丝 4
T2bn	— 2 芯插头连接，黑色
T2br	— 2 芯插头连接，白色
T12ac	— 12 芯插头连接
T40aa	— 40 芯插头连接，黑色
Z113	— 用于前部传感系统的玻璃加热装置
238	— 接地连接 1，在车内导线束中
638	— 右 A 柱上的接地点
B773	— 连接 2（底盘传感器 CAN 总线，High），在主导线束中
B774	— 连接 3（底盘传感器 CAN 总线，High），在主导线束中
B783	— 连接 2（底盘传感器 CAN 总线，Low），在主导线束中
B784	— 连接 3（底盘传感器 CAN 总线，Low），在主导线束中
*	— 已预先布线的部件
*2	— 见底盘 CAN 总线数据总线联网的适用电路图
*3	— 见以太网数据总线联网的适用电路图
*4	— 见车内保险丝所适用的电路图

ws	= 白色	gr	= 灰色	
sw	= 黑色	li	= 淡紫色	vi
ro	= 红色	ge	= 黄色	
rt	= 红色	or	= 橙色	
br	= 褐色	rs	= 粉红色	
gn	= 绿色	blk	=	
bl	= 蓝色			
tk	=			

图4-27 前部摄像头电路图

⑤松开并拔出电气插头连接5，如图4-28所示。

⑥拧出螺栓2。

⑦检查转向柱和方向盘是否有标记3。

⑧如果没有，则必须对方向盘/转向柱的位置进行标记3。

⑨从转向柱4上拔下方向盘1。

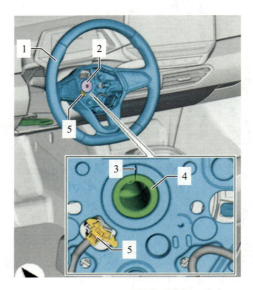

图4-28　方向盘拆装

5. 填写考核工单

车道保持系统检测工单

一、查询并记录车辆信息					
品牌		整车型号		生产年月	
电动机型号		动力电池类型		行驶里程	

二、描述故障现象，并列举故障可能原因
故障现象描述：

三、用诊断仪读取故障代码

四、控制原理图的绘制
根据电路图绘制车内外天线的控制原理图

车道保持系统电路图 在维修手册第___章___节___页	车道保持系统控制单元 供电线路的线径和颜色	

五、元器件检测

序号	检查项目	电压/波形	判定	维修措施
1	摄像头供电电压		正常□ 异常□	
2	摄像头接地电压		正常□ 异常□	
3	摄像头 CAN—H 线波形		正常□ 异常□	
4	摄像头 CAN—L 线波形		正常□ 异常□	
5	加热丝电压		正常□ 异常□	

自我测试

(1)简述车道保持系统的功能。

_____

_____

(2)车道保持系统都由哪些元器件组成？

_____

_____

(3)简述车道保持系统的工作原理。

_____

_____

拓展学习

紧急辅助系统

紧急辅助系统可以识别驾驶员未接管的情况，并且将车辆保持在车道上，必要时会制动直至车辆静止，因此有助于主动防止事故发生或减轻事故造成的后果。紧急辅助系统与自适应巡航控制系统和车道保持辅助系统使用相同的传感器。

车速和与前方车辆之间的安全距离要始终与视野、天气、路面和交通状况相匹配。紧急辅助系统无法始终自主避免事故，当雷达传感器或前部摄像头有故障、被遮盖或偏移时，紧急辅助系统可能会进行意外的制动或转向干预。紧急辅助系统不会对行人、动物、横跨行车道或在同一行车道上迎面而来的车辆作出反应。紧急辅助是一项用于紧急医疗状况的功能，在驾驶员主动开启后，可以在系统极限范围内帮助减少可能发生的事故。

在车道保持辅助或是行车辅助功能激活后，车辆监测到驾驶员未接管车辆即驾驶员的手脱离方向盘时，车辆会提醒驾驶员接管车辆。如果驾驶员依然没有反应，紧急辅助功能将激活以帮助避免车辆失控。

紧急辅助功能激活时，会自行控制油门、制动及转向系统，与前方相同行驶方向的车辆保持安全距离的同时将本车辆保持在当前车道内。在有足够停车距离的情况下，紧急辅助功能会控制车辆减速直至完全停车并自动启用电子驻车制动器。紧急辅助功能主动介入车辆控制的同时，危险报警双闪灯将会开启，从而提醒其他交通参与者注意。

可以在信息娱乐系统的辅助菜单中打开和关闭紧急辅助系统。

紧急辅助系统只有在以下条件下才处于激活状态：

①半自动驾驶辅助系统或车道保持辅助系统已打开。②系统在车辆左右两侧分别识别到一条行车道分界线。

驾驶员接管要求：紧急辅助系统通过声音警告及制动冲击来提醒驾驶员重新接管车辆控制。此外，组合仪表显示屏上会显示一条信息并降低信息娱乐系统的音量。同时驾驶员的安全带也会被拉紧。

如果驾驶员没有反应，系统会制动车辆并将车辆保持在车道内。驾驶员可以通过急加速、制动或转向，随时接管调节。在紧急辅助系统主动调节期间，对其他交通参与者发出如下警告：

①危险警告灯被打开；

②视车速而定，车辆鸣笛；

③如果剩余的停车距离足够，车辆会减速，必要时会减速至停止；

④一旦车辆停止，随后将启用电子驻车制动器；

⑤解锁车门；

⑥打开车内照明；

⑦拨打紧急呼叫。

预碰撞系统检测与维修

任务引入

　　一辆 2021 年生产的 ID.4 新能源汽车，车主发现倒车的时候倒车雷达没有声音，倒车影像也不清楚，通过自己擦拭倒车摄像头以后现象依然存在，于是车主将车开到 4S 店维修。经省级技能大师试车发现故障和客户描述的现象一致，通过检查发现可能是倒车摄像头线束接触不良导致，于是拆开行李箱盖把手，发现线束脱落，插好线束试车后倒车影像正常，告知客户故障全部解决。一周以后客户打电话投诉说倒车雷达依然没有声音，要求 4S 店维修技师上门服务维修，技师发现前期维修中忽略了倒车雷达的维修，于是经理要求该维修技师上门为客户免费解决倒车雷达故障。

学习目标

　　(1)熟悉预碰撞系统的结构组成。

　　(2)掌握预碰撞系统的工作原理。

　　(3)能够按照工艺规范进行倒车和全景摄像头的拆装检测。

　　(4)能够按照工艺规范进行前碰撞雷达传感器的拆检。

　　(4)能够规范选择、使用工具。

　　(5)工作过程中反思也很重要，通过反思可以总结工作学习情况、查遗补漏。及时评估反馈能够纠正工作学习的偏差，保证工作效果，有利于培养严谨细致、一丝不苟的学习态度和不断总结经验教训的学习习惯。

知识准备

　　数据显示，在德国约 1/6 的造成人员伤亡的事故是行驶车辆碰撞到了前方行驶车辆或者停泊车辆，同样的 1/6 的事故是因为车辆在没有外来作用的影响下偏离了原来的车道。现代行驶辅助系统在最大程度上给所有交通参与者提供了安全与帮助，旨在避免 50% 的重大事故。

碰撞预警系统是一种驾驶辅助系统，运用周围环境探测传感器（如雷达、摄像头和超声波）来检测车辆周围环境，在很多行驶状况下支持驾驶员并且提高行驶舒适性。

4.3.1　行车速度调节的碰撞预警辅助系统

当驾驶员将油门踩到最大来获得更高的车速时，车辆的速度也不会超过预先设定的最大速度。速度限制是以速度调节装置或者自适应巡航控制系统为前提的。速度限制是通过精准的发动机控制单元来进行调节的，而不是通过刹车制动干涉的。速度限制是通过转向柱的左边转向摆臂或者多功能方向盘上的按键起作用的。

4.3.2　距离调节的驾驶辅助系统

1）周围环境系统行车辅助

周围环境监测系统"行车辅助"监测与前方行驶车辆的距离并且识别最短的间隔距离。在即将发生碰撞时，它能够发出警告并且自动刹车。在系统范围内它能够减小车祸程度或者在最理想的情况下避免车祸的发生，如图 4－29 所示。

图 4－29　行车辅助系统 1

行车辅助的一个功能是识别到行人时的城市路况紧急刹车（图 4－30）。另一个功能是在高速行驶时，在太过拥挤的行驶和碰撞发生之前，行车辅助系统会发出警示，并且在必要时车辆会自动减速。

周围环境系统行车辅助的功能：

（1）监控。行车辅助持续监测与前方行驶交通的距离，是通过隐藏在车辆前端的雷达传感器实现的（在车标后方）。

（2）警示。行车辅助在极限情况下帮助驾驶员，预调节刹车装置，通过视觉和听觉

图 4 - 30　行车辅助系统 2

的警告，以及第二个阶段的一个制动脉冲来应对一个紧急的反应。

（3）自动减速。当驾驶员刹车力度不够，行车辅助会产生刹车压力，足以在必要时避免车辆碰撞。当驾驶员完全不刹车时，行车辅助能够自动减速。

（4）自动紧急刹车。当驾驶者对警告完全没有反应时，会自动紧急刹车。

2）城市路况紧急刹车功能

城市路况紧急刹车功能是行车辅助的一个系统扩展，它在低速行驶时观测车辆前方的空间。

（1）监控：城市路况紧急刹车功能持续观测与前方行驶交通的距离。

（2）自动减速：当驾驶员在紧急情况下刹车力度不够时，这个系统会产生刹车压力，足以在必要时避免车辆碰撞。当驾驶者完全不刹车时，行车辅助自动减速。

3）行人识别功能

城市路况紧急刹车中的行人识别功能将雷达传感器和前方摄像的信息结合起来，从而识别在道路边缘和车道中的行人。一旦识别到行人，系统会给出视觉和听觉的警告并且在必要时进行刹车，如图 4 - 31 所示。

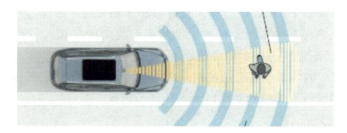

图 4 - 31　行人识别功能

（1）监测：能够辨别出车辆与行人可能发生的碰撞。

（2）警告：首先会给驾驶员视觉的和听觉的警告，紧接着会有一个刹车脉冲的警告。这个警告能够通过前方摄像来关闭。

（3）自动减速：当驾驶者刹车力度不够时，这个系统会产生刹车压力，足以在必要时避免车辆碰撞。当驾驶者完全不刹车时，它会自动减速。

4）距离警示

当驾驶员与前方行驶车辆处于一个危险的间距行驶时，距离警示会通过图标提示驾驶员。车辆应保证与前方行驶车辆的距离，在前方行驶车辆突然刹车时，驾驶车辆能够在不碰撞到前方车辆的情况下停下来，如图 4-32 所示。

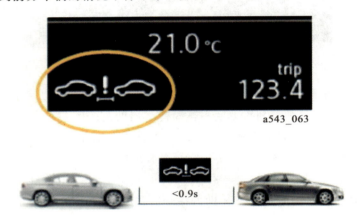

图 4-32　距离预警

同样的，距离警示功能运用了车辆前端的雷达传感器来测量与前方行驶车辆的距离。在距离警示的软件中存有根据车辆速度来确定危险距离的数值表。一旦系统识别到可能的碰撞危险，就会通过相应的图标警示驾驶员。这个警示能够通过娱乐信息系统打开和关闭。

5）自适应巡航

通过车辆前端隐藏的雷达传感器，前方行驶车辆的距离和速度能够被持续获得。通过位于多功能方向盘上的 ACC 操作面板能够激活和关闭此系统，并设置所需的速度和跟车距离。在仪表板上的多功能标志中会显示系统的所有相关信息，例如所需速度和报警信号。在娱乐信息系统中驾驶员能够设置 ACC 行驶模式（Normal、Eco、Sport），以及根据车辆状态设置合适的跟车距离。距离调整的控制器将这些信息发送至发动机控制器，用于所需速度和必需的跟车距离的调整。

4.3.3　前置摄像支持的行驶辅助系统

1）前端摄像机

前端摄像机安装在前风挡内侧的后视镜上方。

摄像机 R242 为行驶辅助系统提供以下信息：

①车道保持辅助系统包括紧急情况援助和堵车辅助；

②交通标志识别；

③行车辅助中的自适应巡航（ACC）；

④行人识别；

⑤动态车灯辅助系统 DLA；

⑥远光灯辅助系统 FLA。

前端摄像机在滤镜的作用下提供具有灰度的照片，是为了增强对比度。在车辆行驶过程中一个双模的光照调整能够提供车辆前方区域的清晰图片。

所有物体的识别是通过驾驶辅助系统前端相机内部的图像加工和物体清单的测定来进行的。相机识别到的物体的位置数据会被传输至距离调节控制器。在这个距离调节控制器中，相机的物体数据和雷达获取并成像的物体会被整合（合并）。

前端摄像机能够识别不同的物体，例如车道标记线，明显的车道界限，交通标志，其余车辆，还有车辆参与者的光源及所有的灯光。

前端摄像机有一个单独的加热装置，能够防止相机正前方的风挡区域凝结水汽或者结冰。

2）车道保持系统

一个自动修正的方向盘能够在很多行驶状态下帮助车道辅助系统，将车辆保持在车道中。当然，在道路保持系统开启期间，驾驶员仍然能够主动驾驶。

道路标记线的分布会通过安置在前风挡上后视镜区域的多功能摄像机来识别。在驾驶员没有主动转向动作并且车辆即将驶离车道时，这个系统会自动向反方向转向。这个反向转向是通过电子机械的转向帮助连续、缓慢地实现的，当然驾驶员能够随时解除这个系统，如图 4-33 所示。

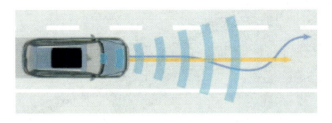

图 4-33　道路标记线

自适应方向控制不仅仅在车辆即将驶离车道的情况下帮助车道辅助系统，当这个车道被左边的两个标记线和右侧的车辆限制时，这个功能同样持续地帮助行驶。这个功能能调节车辆保持在自己车道内的最佳位置。如果车道中间位置被移动了，短时间内会获得新的位置。

3）紧急辅助系统

一旦确定驾驶员在一定时间内没有任何转向操作，就会强制出现视觉和听觉的警告并且有接管转向的制动脉冲。若驾驶员仍然没有反应，就会进入紧急情况。

道路保持辅助仍然起作用并将车辆保持在车道中。为了避免与前方行驶交通工具的碰撞，自动距离调整会紧接着起作用。

为了给周围交通警告，在车速大约为 80 km/h 的时候会自动开启警告闪烁装置，并且在车道中摆动车辆，紧接着车辆会制动至静止状态。

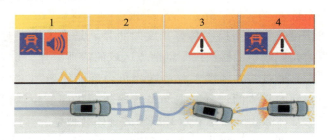

图 4-34   驾驶员的视觉警告和听觉警告制动脉冲

图 4-34 是对驾驶员的视觉警告和听觉警告制动脉冲；2 代表安全，通过激活道路保持功能来保持车道，通过激活自动距离调整功能来保持与前方交通工具的距离；3 代表警告道路参与者，警告装置闪烁；4 代表最终制动，车辆会在自己车道中制动至静止状态。

4）堵车辅助功能

在拥堵情况下通过堵车辅助功能车辆能够对前方行驶车辆进行反应。半自动地完成刹车、加速和转向，在停车/行车交通中能够带来更多的舒适性，如图 4-35 所示。

图 4-35   堵车辅助系统

堵车辅助功能将车道保持功能和自适应巡航功能启停结合起来。在开启主动车道行驶时，它是车道辅助的进一步发展。并且在速度低于 60 km/h 时为驾驶员提供辅助。

在自适应巡航启动后，驾驶员能够得到一个舒适的支持来持续保持与前方行驶车辆的距离，尤其是在启停和滞留的交通状况下。并且能够刹车至静止状态，然后短暂停止后又开始行驶，与此同时车辆也能够保持在车道中。

堵车辅助功能、车道辅助功能和自适应巡航功能处于同样的系统界限。

堵车辅助功能适用于高速公路和宽广的地方公路。

在车速大于 65 km/h 时，车道辅助系统的主动车道行驶功能就会开始起作用。

4.3.4　后端摄像支持的驾驶辅助系统

1）倒车影像

在摄像机的外壳上安装了电子控制器，通过这个能够给驾驶员展示一个真实不失真的外部环境图像。同时根据正在运作的指示功能，在实际图像上会出现静态和动态的辅助线。相机是通过 CAN 数据线与车辆网络相连的，在这里相机的控制器数据与其他相关控制器数据（如 MIB 中心控制器 J794 或者转向角传感器）进行交换，这些图片信息和计算得到的辅助线由 R189 通过一个视频线路（FBAS）传输到 J794，如图 4－36 所示。另一方面，通过一个快速低压差分信号的连接在 J685 上显示出来。

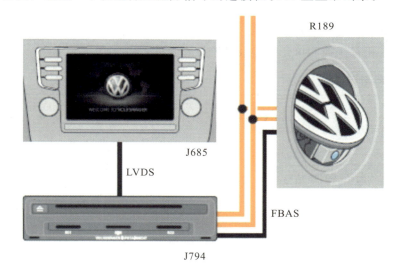

图 4－36　倒车影像系统

2）全景摄像

全景摄像是周围环境获取系统的一个摄像基础，通过它驾驶员能够看到车辆周围整个的环境。它提供驾驶员四个方向的视角和设置模式，这些能够有针对性地根据交通状况和驾驶员的信息意向来进行选择。

车辆周围环境视野的复制是通过四个摄像机来实现的。前端摄像机位于前进气格栅，后端摄像机位于后盖的旋转按键上，侧端摄像机则被放置在两侧后视镜的下方。每个摄像机拥有 190°的视角，从而能够获取车辆周围所有区域的全景视图，然后这些图片被显示在收音机或者导航的屏幕上。因为这些相机的可视区域是相交的，所以能够显示出一个更精确和真实的相邻相机可见的过渡区域。

全景摄像在车速为 0~15 km/h 时起作用。这个系统会在倒车时或者通过停车辅助装置的按钮被激活。

在激活后，这些相机获取车辆周围环境，所得到的图片会被周围环境相机的控制器校正，因为广角相机的原始图片会有一个较大的变形。同时，通过图像处理将这些图片调整到所要求的视角。最后通过这些被修正的图片，根据所选择的视图，距离和行车路程预告的辅助线会被标示出来。这些编辑完成的图片会被显示在娱乐系统的显示器中。

根据所选出的视图，那些静态和动态的辅助线是渐渐出现的。这些辅助线使更佳的距离估算成为可能，并且描述了行车轨迹可能的转向角。

任务实施

1. 作业说明

大众 ID.4 新能源汽车的驾驶辅助系统较多，有自适应巡航系统、紧急刹车系统、行人识别系统和车距警示系统等，本作业主要是泊车雷达系统控制单元、泊车雷达系统传感器、全景摄像头控制单元和全景摄像头的拆检。

2. 技术标准与要求

名　称	要　求
泊车雷达系统控制单元拧紧力矩	
全景摄像头控制单元拧紧力矩	

注：请学员查阅维修资料后填写。

3. 设备器材

(1)设备与零件总成。

_____

_____

(2)常用工具。

_____

_____

(3)耗材及其他。

_____

_____

注：请学员根据场地实际设备器材填写。

4. 作业流程(学生制订拆检计划,实施任务,教师指导)

4.1　迫车雷达系统部件的拆检

ID.4 新能源汽车的泊车辅助功能由倒车摄像头、泊车雷达系统控制单元、8 个泊车雷达传感器和 4 个倒车雷达蜂鸣器组成。

1)泊车雷达系统控制单元的拆装

泊车雷达系统控制单元位于行李箱右侧侧壁饰板后面,如图 4-37 所示。

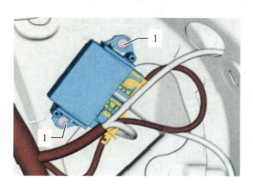

图 4-37　泊车雷达系统控制单元

第一步,关闭所有用电器。

第二步,将汽车钥匙和其他进入及启动许可装置放在车外,避免意外接通点火开关。

第三步,拆卸右侧行李箱饰板。

第四步,脱开电气连接插头。

第五步,旋出螺栓 1。

安装以拆卸的倒序进行。

图 4-38 为泊车雷达系统控制单元电路图,图中 SC17 为泊车雷达系统控制单元 J446 的供电系统,T26c/6 为泊车雷达系统控制单元 J446 的接地,J446 与网关通过驾驶辅助 CAN 线连接。泊车雷达系统控制单元控制右前泊车雷达系统传感器 G252、右前中部泊车雷达系统传感器 G253、左前中部泊车雷达系统传感器 G254、左前泊车雷达系统传感器 G255、泊车转向辅助系统的左前侧传感器 G568、泊车转向辅助系统的右前侧传感器 G569、左后泊车雷达系统传感器 G203、左后中部泊车雷达系统传感器 G204、右后中部泊车雷达系统传感器 G205、右后泊车雷达系统传感器 G206、左后泊车转向辅助系统传感器 G716、右后泊车转向辅助系统传感器 G717。

新能源汽车悬架转向制动安全技术

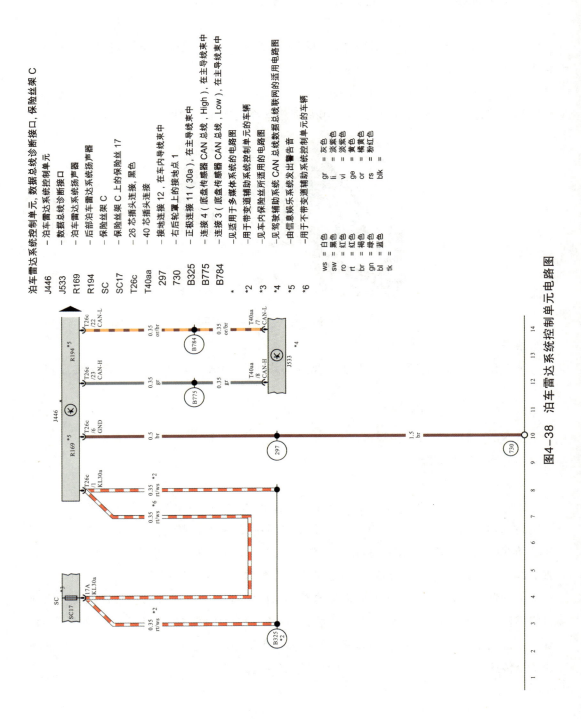

图4-38　泊车雷达系统控制单元电路图

J446　— 泊车雷达系统控制单元，数据总线诊断接口，保险丝架 C
J533　— 数据总线诊断接口
R169　— 泊车雷达系统诊断单元
R194　— 后部泊车雷达系统扬声器
SC　— 保险丝架 C
SC17　— 保险丝架 C 上的保险丝 17
T26c　— 26 芯插头连接，黑色
T40aa　— 40 芯插头连接
297　— 接地连接 12，在车内导线束中
730　— 右后轮罩上的接地点 1
B325　— 正极连接 11（30a），在主导线束中
B775　— 连接 4（底盘传感器 CAN 总线，High），在主导线束中
B784　— 连接 3（底盘传感器 CAN 总线，Low），在主导线束中
*　— 见适用于多媒体系统的电路图
*2　— 用于带变道辅助系统控制单元的车辆
*3　— 见车内保险丝所适用的电路图
*4　— 见带数据总线联网的适用电路图
*5　— 由信息娱乐系统发出警告音
*6　— 用于不带变道辅助系统控制单元的车辆

ws = 白色　　gr = 灰色
sw = 黑色　　li = 淡紫色
ro = 红色　　vi = 淡紫色
br = 褐色　　ge = 黄色
gn = 绿色　　or = 橘黄色
bl = 蓝色　　rs = 粉红色
tk = 　　　　blk =

268

2)泊车雷达系统传感器的拆检

(1)外部传感器：拆卸和安装外侧泊车雷达系统传感器时，无需拆下保险杠罩，松开后轮罩内板。

第一步，关闭所有用电器。

第二步，将汽车钥匙和其他进入及启动许可装置放在车外，避免意外接通点火开关。

第三步，沿箭头方向按压卡钩，同时从外向内压出泊车雷达系统传感器 1，如图 4-39 所示。

第四步，解锁并脱开电气连接插头 2。

(2)内部传感器：

第一步，关闭所有用电器。

第二步，将汽车钥匙和其他进入及启动许可装置放在车外，避免意外接通点火开关。

第三步，拆下后保险杠罩。

第四步，解锁并脱开电气连接插头 2，如图 4-40 所示。

第五步，沿箭头方向按压卡钩，同时从外向内压出泊车雷达系统传感器 1。

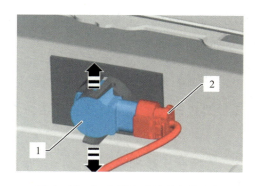

图 4-39　泊车雷达系统外部传感器

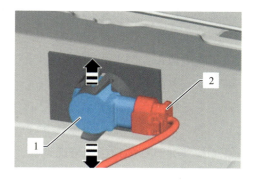

图 4-40　泊车雷达系统内部传感器

注意事项：

①错误的或者损坏的分离环导致功能故障。

②不能转动传感器头上的分离环。

③更换错误的或损坏的分离环。

④检查泊车雷达系统传感器 1 的分离环 3 是否损坏并根据需要更换，如图 4-41 所示。

⑤在泊车雷达系统传感器 1 卡入传感器支架时，注意分离环 3 是否正确安装在传感器头上。

⑥将电气连接插头 2 推入泊车雷达系统传感器 1 并卡止。

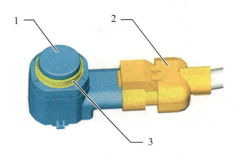

图4-41　泊车雷达系统传感器

⑦将泊车雷达系统传感器1安装到支架上。

⑧安装泊车雷达系统传感器1时，传感器支架的卡钩必须卡入。

图4-42为泊车雷达系统传感器的电路图：

4.2　360全景影像系统拆检

TopView360全息影像是基于视频的停车和挪车功能。

借助四台高分辨率摄像机(百万像素HDR)，在中控屏幕上清晰地显示车辆的前后左右情况。可从鸟瞰视角整体显示车辆四周情况，也可按单个摄像头场景显示。不仅具备图像纠正功能，还具有2D模式和3D模式，如图4-43所示。

1)全景摄像头控制单元的拆检

第一步，关闭所有用电器。

第二步，将汽车钥匙和其他进入及启动许可装置放在车外，避免意外接通点火开关。

第三步，拆卸后排长排座椅托架。

第四步，松开膨胀铆钉2，如图4-44所示。

第五步，解锁并脱开控制单元上的电气连接插头。

第六步，取下控制单元1。

安装以拆卸的倒序进行。

图4-45为全景摄像头控制单元电路图，图中SC21为全景摄像头控制单元J928的供电系统，T20ab/为全景摄像头控制单元J928的接地，J928与网关通过驾驶辅助CAN线连接。全景摄像头控制单元控制前部全景摄像头、左侧全景摄像头、右侧全景摄像头和后部全景摄像头。

左后泊车雷达系统传感器，左后中部泊车雷达系统传感器，右后中部泊车雷达系统传感器，泊车雷达系统控制单元

G203 —左后泊车雷达系统传感器
G204 —左后中部泊车雷达系统传感器
G205 —右后中部泊车雷达系统传感器
J446 —泊车雷达系统控制单元
T3h —3芯插头连接，黑色
T3j —3芯插头连接，黑色
T3l —3芯插头连接，黑色
T14k —14芯插头连接
T14l —14芯插头连接
T26c —26芯插头连接，黑色
THRR —行李箱内的右侧连接位置
352 —接地连接（泊车雷达系统），在右后保险杠号线束里
X68 —连接（泊车雷达系统），在右后保险杠号线束中
* —见适用于多媒体系统的电路图

ws = 白色   gr = 灰色
sw = 黑色   li = 淡紫色
ro = 红色   vi = 淡紫色
rt = 红色   ge = 黄色
br = 褐色   or = 橘黄色
gn = 绿色   rs = 粉红色
bl = 蓝色   blk =
tk =

图4-42 泊车雷达系统传感器电路图

图 4-43　360 全景影像系统

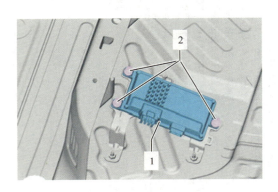

图 4-44　全景摄像头控制单元

2）前部全景摄像头的拆检

第一步，关闭所有用电器。

第二步，将汽车钥匙和其他进入及启动许可装置放在车外，避免意外接通点火开关。

第三步，拆卸前部保险杠罩。

第四步，解锁并脱开电气连接插头 1，如图 4-46 所示。

第五步，松开固定卡。

第六步，取下前方全景摄像头支架 1，如图 4-47 所示。

安装以拆卸的倒序进行，安装时必须听到摄像头支架卡入的声音。

3）侧面全景摄像头的拆检

第一步，关闭所有用电器。

第二步，将汽车钥匙和其他进入及启动许可装置放在车外，避免意外接通点火开关。

第三步，拆卸车外后视镜中的转向灯。

全景摄像头控制单元，前部全景摄像头

J928	— 全景摄像头控制单元，前部全景摄像头
R243	— 前部全景摄像头控制单元
SC	— 保险丝架 C
SC21	— 保险丝架 C 上的保险丝 21
T2be	— 2 芯插头连接
T6b	— 6 芯插头连接
T6c	— 6 芯插头连接
T8ad	— 8 芯插头连接
T14i	— 14 芯插头连接
T14j	— 14 芯插头连接
T17i	— 17 芯插头连接
T17j	— 17 芯插头连接
T20ab	— 20 芯插头连接
TIUL	— 车内的下部左侧连接位置
TML	— 发动机舱内左侧连接位置
297	— 接地连接 12，在车内导线束中
730	— 右后轮罩上的接地点 1

ws	= 白色	gr	= 灰色
sw	= 黑色	li	= 淡紫色
ro	= 红色	vi	= 淡紫色
rt	= 红色	ge	= 黄色
br	= 褐色	or	= 橘黄色
gn	= 绿色	rs	= 粉红色
bl	= 蓝色	blk	= 粉红色
tk	= 蓝色		

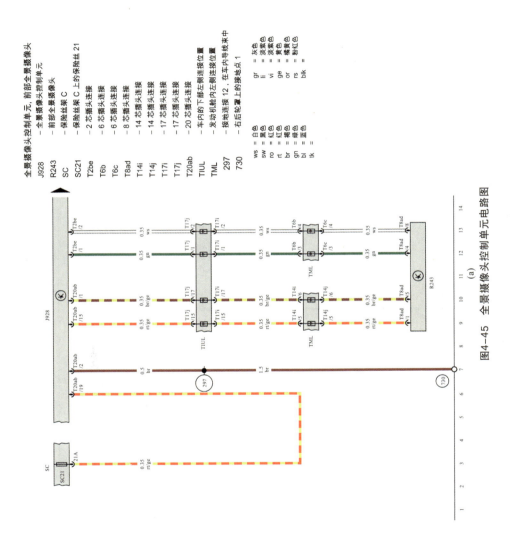

图4-45 全景摄像头控制单元电路图

(a)

数据总线诊断接口，全景摄像头控制单元

J533	—数据总线诊断接口
J928	—全景摄像头诊断接口
R246	—后部全景摄像头
T2cu	—2芯插头连接
T8r	—8芯插头连接
T20ab	—20芯插头连接
T40aa	—40芯插头连接
B775	—连接4（底盘传感器 CAN 总线，High），在主导线束中
B784	—连接3（底盘传感器 CAN 总线，Low），在主导线束中

ws = 白色		gr = 灰色			
sw = 黑色		li = 浅紫色			
ro = 红色		vi = 淡紫色			
rt = 红色		ge = 黄色			
br = 褐色		or = 橘黄色			
gn = 绿色		rs = 粉红色			
bl = 蓝色		blk =			
tk =					

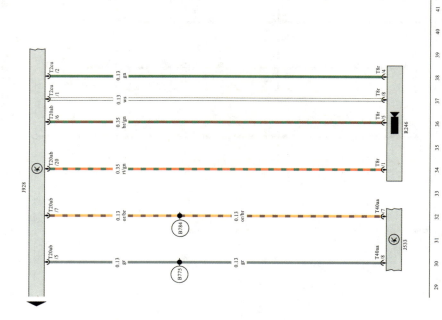

图4—45　（续）

(b)

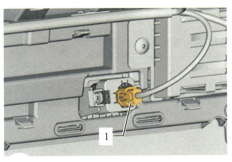

图 4 - 46　前部全景摄像头

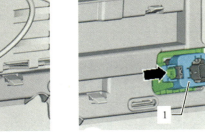

图 4 - 47　前部全景摄像头支架

第四步，拧出螺栓 3，如图 4 - 48 所示。

第五步，从后视镜底架内穿出支架 4 和摄像头 2。

第六步，解锁并脱开摄像头 2 的电气连接插头 1。

第七步，从支架 4 中取出摄像头 2。

安装以拆卸的倒序进行。

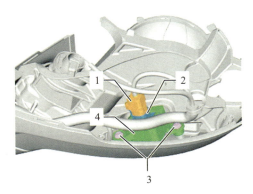

图 4 - 48　侧面全景摄像头

5. 填写考核工单

泊车雷达系统控制单元和全景摄像头控制单元检测工单

一、查询并记录车辆信息					
品牌		整车型号		生产年月	
电动机型号		动力电池类型		行驶里程	

二、描述故障现象，并列举故障可能原因

故障现象描述：

三、用诊断仪读取故障代码

四、控制原理图的绘制

电路图 在维修手册第___章___节___页	控制单元的供电保险	

五、元器件检测

序号	检查项目	检查情况	判定	维修措施
1	控制单元供电电压		正常□ 异常□	
2	控制单元接地电压		正常□ 异常□	
3	控制单元与网关的 CAN－H 波形		正常□ 异常□	
4	控制单元与网关的 CAN－L 波形		正常□ 异常□	

自我测试

(1)简述碰撞预警系统有哪些。

_____

_____

(2)如何拆卸全景摄像头系统控制单元？

_____

_____

(3)简述如何拆卸泊车雷达系统传感器。

_____

_____

拓展学习

制动辅助系统

1. 电子稳定控制系统(electronic stability control，ESC)

ESC 可帮助降低甩尾危险和在某些行驶状况下通过对单个或多个车轮进行制动来改善行驶稳定性。ESC 可识别动态行驶极限状态如汽车转向过度和转向不足或驱动轮打滑。系统通过有针对性的制动干预或降低电驱动装置扭矩帮助稳定汽车。

ESC 有限制性，它不能突破物理规律的限制。ESC 并非在驾驶员要面对的所有情况下都能提供帮助。例如在路面特性发生突然变化时，ESC 并非每次都能提供支持。如果一条干燥的道路的某一段突然被水、泥泞或雪覆盖，ESC 不能以在干燥道路上的方式提供支持。如果汽车"发漂"(在水膜上而非在路面上行驶)，ESC 就不能帮助驾驶员对汽车进行转向，这是因为与路面的接触中断并且汽车因此不能再制动和转向。在快速转弯行驶时(特别是在多弯路段上)，ESC 不总能如在较低车速时一样有效地处理困难的行驶状况。当因驾驶员粗心而将车驶离道路时，ESC 不能突破物理规律的限制，可改善可用的动力传递帮助汽车保持在路面上。ESC 还可改善驾驶员对汽车的控制，支持在极端行驶状况下在道路上通过充分利用驾驶员的转向操作使汽车沿希望的方向继续行驶。如果车速较高，车辆在 ESC 能够提供支持之前已离开道路，则 ESC 不能提供任何支持。

2. 多重碰撞刹车系统

事故发生时，多重碰撞刹车系统可帮助驾驶员，利用自动导入刹车动作降低事故过程中继续碰撞的危险。

当安全气囊控制单元确认符合触发条件，车速超过 10 km/h 并发生碰撞事故时，多重碰撞刹车系统将会生效，多重碰撞刹车系统仅在发生正面碰撞、侧面碰撞和追尾碰撞时起作用。

只要制动系统、ESC 和电子装置未在事故发生时损坏，汽车会通过 ESC 自动刹车。事故发生时，以下动作会优先于自动刹车：

①驾驶员踩加速踏板时，不会自动刹车。

②制动踏板的制动压力大于系统导入的制动压力。

3. 防抱死制动系统（antilock brake system，ABS）

ABS 可以防止制动时车轮抱死，以及支持驾驶员对汽车转向保持控制。

①用力踩下并踩住制动踏板，请勿松开制动踏板或降低施加到制动踏板上的力！

②请勿将制动踏板"松松踩踩"或减小施加到制动踏板上的力！

③松开制动踏板或降低踩到制动踏板上的力时，ABS 会自动退出。

ABS 的调节过程可通过制动踏板的脉动式移动以及噪声识别进行。ABS 不能在所有情况下都缩短制动距离，在砂石路面或新雪覆盖且冰冷或光滑的路面上，制动距离甚至会更长。

4. 液压制动辅助系统（hydraulic brake assist，HBA）

遇紧急情况时大多数驾驶员均会及时制动，但一般不会施加最大制动力，从而使制动距离加长。发生这种情况时，制动辅助系统将开始工作，驾驶员快速踏下制动踏板，HBA 识别出车辆处于紧急状态，迅速将制动压力提高至最大值，从而使防抱死制动系统（ABS）更迅速有效地缩短制动距离。

5. 驱动防滑系统（acceleration slip regulation，ASR）

ASR 在车轮打滑时减小电动机的驱动力，并使驱动力与道路状况相匹配。通过ASR，车辆即使在不利的道路状况下也能轻松起步、加速和上坡。

6. 电子差速锁（electronic differential system，EDS）

电子差速锁可有效防止某个驱动车轮打滑造成的牵引力损失。

EDS 利用 ABS 轮速传感器监控驱动车轮的转速。为防止制动器过热，制动器温度过高时 EDS 将自动关闭，汽车仍可正常行驶，与无 EDS 功能的汽车相同。故系统不会将 EDS 关闭的信息通报驾驶员。制动器温度下降后，EDS 自动重新启动。

制动辅助系统 ESC、ABS、HBA、ASR 和 EDS 只在车辆启动时工作，对提高主动行驶安全性起重要作用。

任务 4.4

安全气囊系统检测与维修

任务引入

　　李先生购买的大众 ID.4 汽车，近期使用时仪表安全气囊指示灯无法熄灭。到 4S 店经省级技能大师检查，诊断仪读取故障码提示"前部碰撞传感器无功能"，并无法清除故障码，于是开展进一步检查维修。

学习目标

　　(1)掌握安全气囊系统的功能与组成。
　　(2)能正确描述安全气囊系统的分类。
　　(3)能够按照工艺规范进行安全气囊系统检测及安装。
　　(4)能够规范选择并使用工具。
　　(5)培养密切协作的团队合作能力。
　　(6)培养自主学习的习惯。
　　(7)培养严谨求实的工作作风。

知识准备

4.4.1　安全气囊系统概述

　　随着社会经济的快速发展，人们生活水平不断提高，国内汽车普及率也大幅增加，提高汽车的安全性尤为重要。消费者在追求舒适经济的同时也越来越重视车辆的安全性，越来越多的安全系统新技术应用在了车辆上。汽车的安全系统分为主动安全系统和被动安全系统，通过事先采取措施防范事故发生的系统称为主动安全系统；在事故发生后尽量减少乘员损伤的安全系统称为被动安全系统。

　　汽车主要的被动安全系统包括防撞式吸能车身、安全带、安全气囊控制系统和主动头枕等。如图4-49所示，防撞式吸能车身是汽车主动安全系统的第一道防线，发生碰撞时通过车前部的溃缩结构变形来吸收并分散碰撞的撞击力，从而减少传输给车内乘员的碰撞力。

图4-49　防撞式吸能车身

　　安全气囊控制系统是被动安全系统中最主要的组成部分。如图4-50所示，在中低速碰撞中，安全带配合座椅的束缚能够产生足够的约束力保护乘员使其免受伤害，此时安全气囊无需点爆。在高速碰撞中，安全带无法阻止驾驶员头部撞向方向盘或乘员头部撞向仪表板，此时，需要安全气囊起辅助作用，弥补安全带不能保护乘员头部、面部和胸部的缺陷，如图4-51所示。安全气囊系统位置如图4-52所示。研究表明，驾驶侧安全气囊可降低14%左右的死亡率，乘员侧安全气囊可降低11%左右的死亡率，安全气囊与安全带配合使用可降低47%左右的死亡率。

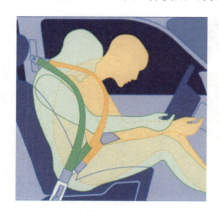

图4-50　安全带-座椅系统

图4-51　安全气囊防护机理

　　安全带和安全气囊系统作为被动安全系统的主要组成部分，由于使用方便、效果显著且造价不高，得到了迅速的发展和普及。安全带和安全气囊系统作为车辆最为重要的被动安全系统，两者配合使用，相互补充，具备以下特点：

图 4-52 安全气囊系统位置

（1）安全气囊主要针对汽车前部碰撞设计。所以当车辆发生其他形式的碰撞（如小车头部钻入大车底部或车辆翻转等），安全气囊不起作用，但安全带对任何形式的碰撞均起作用。

（2）安全气囊必须配合安全带使用。如果发生严重交通事故时没有系好安全带，过大的惯性会将人体推向方向盘或前部中控台，此刻气囊爆炸产生的冲击力会对乘员脸部造成强烈的冲击，轻则造成脸部瘀青，重则导致严重的脑部震荡。

（3）安全气囊是一次性的。当车辆发生连续多次大型前部碰撞时，安全气囊只能起一次保护作用，其余碰撞的保护作用只能由安全带来代劳。

（4）安全气囊仅对少数的前碰撞事故起保护作用。根据国外统计数据表明，仅有10%的前碰撞事故能使安全气囊充气，但大部分前碰撞事故是在驾驶员采取了制动措施而又无法及时停车的情况下发生的，故在车速较低时发生碰撞，安全气囊起作用的机会远低于安全带。

（5）安全带是"生命带"。发生重大道路交通事故，往往会造成乘员从车内甩出或车辆严重翻转，安全气囊的作用非常有限；但若乘员事先系好安全带，就有可能避免乘员被抛出车外造成的严重伤害。

4.4.2 汽车安全带系统

1）汽车安全带系统的作用

汽车安全带是一种主动安全系统，是能够减轻乘员伤害程度的一种装置。一旦汽车发生碰撞，能够将乘员固定在座椅上，避免乘员因惯性作用往前冲撞方向盘或挡风玻璃，阻止乘员被抛离座位造成伤害，并在车身受到猛烈撞击时，防止安全气囊弹出伤害乘员。

2）汽车安全带系统的组成

图 4-53 为安全带系统组成，一般安全带由卷收器、织带和固定机构组成。

卷收器可根据乘员的坐姿和身材等调节安全带长度。

织带是用尼龙或聚酯等合成纤维制成的，是吸收碰撞能量的部分，其通过编织方法及热处理来达到安全带所要求的强度和伸长率等。

固定机构包括带扣、锁舌、固定销和固定座等，是系紧和解开座椅安全带的装置。将织带的一端固定在车身的装置称为固定板，车身固定端称为固定座，固定用螺栓称为固定螺栓。肩部安全带固定销的位置对系安全带时的便捷性有很大的影响，因此为了适合各种身材的乘员，一般都选用可上下调节肩部安全带位置的固定机构。

(a) 织带

(b) 卷收器

(c) 固定装置

图 4-53　安全带系统

图 4-54 为安全带限力器。安全带限力器由力限制板、卷筒和收缩装置轴等组成。安全带限力器、安全带收紧器与座椅安全带搭配使用，可使驾驶员和前排乘客受到最大程度的保护。当汽车发生严重碰撞且安全带收紧器收紧时，若安全带施加在乘员身上的张力达到预定值，安全带限力器动作，控制施加在乘员胸部的安全带张力。

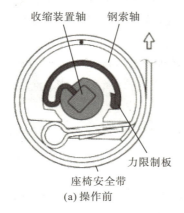
(a) 操作前

(b) 旋转360° 时

(c) 操作状态结束

图 4-54　安全带限力器

当车辆发生严重正面碰撞时，由于乘员进一步向前移动而使安全带所受的力超过预定值，力限制板开始变形，卷筒立即旋转，将安全带向外拉出。与此同时，力限制板继续随卷筒的旋转而绕收缩装置轴变形，成为安全带继续拉出的阻力。当卷筒转过约 1.3 圈时，随着力限制板两端接触，力限制板完成绕收缩装置轴的转动，卷筒也不能再进一步转动，安全带限力器完成其工作。

图4-55为座椅占用传感器。座椅占用系统也是安全带系统是否激活的重要前提，是空调系统进入开启的重要一环。为了能够识别副驾驶员是否系紧安全带，控制单元需要副驾驶员座位是否被占用的信息。占位传感器(G1067)位于坐垫和座套之间。根据受力的不同，占位传感器的电阻发生改变，并将改变值发送至SRS控制单元。当受力超过5 kg时，SRS控制单元即识别"座位已被占用"。如果SRS识别到座椅占用，但未系安全带，则通过仪表及声音提示；如果检测到未被占用，则安全带预紧不工作。例如MEB平

图4-55　座椅占用传感器

台的ID系列车型，引入了全新的低压—高压的上电逻辑，采用了新的无钥匙舒适系统激活过程。

3)汽车安全带系统分类

(1)被动式安全带预收紧装置。

如果安全带过松，当发生碰撞事故时，安全带由于张紧余量过大而未能及时绷紧，乘员可能从安全带下面滑出去或碰到正在爆炸膨胀的气囊，这两种情况都会导致乘员严重受伤。

被动式收紧装置主要是采用卷帘弹簧产生的弹力作用在织带轮上，同时将安全带拉紧的方式。当车辆发生碰撞时，收紧装置能瞬间锁止，将乘员牢牢约束在座椅上，防止二次碰撞伤害。被动式收紧装置的锁止机构主要有钢球锁止和离心锁止机构两种。图4-56为安全带锁止机构。

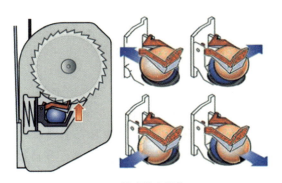

(a)钢球锁止机构　　　　　　　　　　(b)离心锁止机构

图4-56　安全带锁止机构

车辆快速转弯、倾斜度较大(翻车)、紧急制动或发生碰撞事故时，锁止系统通过一个钢球进行控制。钢球在惯性作用下发生位移，这样就会挤压位于钢球上方的锁止

片。如图4-56(a)所示，锁止片一端固定，另一端在钢球挤压下往上移动卡住安全带卷筒齿轮。安全带卷筒不能再旋转，安全带也就不能再被拉出。惯性力消除时，钢球回到原位，锁止状态解除。

离心式锁止机构通过离心力进行控制。如图4-56(b)所示，当迅速拉出安全带时，离心装置在离心力作用下向外甩出，推动内置的锁止齿轮锁止安全带卷筒齿轮。安全带卷筒不再旋转，安全带也不能再被拉出。安全带放松时，在弹簧拉动下离心装置回到原位，锁止状态解除。安全带收卷装置除了上述功能外，有些车型还会配备安全带物体固定功能。该功能可在安全带被快速拉回时锁止安全带，防止物体的无控制移动。

（2）主动式安全带预收紧装置。

主动式预收紧安全带也称预缩式安全带。这种安全带的特点是当汽车发生碰撞的一瞬间，乘员尚未向前移动时它会首先拉紧织带，立即将乘员紧紧绑在座椅上，并锁止织带防止乘员身体前倾，有效保护乘员的安全。主动预紧式安全带中起主要作用的卷收器除了有普通卷收器的收放织带功能，还能在车速发生急剧变化时，在极短时间内从乘员左右侧加强约束力，因为它还有控制装置和预拉紧装置。主动式安全带收紧装置按其能否重复使用分为不可逆式预紧器和可逆式预紧器两类。

①不可逆式预紧器。

图4-57为不可逆式安全带预紧器。不可逆式预紧器按其工作原理分为转子式、齿条式、拉锁式和滚珠式等。不可逆式预紧器在发生交通事故触发后不能恢复初始状态，因此必须对其进行更换。转子式预紧器、齿条式预紧器和拉锁式预紧器安全带均为不可逆式收紧器，是靠气体发生器激发而发挥作用的，内部炸药消耗后，收紧功能便失效。

当车辆发生碰撞时，传感器一旦检测到前方碰撞高于预设值，引燃信号即被传送到动力装置的电子点火器，启动预拉紧式安全带。在乘客因碰撞惯性而向前移动之前，预紧式安全带收紧并保持该状态，使乘客能够牢固地坐在座椅上，安全带的拉紧负荷设置在不会伤害乘客的程度。当安全带尚未松弛，安全带收紧约50 mm；若安全带稍微有些松弛，安全带最大会收紧约100 mm。

图4-57(a)为转子式预紧器。转子式预紧器在激发时，首先点燃上部引爆管，产生的高压气体推动转子以顺时针方向转动，当转子旋转并密封左侧气缸时激发下部引爆管，膨胀的气体继续推动转子旋转，旋转的转子带动织带轴收紧安全带。

图4-57(b)为齿条式预紧器。齿条下部空管内安装有气体发生器，当碰撞发生时，安全气囊控制单元激发内部炸药爆炸，产生的高压气体推动齿条向上运动，由此带动啮合齿轮转动并收紧安全带。

图4-57(c)为拉锁式预紧器。拉锁式预紧器将拉锁缠绕在耦合盘上，一般连接着活塞，并安装在固定管路内部。当安全气囊控制单元激发内部炸药时，膨胀的气体推动活塞向上运动，缠绕的拉锁拉动耦合盘旋转，带动织带卷轴旋转收紧安全带。

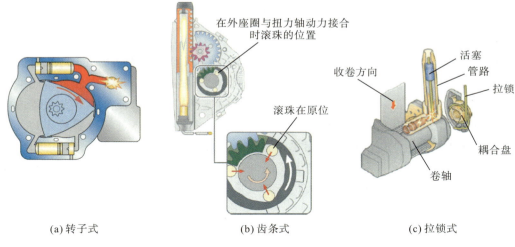

(a) 转子式	(b) 齿条式	(c) 拉锁式

图 4-57　不可逆式安全带预紧器

②可逆式预收紧器。

图 4-58 为电动可逆式安全带预紧器。当预碰撞座椅安全带系统被激活时，集成在安全带卷收机构中的可逆式安全带预紧器电动机也被激活。可逆式预紧器可在车辆运行时更好地将乘员固定在座椅上。

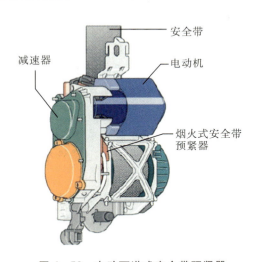

图 4-58　电动可逆式安全带预紧器

可逆式安全带张紧器由一个燃爆式和一个电动可逆式安全带张紧器及一个控制单元组成。控制单元集成在 CAN 数据总线系统中，当数据总线上出现相应信息时，电动可逆式安全带张紧器启动。燃爆式安全带张紧器则通过安全气囊控制单元触发。可逆式预紧器的安全带允许激活 1000 次预紧，之后必须更换整个安全带卷收模块。

4)汽车电控安全带系统的工作原理

安全气囊和电控安全带共用安全气囊 SRS 控制单元，安全带收紧器为座椅安全带控制系统的执行机构，防护传感器设置在控制单元内部，用于接通安全带收紧器的电源电路。当汽车遭受碰撞且车辆减速度达到前碰撞传感器和防护传感器的设定值时，安全带控制系统的防护传感器将安全带点火器的电源电路接通。前碰撞传感器信号输入安全气囊控制单元后，控制单元将立即发出控制指令接通安全带收紧器点火器的电路，引药释放大量热量使充气剂受热分解并释放出大量膨胀气体进入收紧器导管。活塞在膨胀气体的推力作用下带动钢索迅速移动。与此同时，钢索通过耦合盘带动安全带卷筒转动将安全带收紧，并在碰撞后 8 ms 内将安全带收紧 10～15 cm，缩短驾乘人员身体向前移动的距离，防止驾乘人员面部及胸部与转向盘、挡风玻璃或仪表台发生碰撞而受到伤害。

当汽车行驶速度较低(低于 30 km/h)时，控制单元判断为不必引爆安全气囊，仅引爆座椅安全带收紧器的点火器。当汽车行驶速度较高(超过 30 km/h)时，碰撞产生的减速度和惯性较大，传感器将此信号输入安全气囊控制单元，安全气囊控制单元向安全带收紧器点火器发出点火指令，同时还向气囊点火器发出点火指令，引燃安全气囊点火器。

4.4.3　安全气囊系统的结构组成

为了减轻汽车发生严重正面碰撞对驾乘人员造成的伤害，汽车生产厂家在驾驶员前端方向盘中央装备了汽车电子安全气囊系统(supplemental inflatable restraint system，SRS)，为了更进一步降低碰撞对驾乘人员的伤害，部分车辆还装备了膝部气囊和侧气帘。实验和实践证明，汽车发生碰撞事故时，安装安全气囊系统可大幅度减小碰撞对驾乘人员的伤害程度。

当汽车发生正面碰撞事故时，安全气囊控制系统检测到冲击力(或减速度)超过设定值，安全气囊控制单元立即接通充气元件中的电爆管电路，点燃电爆管内的点火介质，引燃点火药粉和气体发生剂，产生大量气体，在 0～30 ms 内为气囊充气，使气囊急剧膨胀，冲破方向盘上装饰盖板并鼓向驾乘人员；并放出气囊中的部分气体，使驾乘人员的头部和胸部压在充满气体的气囊上，减缓碰撞对驾乘人员的冲击。

图 4-59 为安全气囊系统的结构组成。安全气囊系统分布在汽车的不同位置，各型汽车所采用的部件结构和数量各有不同，但基本组成和工作原理大致相同。汽车安全气囊系统主要由安全气囊传感器、电控单元(ECU)、安全气囊警告灯和安全气囊组件等组成。

1)安全气囊传感器

安全气囊传感器是碰撞传感器，是安全气囊系统中主要的控制信号输入装置。其作用是在汽车发生碰撞时，检测出汽车碰撞强度信号，并将信号输入安全气囊控制单

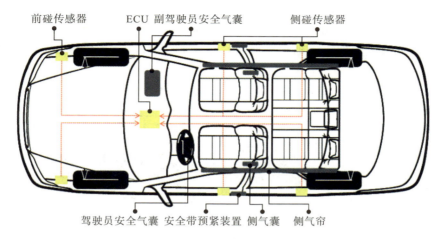

图 4 - 59　安全气囊系统结构组成

元，控制单元根据碰撞传感器信号判断是否引爆充气元件使气囊充气。安全气囊传感器包括碰撞传感器、中央碰撞传感器和安全传感器。

（1）碰撞传感器。

图 4 - 60 为车身碰撞传感器安装位置。汽车车身一般设置 2～4 个触发碰撞传感器。位置一般在车身的前部和中部，碰撞传感器安装于车身两侧的翼子板内侧、前照灯支架下面及发动机散热器支架两侧等部位。

安装有侧向安全气囊系统的汽车，左右侧车门内饰板内也装有碰撞传感器，用以检测侧面碰撞。

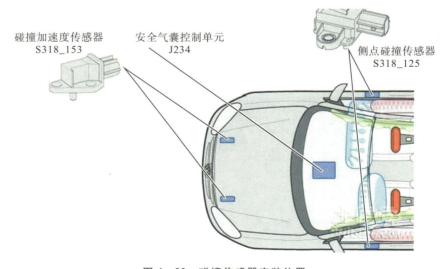

图 4 - 60　碰撞传感器安装位置

图 4-61 为滚球式传感器。滚球式传感器右侧为永磁体，产生的磁场将钢制滚球牢靠地吸引在一起，导向缸左侧的触点处于断开状态。当车辆遭受碰撞，铁球收到的冲击力大于磁场的吸引力时，钢球往左运动，触点受到撞击后接通，并将碰撞信号传递至 SRS 控制单元。

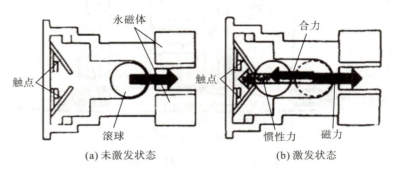

(a) 未激发状态　　　　　　(b) 激发状态

图 4-61　滚球式传感器

图 4-62 为偏心锤式传感器。偏心锤式传感器主要由外壳、偏心转子、偏心重块、固定触点和旋转触点等部分组成。在传感器本体外侧有一个电阻 R，其作用是对系统进行自检时，检测安全气囊的 ECU 与碰撞传感器之间的线路是否有断路或短路。

在正常情况下，偏心转子和偏心重块在螺旋弹簧力的作用下，紧靠在与外壳相连的止动器上。此时固定触点和旋转触点并未接合。当发生正面碰撞，碰撞的减速度超过预定值时，由于偏心重块惯性的作用，偏心重块连同偏心转子和旋转触点作为整体一起转动，从而使固定触点和旋转触点接触，碰撞传感器输出电信号。

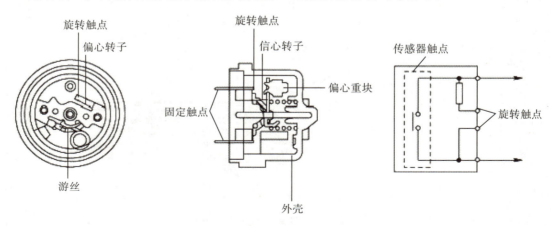

图 4-62　偏心锤式传感器

（2）中央碰撞传感器。

中央碰撞传感器即安装于车身前部中央位置的传感器。中央碰撞传感器根据应变电阻片的不同分为电子式和机械式两种。电子式中央碰撞传感器是一个半导体压力传感器，它将传感元件、信号适配器和滤波器等集成在一块 PBC 电路板上，具有可靠性高、功能强等优点。传感器有一悬臂梁，悬臂梁的质量就是惯性质量，当传感器承受冲击时，悬臂梁会发生弯曲。这一弯曲变形由其上的应变电阻片测出，并转换成随减速率线性变化的电信号，经集成电路整理放大后输出。

（3）安全传感器。

安全传感器也称为触发传感器或保护传感器。安全传感器一般安装在 SRS 控制单元内部，串联在碰撞信号电路中，通常有 2 个。安全传感器用来防止在非碰撞的情况下引起气囊的误动作，安全传感器信号传给安全气囊电控单元以判断是否真发生碰撞。

图 4-63 为机械式安全传感器，当碰撞发生时，在惯性的作用下钢棒向左运动接通两个触点，碰撞传感器供电导通。图 4-64 为汞开关式安全传感器，在惯性的作用下汞球向上运动接通触点，两个触点接触后碰撞传感器开始工作。

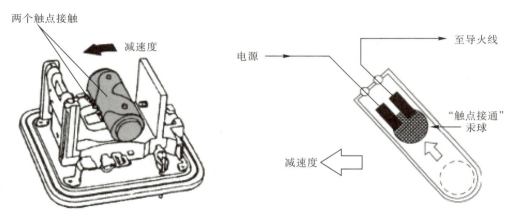

图 4-63　机械式安全传感器　　　　图 4-64　汞开关式安全传感器

2）安全气囊组件

图 4-65 为安全气囊组件。气囊组件由气囊、充气元件和点火器组成，不可分解，均安装在方向盘内或工具箱上端。

（1）气囊。

气囊安装在充气元件上部，气囊在静止状态时，折叠成包，安装在气体发生器上部与气囊饰盖之间，用塑料盖板护住。气囊膨胀时排气孔就开始排气，在乘员接触到气囊前变软，可起到缓冲作用，减轻对驾乘人员的伤害。

（2）充气元件。

充气元件又称为气体发生器，其功用是在点火器引爆气体发生剂时，产生气体向气囊充气，使气囊张开。根据驾驶员侧或乘客侧的使用情况不同，气体发生器有罐状和筒状结构。

图 4-66 为充气元件内部结构。充气元件利用热效反应产生氮气并将气体充入气

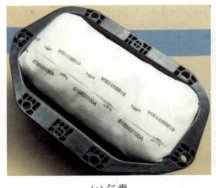

(a) 气囊   (b) 充气元件

图 4-65　安全气囊组件

囊。充气元件壳体由上盖和下盖两部分组成，上盖与下盖压成一体，壳体内装有充气剂、滤网和点火器。上盖制有若干个长方形或圆形充气孔；下盖制有安装孔，采用专用螺栓和专用螺母固定在气囊支架上，装配时只能用专用工具进行装配。金属滤网安装在气体发生器的内表面，用以过滤充气剂和点火剂燃烧产生的渣粒。

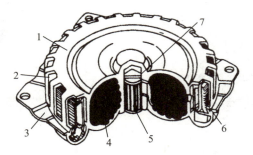

1—上盖；2—充气孔；3—下盖；4—充气剂；5—点火器药筒；6—金属滤网；7—电热丝。

图 4-66　充气元件内部结构

（3）点火器。

点火器的结构如图 4-67 所示。点火器外包铝箔，安装在气体发生器内部中央位置，点火器的所有部件均装在药筒内。引出导线与气囊连接器插头连接，连接器（一般为黄色）中设有短路片（铜质弹簧片）。当连接器插头拔下或插头未与插座完全接合时，短路片将两根引线短接，防止静电或误接通电热丝电路而引爆点火剂误开安全气囊。点火剂包括引药和引爆炸药。

3）安全气囊系统线束

图 4-68 为安全气囊线束连接。安全气囊系统的所有线束都套装在黄色的波纹管内，并与车颈线束连成一体。为了保证转向盘具有足够的转动角度而又不致损伤安全气囊组件的连接线束，在转向盘与转向柱管之间采用了带滑环的线圈，即将线束安装在螺旋形弹簧内，再将螺旋弹簧放到弹簧壳体内。安全气囊系统线束连接器防气囊误

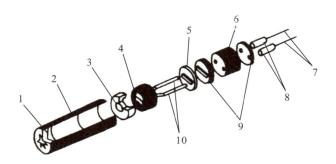

1—引爆炸药；2—药筒；3—引药；4—电热丝；5—陶瓷片；6—永久磁铁；7—引出导线；8—绝缘套筒；9—绝缘垫片；10—电极。

图 4-67　点火器结构

引爆机构可防止维修拆卸时由于静电或误通电而引爆气囊，设计有防气囊误爆机构、端子双重锁定机构、插接器双重锁定机构和电路连接检查机构。

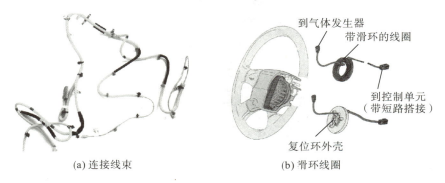

(a) 连接线束　　　　　　　　(b) 滑环线圈

图 4-68　安全气囊线束连接

4）保险机构

安全气囊系统工作可靠与否，直接关系到人身安全。图 4-69 为大众汽车安全气囊系统短路电桥插接器。它的工作原理：如果安全气囊插接器断开，短接电桥采用的应力钢片将插接头的两个端子短接，避免气囊意外释放。

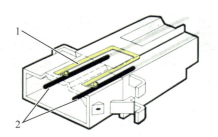

1—短路电桥；2—插接头。

图 4-69　短路电桥插接头

5）安全气囊控制单元

图 4-70 为汽安全气囊控制单元。安全气囊控制单元又称为 SRS ECU，由中央处理器、只读存储器、随机存储器、I/O 接口和驱动器等电子电路组成。同时，安全气囊 ECU 内部还有安全传感器、备用电源、稳压电路和故障自诊断电路等。

在车辆运行过程中，安全气囊 ECU 不断接收前碰撞传感器和安全传感器传来的车速信号，经过数学计算和逻辑判断后，判断是否发生碰撞。当确定发生碰撞时，立即进行控制点火器的程序，并向点火器控制电路发出点火指令，引爆点火剂，充气剂受热分解释放氮气充入气囊。

安全气囊 ECU 还需对控制组件中的关键部件电路不断地进行诊断测试，并通过 SRS 指示灯和故障码来显示测试结果。仪表板上的 SRS 指示灯可以直接向驾驶员提供安全气囊系统的状态信息。

图 4-70　安全气囊控制单元

6）SRS 指示灯

图 4-71 为 SRS 指示灯。SRS 指示灯位于仪表板上，车辆通过 CAN 数据总线控制 SRS 指示灯。汽车发动点火 3 s 后进行警示灯测试，如果系统无故障，指示灯闪亮后自动熄灭。如果指示灯不亮、一直发亮或在汽车行驶途中突然发亮或闪亮，表示自诊断系统发现安全气囊系统有故障，应及时排除。发生撞车事故后，指示灯会一直亮。

图 4-71　安全气囊故障灯

4.4.4 安全气囊系统的控制过程

图 4-72 为安全气囊系统的工作过程。当汽车受到前方一定角度范围内的碰撞时，车体会受到强烈的撞击，车速急剧下降。安装在汽车前端的前碰撞传感器和安装在 SRS ECU 内部的中央碰撞传感器都会检测到汽车突然减速的信号，并将此信号输送给 SRS ECU，以便判断是否发生碰撞。当汽车遭受碰撞且减速度达到设定值时，SRS ECU 发出控制指令由驱动电路将气囊组件中的点火器的电路接通，气囊冲开气囊组件上的装饰盖迅速展开，在驾乘人员面部和胸部前部形成弹性气垫。然后及时泄漏和收缩，使人体与车内构件之间的碰撞变为弹性碰撞，通过气囊产生变形和排气节流来吸收人体碰撞产生的动能，从而有效地保护驾乘人员身体。

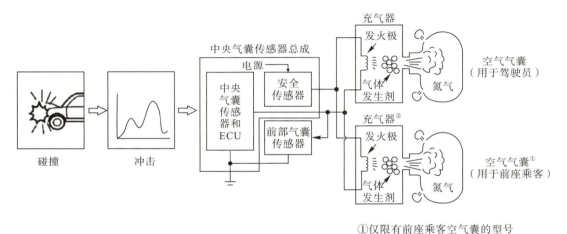

图 4-72 安全气囊的工作过程

1）前部安全气囊工作过程

当车速超过 30 km/h 且碰撞加速度达到 40 g/m² 时，安全气囊达到引爆阈值，图 4-73 为安全气囊工作过程的分解片段。

（1）SRS 在碰撞发生 10 ms 后引爆。

（2）气囊在碰撞发生 30 ms 后充满了整个气囊，气囊膨胀达到其体积较大值，因为惯性的作用驾驶员开始向前方运动，驾驶员在安全带约束力的作用下抵消了部分惯性引发的动能。

（3）驾驶员的头部和胸部开始压向气囊，当碰撞发生 60 ms 后，气囊的排气孔在向外排出气体的时候会产生阻尼力，阻尼力可以大幅度吸收人体动能，避免驾驶员与汽车内部饰件的接触。

（4）在碰撞发生后的 100 ms 内气囊内的气体基本排出，此时驾驶员的身体重新回到汽车座椅上保持后背紧贴座椅的姿势，可看到汽车前部的正常视野。

（5）碰撞约 120 ms 后，完成了对驾驶员的保护作用，解除了驾驶员可能发生二次碰撞的威胁，此时汽车开始减速直至停车。

经过对上面气囊工作过程的分析，气囊从开始工作进行充气到整个气囊充满气并且达到气囊体积较大的整个过程仅需 30 ms；从汽车遭受碰撞气囊开始工作到气囊完成保护作且排气收缩的过程仅需 120 ms 左右。人们完成一次简单的眨眼动作也需要 200 ms，远远超出了气囊工作的时间，可见气囊的工作过程耗时非常短，人们用肉眼无法分辨气囊的动作过程。

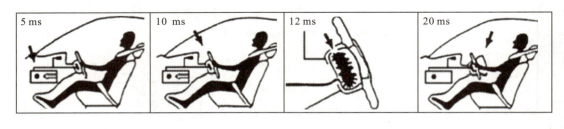

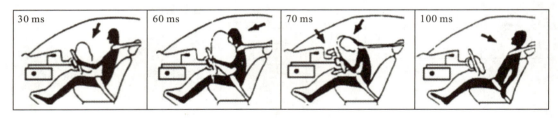

图 4 - 73　安全气囊工作过程的分解

2）前排安全气囊的有效作用范围

图 4 - 74 为前排安全气囊有效作业角度。安全气囊系统并非在所有碰撞情况下都能起作用，在汽车正前方或斜前方 ±30° 角范围内发生碰撞且其纵向减速度达到某一值时，气囊才能被引爆。

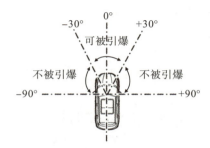

图 4 - 74　安全气囊的有效作业角度

前排气囊在以下任何条件下，都不会动作：

(1)汽车遭受侧面碰撞超过斜前方±30°角。

(2)汽车遭受横向碰撞。

(3)汽车遭受后方碰撞。

(4)汽车发生绕纵向轴线侧翻。

(5)纵向减速值未达到设定阈值。

(6)汽车正常行驶、正常制动和在路面不平的道路上行驶。

3)侧面安全气囊工作过程

图4-75为侧面安全气囊。侧面安全气囊位于座椅靠背外侧衬垫内，在座椅靠背上标有气囊标识。侧面安全气囊是对安全带的补充，发生侧面碰撞时，侧面安全气囊会降低碰撞对车内乘员的伤害，防止再次碰撞。

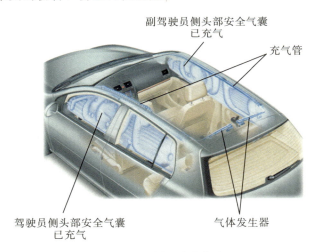

图4-75 侧面安全气囊

侧面安全气囊的工作原理：如果发生侧面碰撞事故，传感器会感知到车辆侧面加速度发生急剧变化，并将信号送至控制装置，若达到安全气囊工作条件，侧面安全气囊会瞬间起爆。

注意：在遇到侧面撞击时，只有受到撞击侧的侧面安全气囊会起爆。如果撞击发生于副驾驶员侧，即使座位上没有乘员，副驾驶员侧的侧面安全气囊也会起爆。

4)安全气囊诊断注意事项

在维修、检测安全气囊系统时，要严格按正确顺序进行操作。否则，会使安全气囊系统在检修过程中意外展开而造成严重事故，或致使安全气囊系统不能正常运作。因此，在排除故障之前，一定要注意以下几点：

(1)维修安全气囊必须由专业维修人员进行。

(2)SRS故障码优先。如果对安全气囊进行故障检测，应该首先读取SRS系统的故障码，根据故障码制订相应的维修计划。

（3）安全气囊系统有备用电压，在进行维修操作时，必须整车下电并断开负极 90 s 后进行。

（4）发生碰撞的车辆即使安全气囊没有弹出，也需要检测 SRS 系统。

（5）应用高阻抗的数字万用表，不能用测试灯去测任何与电脑相连的电气装置，以防止电脑和传感器损坏。

（6）安全气囊从专用容器内取出后必须立即安装。

（7）有损坏痕迹的安全气囊不允许安装到车上。

（8）接触安全气囊前必须释放自身静电。

（9）安全气囊必须永远正面向上放置。

（10）操作结束后，连接蓄电池负极时，车内必须无人。

（11）如果车辆安全气囊被触发，必须将整车安全气囊进行更换，装备不可逆预紧式安全带系统的车辆要更换该系统，需将安全气囊控制单元一并更换。

任务实施

1. 作业说明

安全气囊故障灯无法熄灭的原因包括碰撞传感器反馈信号、安全气囊组件或安全气囊控制单元本身故障等。要确定故障产生的原因，需要结合诊断仪进行进一步测量诊断。

2. 技术标准与要求

汽车安全气囊系统存在被意外激发的可能性，因此在诊断维修时需要严格遵守维修手册的诊断流程，切忌采用带电的方式测量传感器及线束。表 4－1 为安全气囊各部件扭紧力矩。

表 4－1　安全气囊各部件扭紧力矩

名　　称	要　　求
安全带锁拧紧力矩	
安全带滑动支架拧紧力矩	
安全带导向机构拧紧力矩	
安全带回卷装置拧紧力矩	
前部碰撞传感器拧紧力矩	
侧面车身碰撞传感器拧紧力矩	

注：请学员查阅维修资料后填写。

3. 设备器材

(1)设备与零件总成。

_____

_____

(2)常用工具。

_____

_____

(3)耗材及其他。

_____

_____

注：请学员根据场地实际设备器材填写。

4. 作业流程(学生制订拆检计划，实施任务，教师指导)

4.1　读取 SRS 系统相关故障码、数据流

具备控制及通信功能的模块一般均能记录并储存故障码。通过故障诊断仪并结合故障现象能快速缩小故障范围，确定故障点。

ID.4 车型 SRS 模块位于驱动总线，可以使用诊断仪读取故障信息，诊断流程：

(1)关闭点火开关，将诊断头连接至诊断接口，接通诊断仪；打开点火开关；在诊断仪上进入诊断"功能"选择界面，选择"车型诊断"；进入"车型诊断"选择界面，选择需要诊断的车型；再进入"诊断系统"选择界面。

(2)在"联网选择界面"选择"驱动总线上的安全气囊控制单元"选项，选择"读取故障码"选项，读取故障相关信息。

4.2　安全带检查

(1)把安全带从自动回卷装置上完全拉出，检查带身是否脏污，必要时用中性肥皂液清洗。

(2)检查主动预紧安全带回卷装置功能。

①不带负载状态锁止功能检查。快速地将安全带从自动回卷装置上拉出，如果安全带正常，此时触发被动锁止功能，安全带无法拉出。

②带负载状态锁止功能检查。系好安全带，将车辆加速到 20 km/h，然后把制动器踩到底进行最大制动。如果在制动过程中，安全带没有被锁止机构锁止，则整套更换安全带(连同锁扣)。

(3)检查锁扣是否有裂缝或裂开，如果发现损坏，则整套更换安全带(连同锁扣)。

(4)将锁舌推入安全带锁，直到听见啮合声。用力拉动带身，检查锁止机构是否啮

合。至少进行 5 次检测，如果有一次锁舌没有锁在锁扣内，那么就要更换整套安全带（连同锁扣）。

4.3　主动预紧式安全带系统拆卸

当车辆发生严重交通事故导致安全带回卷功能失效或锁扣变形，需要更换安全带系统。

1) 安全带锁拆卸

图 4-76 为安全带锁拆卸示意图。安全带锁安装在座椅总成侧面，拆卸之前需要先断开安全带插入传感器插接器，再拧下内六花螺栓，最后将安全带锁从座椅支架上取下。安装步骤与拆卸步骤相反即可。

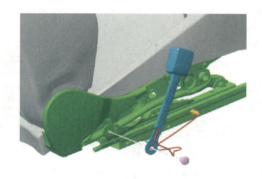

图 4-76　安全带锁拆卸

2) 安全带高度调节装置拆卸

图 4-77(a) 为安全带高度调节装置拆卸示意图。首先，拆卸 B 柱上部饰板，拆卸螺栓 3 前需要撬开字牌 2，再从车门密封条 1 处用开尾销撬开，再在 B 位置撬开 4 所在的卡扣；接下来拆卸高度调节装置（图 4-77(b)），拆卸导向带 1 及与车身的固定装置

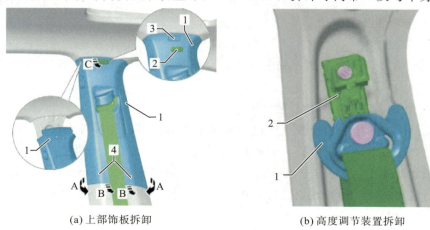

(a) 上部饰板拆卸　　　　　　　　　(b) 高度调节装置拆卸

图 4-77　安全带高度调节装置拆卸

2。安装步骤与拆卸步骤相反。

3）主动预紧安全带回卷器拆卸

首先，拆卸 B 柱下部饰板，如图 4 - 78 所示，在 A 处撬开卡扣，拉出饰板。ID. 4 装备了主动预紧安全带回卷器，为避免安全气囊系统意外激发，在拆卸回卷器前需要先断开蓄电池负极，再拆下预紧器插接器。

图 4 - 78　下部饰板拆卸

4）主动预紧安全带回卷器安装

插接器的拆卸如图 4 - 79 所示。安装回卷器前需要先将回卷器卡扣卡入回卷器支架中，其他步骤与拆卸步骤相反。

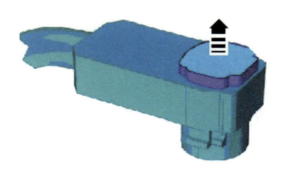

图 4 - 79　插接器拆卸

主动预紧安全带的拆卸注意事项：安装完成后，连接车辆电源，车内不允许维修人员停留，防止可能的故障激发安全气囊而对人员造成伤害。

4.4　安全气囊检查

在进行安全气囊总成拆卸时必须注意：人体携带的静电可能导致安全气囊意外触发。因此，在进行以上操作前必须消除维修人员身上的静电，可以通过触摸车门锁扣等裸露的部件进行，为避免可能的激发导致对人员的伤害，连接蓄电池前不允许有人员在车内。

安全气囊存在被误激发而膨出的可能性，因此要利用汽车自检及故障码检查方法，不能用测量传统汽车电路的测量方法。

（1）车辆上电自检时，观察仪表安全气囊指示灯是否正常点亮。6 s后是否正常熄灭，如果是则说明安全气囊系统正常；如果故障灯亮，使用诊断仪读取相应故障码并采用对应的处理措施。如果安全气囊线束出现故障，不能采用重新包扎连接的方法维修，必须更换整条线束。

（2）检查车辆内部标有SRS的位置（例如方向盘、乘客侧中控台、座椅侧和B柱侧）是否有裂纹或遮挡物，若有，维修裂纹或移除遮挡物。

4.5　安全气囊拆卸

本节以驾驶员侧安全气囊为例讲解安全气囊的拆卸流程，其他位置的气囊查询相应侧维修手册中的拆卸流程。

为避免安全气囊的意外激发首先需要断开蓄电池，并等待6 min以上，待备用电源放电完成后方可进行。图4-80为驾驶员侧安全气囊总成。大众ID.4安全气囊与转向盘LOGO饰板为一体，拆卸只需将总成拆下。

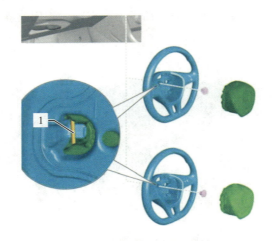

图4-80　驾驶员侧安全气囊总成

（1）将方向盘拉出至驾驶座最高极限位置，并向左旋转100°，使用螺丝刀刺穿如图4-81所示的底部封口1，并将螺丝刀插入底部封口的极限位置再回退1~2 mm，此刻螺丝刀的刀口应卡在方向盘底部封口的限动位置。

（2）用手轻轻按压方向盘的相应位置，已经解锁的安全气囊总成从左侧锁止机构中解锁，可以将气囊总成从方向盘拉出。

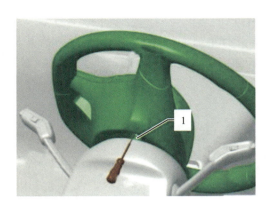

图 4-81　驾驶员侧安全气囊总成

(3)断开如图 4-82 所示的气囊总成控制插接器 1，该插接器为两级锁扣，需要先拉出锁扣 2，再按压黄色锁扣，最后将插接器抽出。然后断开箭头 b 所处的多功能方向盘的连接插接器。

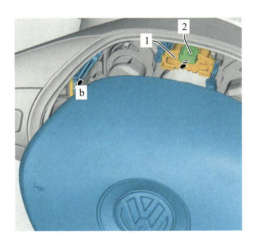

图 4-82　驾驶员侧安全气囊插接器结构

(4)安全气囊的安装步骤与拆卸步骤相反。在插接气囊插接器时必须听到插头的啮合咔嗒声，将气囊总成按压回方向盘时需要听到卡座的啮合声。

4.6　安全气囊传感器拆卸

ID.4 车辆全车布置了五个传感器，包括一个安装于进气格栅下部的前部传感器和四个侧面碰撞传感器。

这五个传感器为加速度式电容传感器，在安装位置进行了机械编码，不能互换。该类传感器的特点是在车辆发生溃缩变形前能将碰撞信号发送至安全气囊控制单元。

拆卸传感器前须关闭点火开关断开蓄电池且释放静电。

1)前部碰撞传感器的拆卸

如图4-83所示，首先拧下前部传感器的安装螺栓，将其从车身取下，再将传感器插接器取下，插接器的拆卸方法如图4-84所示。

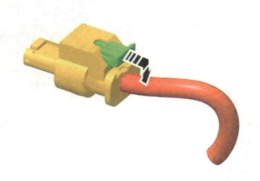

图4-83　前部传感器的拆卸　　　　　　　图4-84　插接器解锁

2)侧面碰撞传感器的拆卸

该步骤以驾驶员侧为例，副驾侧与驾驶员侧操作过程完全一样。首先拆下车门饰板(车门饰板拆卸方法参考维修手册)。如图4-85所示，传感器1位于玻璃升降器旁，拆卸时沿逆时针旋转45°即可将其从门板上取下，安装步骤与拆卸步骤相反。

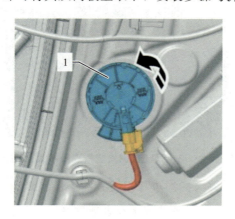

图4-85　侧面传感器的拆卸

3)侧车身碰撞传感器的拆卸

侧车身碰撞传感器位于座椅后侧，车身与门槛位置连接处。图4-86为车身碰撞传感器拆卸示意图。首先拆下连接螺栓1，将传感器从车身取下，断开插接器锁扣。

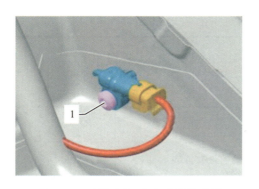

图 4-86 拆卸侧面车身碰撞传感器

4.7 安全气囊控制单元拆卸

安全气囊控制单元安装在中央通道前部，拆卸前需要先将中央通道拆除，具体步骤查询中央通道拆卸维修手册。

如图 4-87 所示，安全气囊控制单元通过两种规格螺母固定在车身上，拆卸前关闭点火开关，断开蓄电池连接。首先松开并拆下固定螺母，再断开插接器。安装步骤与拆卸步骤相反。

4.8 座椅占用传感器拆卸

座椅占用传感器用于检测该座椅是否被占用，其安装于前排座椅最靠后且最高的位置，其通过弹性卡扣应力卡于座椅支架上。拆卸时先掰开弹性卡扣，将其从支架上取下，再取下传感器插接器。安装步骤与拆卸步骤相反。

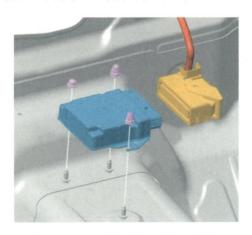

图 4-87 安全气囊控制单元的拆卸

5. 填写考核工单

一、查询并记录车辆信息					
品牌		整车型号		生产年月	
电动机型号		动力电池类型		行驶里程	
查询用户手册，记录前悬架拆装					
二、拆装步骤及紧固规格（拆卸后需向考官报备）					
安全带系统拆装步骤		在维修手册第___章___节___页		扭力规格/（N·m）	
前部碰撞传感器拆装步骤		在维修手册第___章___节___页		扭力规格/（N·m）	
侧面车身碰撞传感器拆装步骤		在维修手册第___章___节___页		扭力规格/（N·m）	
安全气囊控制单元拆装步骤		在维修手册第___章___节___页		扭力规格/（N·m）	

自我测试

（1）简述安全气囊系统检测流程。

_____

_____

（2）制订安全气囊维修工作计划。

_____

_____

（3）简述安全气囊系统检测维修的注意事项。

_____

_____

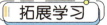

以人为本——安全气囊发展的新技术

安全气囊和安全带作为被动安全系统之一是发生交通事故时驾乘人员最后的救命稻草，市场规模大。被动安全系统的侧重点是在发生交通安全事故时保证车内人员的安全，包括安全带、安全气囊。随着科技的发展和人们对汽车安全重视程度的提高，汽车安全技术中的安全气囊技术近年来也得到了快速发展，智能化的多安全气囊是今后安全气囊系统发展的必然趋势。

新的技术可以更好地识别乘客类型，采取相应的保护措施。系统采用重量传感器、红外传感器和超声波传感器等判断乘客与仪表板远近、乘客的重量和身高等数据，进而在碰撞发生时判断是否点爆气囊，采用1级点火还是多级点火，以及多大的点爆力，并与安全带形成总体控制。通过传感器，安全气囊系统还可以判断车辆当前经历的碰撞形式（正面碰撞还是角度碰撞，侧面碰撞还是整车的翻滚运动），以便驱动不同位置的安全气囊，对乘客形成最佳保护作用。

网络技术的应用也是安全气囊系统的发展方向。在汽车网络中，有一种应用面比较窄，但是非常重要的网络——Safe-By-Wire。Safe-By-Wire是专门用于汽车安全气囊系统的总线，Safe-By-Wire技术旨在通过综合运用多个传感器和控制器来实现安全气囊系统的细微控制。与整车系统常用的CAN和FlexRay等总线相比，Safe-By-Wire的优势在于它是专门面向安全气囊系统的汽车LAN接口标准。为了保证系统在汽车出事故时也不受破坏，Safe-By-Wire中嵌入多重保护功能。即使线路发生短路，安全气囊系统也不会因出错而膨出。

汽车轻量化和小型化也提升了被动安全的需求，尤其是汽车，不少新车体积越来越小，重量越来越轻，在遭遇皮卡和全尺寸SUV侧向撞击时更加脆弱，即便轻量化车体得到加强，较低的惯性也会增大侧翻等风险，此时若有外部气囊吸收一定的能量，辅以其他被动安全装置，依然可以让事故后果最小化。

随着越来越多的新技术在安全气囊系统中应用，汽车的被动安全性将得到进一步提升，"以人为本，安全第一"的理念将更加深入人心。

任务 4.5

自适应巡航控制系统检测维修

任务引入

某顾客的 ID.4 汽车组合仪表出现 图标，顾客来到维修站进行检查，维修工程师怀疑是因为近期下雪将自适应巡航的雷达脏污，省级技能大师清洁雷达后该故障仍存在，随即工程师进行了进一步的检查。

学习目标

(1)掌握自适应巡航系统的功能与组成。

(2)理解雷达的工作原理。

(3)能够按照工艺规范进行自适应巡航控制模块拆装检测与调试；能对检测结果做出正确判断。

(4)能够按照工艺规范进行自适应巡航控制开关拆装检测；能正确拆装加速踏板。

(5)能够规范选择、使用工具。

(6)会正确使用维修手册，对检修场地进行管理工作；团队成员能进行分工合作。

(7)工作认真，对待问题能仔细分析。

知识准备

4.5.1　自适应巡航系统概述

4.5.1.1　功能与组成

主动巡航系统(也叫自适应巡航系统，缩写为 ACC)是一种新开发的司机辅助系统，它与传统的车速控制系统相比，在功能上有很大扩展。因为减少了对油门踏板和制动踏板的操作，所以可明显提高驾驶舒适性。使用该系统可以使得司机严格遵守车速限制及车距，从而也就保证了交通的畅通。

自适应巡航控制系统的基本功能：保持司机所选定的与前车的距离。因此，自适应巡航控制系统就是定速巡航系统的进一步发展。

车上装有一个雷达传感器，它用于测定与前车的车距和前车的车速。如果车距大于司机设定的值，那么车就会加速，直至车速达到司机设定的车速值。如果车距小于司机设定的值，那么车就会减速，减速可通过降低输出功率、换挡或施加制动来实现。出于舒适性的考虑，制动效果只能达到制动系统最大制动减速能力的 25%。这个调节过程可以减轻司机的劳累程度，因此可以间接提高行车安全性。在某些情况下，还是需要司机来操纵制动器工作。

4.5.1.2　自适应巡航控制系统的局限性

自适应巡航控制系统是一个司机辅助系统，绝不可以将其看成安全系统，它也不是全自动驾驶系统。自适应巡航控制系统对车速的一般要求为 30～200 km/h，随着技术的进步在 ID.4 车型上车速为 0 km/h 时也能工作。自适应巡航控制系统对固定不动的目标无法作出反应，如交通堵塞或前车抛锚时需要驾驶员踩下制动踏板。雨水、浮沫及雪泥水会影响雷达的工作效果。在转弯半径很小时，由于雷达视野受到限制，车辆会因雷达监测到旁边车道的车辆而减速，如果想继续保持车速需要踩下油门踏板；对于驶入车道的狭长型车辆如摩托车，也由于雷达视野的限制，无法监测，需要驾驶员踩下制动踏板以保证行驶安全。

以大众 ID.4 车型为例，详细介绍该系统的局限性。在以下情况下 ID.4 的 ACC 系统不能使用：在大雨、大雪中或有强水花时行驶；在建筑工地、隧道或收费站中行驶；在多弯道路上行驶；越野行驶；在停车场行驶；在嵌有金属物品的道路上行驶（铁路轨道）；在碎石路面上行驶；没有防止右侧超车功能的车辆在多车道路面上行驶；车辆在超车道上缓慢行驶。

由于雷达传感器仅识别同向行驶或静止的车辆，因此的 ACC 系统无法识别人员、动物、横向或对向来车和其他非移动障碍物。ACC 在时速 60 km/h 以下时对静止车辆的反应有限，只要识别到静止车辆而且可以在 ACC 系统极限内对本车采取舒适制动来使其停在静止车辆后方，ACC 就不会执行紧急制动。如果一辆由 ACC 探测到的车辆转弯或驶出原车道并且在这辆车前方有一辆静止的车辆（图 4-88(a)），则 ACC 会对这辆静止的车辆作出反应。当汽车正在转弯时雷达传感器只能探测正前方向，因此会意外识别到窄弯中的车辆或是识别不到前车（图 4-88(b)）。

对于下列情况，ID.4 的 ACC 可能不反应、反应滞后或反应异常：不在传感器作用范围内且与本车辆相距较近的机动车，如摩托车（图 4-89(a)）；在本车前方近处切换到本车所在车道的车辆(图 4 - 89(b))。

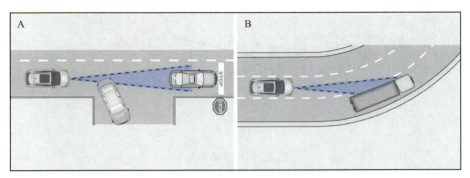

(a) 正在转弯且静止的车辆　　　　　　　　(b) 弯道行驶

图 4 - 88　ACC 识别 1

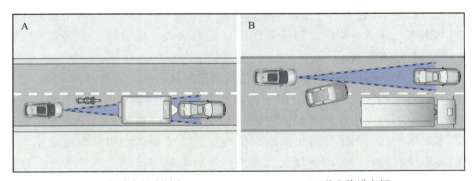

(a) 行驶中的摩托车　　　　　　　　(b) 前方换道车辆

图 4 - 89　ACC 识别 2

4.5.1.3　自适应巡航控制系统工作的前提条件

自适应巡航控制系统工作时必须使用的信息：与前车的车距、前车的车速、前车的位置(图 4 - 90)，如果雷达同时侦测到多辆车，那么上述信息就被用来选择车辆，以便针对选择的车辆来进行相应的调节。如图 4 - 91 所示，雷达监测到两辆车后，选择距离近的车辆。

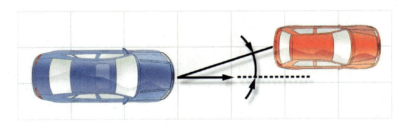

图 4 - 90　前车的位置图

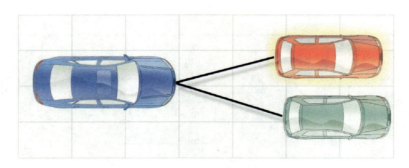

图 4-91　选择车辆

4.5.1.4　雷达技术的基本原理

　　自适应巡航控制系统中的一个关键部件是雷达，雷达(RADAR)是"radio detection and ranging"的缩写，它是一种给物体定位的电子手段。它的作用是测定前方车辆的位置、距离和车速。其基本原理为物体表面会反射电磁波。反射回来的那部分电磁波就被当作一种"回声"来接收。

　　前后车辆之间的距离通过发射信号和接收到反射信号所需要的时间确定。

　　要想确定前车的车速，需要应用一种物理效应，这种效应被称为"多普勒效应"。对于反射发射出来的波的物体来说，它相对于发射出波的物体是处于静止还是运动状态，是有本质区别的。如果发射出波的物体与反射波的物体之间的距离减小了，那么反射波的频率就会提高，若距离增大，那么这个频率就会降低。电子装置会分析这个频率变化，从而得出前车的车速。

　　确定前车的位置时雷达信号呈叶片状向外扩散(图 4-92)。信号的强度随着与车上发射器的距离增大而降低。

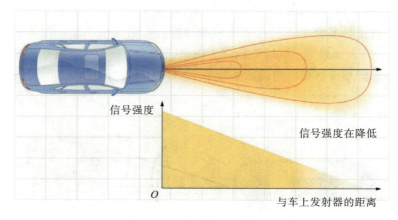

图 4-92　雷达信号(叶片型)

要想确定车辆位置，还需要本车与前车相对运动的角度信息。这个角度信息是通过一个三束雷达获得的(图4-93)。各个雷达束接收(反射)信号的振幅比(信号强度)传递的就是这个角度信息。

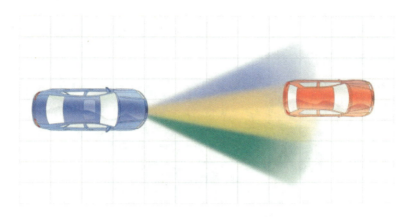

图4-93　三束雷达信号

在实际行车中(如在高速公路、多车道路面及转弯时)，在雷达的视野中一般会出现多辆车。这时就得识别哪一辆与本车行驶在同一条车道，这就需要车距调节控制单元来确定车道，这个过程是相当复杂的，还需要其他信息(附加输入信号)。需要的信号中最重要的是摆动传感器信号、车轮转速传感器信号及方向盘转角信号，对这些信号进行分析就可获得车辆在公路上转弯时的信息。

4.5.2　系统部件

ID.4车型的自适应巡航系统主要有车距调节控制单元J428(含车距调节传感器)、自适应巡航操作按钮等。

4.5.2.1　含车距调节传感器的车距调节控制单元J428

传感器和控制单元安装在同一个壳体内，如果传感器/控制单元有故障，必须整体更换这个总成。通过支架上的转接板来进行安装和调整，该支架用螺栓拧在保险杠支架的中央位置。

车距调节传感器发射出调频信号，然后接收反射回来的信号。车距调节控制单元J428处理这些雷达信号及其他输入信号。从这些信号中就可确定雷达视野中出现的物体哪一个是相关的前车。

于是前车的位置和车速及当前的车距就可确定了。从这些数据中可以得出应如何来进行调节，以便控制车速。这些数据是经过车距调节CAN总线和数据总线诊断接口J533(网关)传送到驱动CAN总线上的。

4.5.2.2　车距调节传感器护盖

保险杠装饰格栅内的车距调节传感器护盖是采用雷达信号可穿透的材料制成的。这个护盖是可加热式的，这是为了防止雪、冰等妨碍正常的功能。对车距调节传感器护盖表面所做的任何改动(如后喷的油漆、贴的不干胶标签及其他东西)都可能影响传感器的功能。

4.5.2.3　自适应巡航操作按钮

ID.4 车型的自适应巡航操作按钮在多功能方向盘的左侧，如图 4-94 所示，可打开和关闭自适应巡航及设定速度。

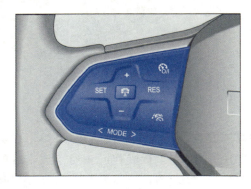

图 4-94　自适应巡航操作按钮

各功能键的含义见表 4-2。

表 4-2　ACC 系统功能键

功能键图标	含　　义
	开始/中断/停止 ACC 系统
SET	速度设定按钮
	车距设定按钮
RES	采用上次的设定
MODE	切换到定速巡航调节或车速限速器
＋　－	速度或车距的加或减

4.5.3　系统功能

以大众 ID.4 为例，使用多功能方向盘的自适应巡航系统操纵按钮来进行操纵，所有重要信息总是显示在组合仪表显示屏。

1）ACC 的系统状态（模式）

（1）自适应巡航系统关闭：这时系统已被关闭，无法进行任何操作。

（2）自适应巡航系统已准备完毕：这个模式表示一种"待机"状态，这时该系统仍然处于接通状态，但并未真正进行调节，如果先前自适应巡航系统曾经工作过的话，那么所要求的车速会存入存储器。

（3）自适应巡航系统正在工作：自适应巡航系统以设定好的车速行驶（在公路上）或调节与前车的车距。

（4）超越自适应巡航系统：司机踏下油门踏板使车速超过了自适应巡航系统设定的车速。

2）系统的接通/关闭

（1）打开：按压按钮 [⊙/I]，此时 ACC 尚未调节。

（2）开始调节：在向前行驶期间按压按钮 [SET]。

ACC 保存当前车速并保持所设定的车距。如果当前车速在规定的车速范围之外，则 ACC 将调节最低车速（速度较慢时）或最高车速（速度较快时）。根据不同的行驶状况，下列其中一个指示灯亮起：

 ACC 调节，未识别到前方车辆。

 ACC 调节，识别到前方车辆。

如果 ACC 不调节，则指示灯亮起灰色。

（3）中断调节：短促按压按钮 [⊙/I] 或踩下制动踏板。

符合行驶状态的指示灯亮灰色，车速和车距保持存储状态。当驱动防滑控制系统（ASR）关闭时，调节自动中断。

（4）重新开始调节：按压按钮 [SET]。

ACC 采用上次设定的车速和上次设定的车距。组合仪表显示屏显示设定的速度，并根据行驶状况亮起相应的指示灯。

（5）关闭：长时间按压按钮 [⊙/I]，删除设定的车速。

（6）切换到定速巡航调节或车速限速器：按压按钮 MODE 或在按钮上方滑动，从左向右滑动，即可选择所需系统。

①设置车距。车距可以分 5 挡从最小到最大进行设置：

按压按钮 🔲 进入车距调节模式。

按压按钮 ⊞ 或 ⊟，或通过相应按钮滑动调节。

反复按压按钮 🔲，直至调节到所需的车距。

此时组合仪表显示屏上显示设定的挡位如图4-95所示。

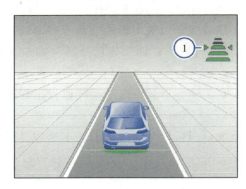

图4-95 已设置车距在组合仪表显示屏上的显示

注意：最小车距的设定要遵守交通规则对最小车距的规定。

在信息娱乐系统的辅助菜单中，驾驶员可以设置是否要从行程结束时设置的距离或是预先选择的距离开始调节。

②设置车速。可以通过多功能方向盘上的按钮在规定车速范围内设置存储的车速。

+1 km/h：轻轻按压按钮 ⊞。

−1 km/h：轻轻按压按钮 ⊟。

+10 km/h：用力按压按钮 ⊞ 或在按钮上方从下向上滑动。

−10 km/h：用力按压按钮 ⊟ 或在按钮上方从上向下滑动。

按住相应的按钮，即可连续更改所存储的车速。

任务实施

1. 作业说明

自动巡航控制系统是ID.4车型全系标配的一项驾驶辅助功能，该系统还包含了定速巡航功能。仪表盘上出现 🚗! 标志，说明自适应巡航功能不可用。本次作业的条件是已拆除前保险杠、方向盘安全气囊。

2. 技术标准与要求

名　称	要　求
方向盘多功能按键固定螺栓扭矩	
加速踏板固定螺栓紧固扭矩	

注：请学员查阅维修资料后填写。

3. 设备器材

(1)设备与零件总成。

_____

_____

(2)常用工具。

_____

_____

(3)耗材及其他。

_____

_____

注：请学员根据场地实际设备器材填写。

4. 作业流程(学生制订拆检计划，实施任务，教师指导)

4.1　拆卸和安装自适应巡航控制单元

1)拆卸前的注意事项

(1)如要更换控制器，需在诊断仪选择相应控制单元的"更换控制单元"功能。

(2)关闭所有用电器。

(3)将汽车钥匙和其他进入及启动许可装置放在车外，避免意外接通点火开关。

(4)拆卸前部保险杠罩。

2)拆解及安装步骤

(1)如图4-96所示旋出螺栓2，取下支架1。

(2)脱开电气连接插头，取出自适应巡航控制单元。

(3)安装以拆卸的倒序进行，同时注意检查电插接器是否有损坏、接触腐蚀和渗水，并在必要时进行维修。

4.2　拆卸和安装方向盘中的多功能按键

1)多功能方向盘结构

以ID.4为例，为了更好地操作信息娱乐系统、电话、导航系统、自适应巡航装

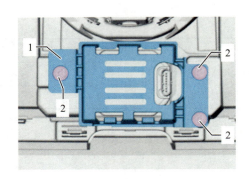

图4-96 取下支架

置，在方向盘上安装了按键。

多功能方向盘控制单元 J453（方向盘内多功能按键 E440）读取按键信息，并将信息通过 LIN 数据总线传递给转向柱电子装置控制单元 J527，然后由转向柱电子装置控制单元 J527 把信息通过 LAW 总线（舒适系统）和数据总线诊断接口 J533 传输到各个装置上。

方向盘多功能按键只能一起更换。多功能按钮是用螺栓拧紧在装饰板内的。装饰板与多功能按钮一同卡止在方向盘上。

2）拆卸与安装

（1）专用工具如图 4-97 所示。

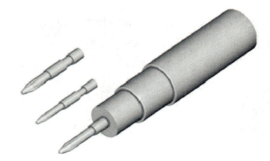

(a) 楔子(编号FT10383/2)　　　　　　(b) 扭矩螺丝刀

图4-97 专用工具

（2）拆卸前需退出行驶准备和关闭点火开关，将汽车钥匙和其他进入及启动许可装置放在车外，避免意外接通点火开关。先拆卸驾驶员侧安全气囊。

（3）拆装步骤。

①拆卸装饰板 1，箭头所指处为卡止点，如图 4-98 所示。

②将箭头所指区域内的下饰板 1 用楔子 2 从方向盘中松开，如图 4-99 所示。

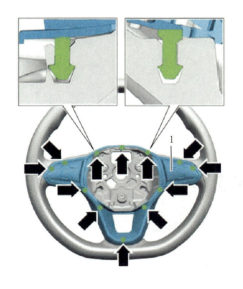

图 4 - 98 拆卸装饰板

图 4 - 99 松开下饰板

③将箭头 A、箭头 B 和箭头 C 区域内的饰板 1 用楔子 2（FT10383/2）从方向盘中松开，如图 4 - 100 所示。

④脱开电插接器。

⑤取出饰板 1 多功能按键 3、4 和下挡板 5。

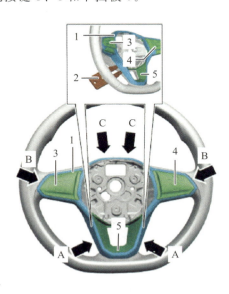

图 4 - 100 松开饰板

⑥脱开电插接器。

⑦取出多功能方向盘控制单元。

⑧拧出装饰板1背面的螺栓(箭头B),如图4-101所示。

⑨露出导线束(箭头C)。

⑩将多功能按键3从饰板1中取出。

⑪解锁并取出卡止件箭头A上的下饰板2。

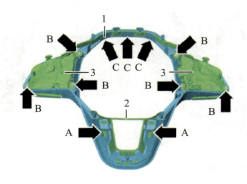

图4-101 取出下饰板

(4)安装以拆卸的倒序进行,为了更好地安装,可以从下方开始卡入挡板。图4-102中的方向盘多功能按键固定螺栓每侧3个,拧紧力矩为1.2 N·m。

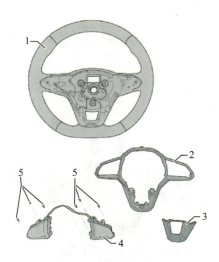

1—方向盘;2—饰板;3—下饰板;4—方向盘多功能按键 E441/E440;5—螺栓。

图4-102 多功能方向盘安装示意图

4.3 拆卸和安装加速踏板模块 GX2

1）拆卸

（1）将电气连接插头 4 从加速踏板模块（GX2）1 上脱开，如图 4-103 所示。

（2）拧出螺栓 2。

（3）将加速踏板模块（GX2）1 沿方向 A 和 B 从定位件 3 中取出。

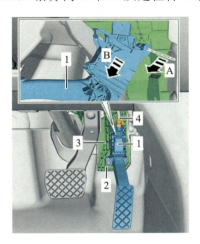

图 4-103 取出加速踏板模块

2）安装

（1）安装以拆卸的倒序进行。

（2）螺栓拧紧力矩为 3.5 N·m，如图 4-104 所示。

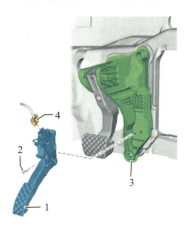

1—加速踏板模块 GX2；2—螺栓；3—支撑座；4—电气连接插头。

图 4-104 安装加速踏板模块

5. 填写考核工单

一、查询并记录发动机信息					
发动机类型		发动机排量		选装代码	
缸径		压缩比		点火顺序	

二、查询用户手册，记录发动机保养项目里程及周期			
1. 自适应巡航系统控制单元数据读取			
数据名称		读取数据值	
2. 自适应巡航控制单元拆装步骤及紧固规格（拆卸后需向考官报备）			
自适应巡航控制单元拆装步骤	第___章___节___页	控制单元紧固扭力规格	
3. 多功能方向盘巡航控制开关拆装			
巡航控制开关拆装步骤	第___章___节___页	多功能按钮安装扭矩	
4. 加速踏板模块拆检			
加速踏板模块拆装步骤	第___章___节___页	踏板安装螺栓扭矩	
5. 加速踏板传感器检测			
加速踏板传感器端子		标准值	测量值
检测结果			

自我测试

（1）简述自巡航控制系统在哪些情况下无法工作。

_____

_____

（2）试分析自巡航控制系统警告灯亮起的原因。

_____

_____

（3）简述雷达的工作原理。

_____

_____

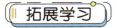

车前测距监控系统

车前测距监控系统（前部辅助系统）可以识别潜在的正面碰撞并发出警告。此外，该系统还可以在制动和避让时提供支持及自动制动车辆。

车前测距监控系统可帮助避免事故，但不能代替驾驶员的注意力。车前测距监控系统只在系统极限内工作。警告时间点取决于交通状况和驾驶员的驾驶方式。

使用车前测距监控系统行驶可以通过转向或踩下加速踏板中断车前测距监控系统的转向干预和自动制动。

车前测距监控系统的减速作用可持续至车辆停止。在自动制动过程中，感觉制动踏板变硬。

探测交通状况，车前测距监控系统借助前窗玻璃上部区域内的摄像头及车辆前部的雷达传感器探测交通状况。

车前测距监控系统的功能：行人识别功能、骑行者识别功能、避让辅助系统、转弯制动功能。如果打开车前测距监控系统，上述功能将自动激活。

参考文献

[1] 张裕晨，路艳玲，高坤明．悬架系统对于电动汽车蓄电池隔振保护探究[J]．时代汽车，2018(11)：81—82.

[2] 王春风，李超，韩仕军．汽车底盘构造与维修一体化教材[M]．上海：同济大学出版社，2018.

[3] 王景智，马博，王旭．新能源汽车电动空调、转向和制动系统检修[M]．北京：机械工业出版社，2022.

[4] 韦文建，胡波勇．汽车悬挂、转向与制动系统维修[M]．北京：电子工业出版社，2022.

[5] 谢金红，毛平．新能源汽车底盘检修[M]．北京：人民交通出版社股份有限公司，2018.

[6] 北京百通科信机械设备有限公司．新能源汽车底盘技术[M]．北京：机械工业出版社，2022.